卞尺丹几乙し丹卞と
Translated Language Learning

Siddhartha

An Indian Poem
Een Indiaas Gedicht

Hermann Hesse

English / Nederlands

Copyright © 2024 Tranzlaty
All rights reserved
Published by Tranzlaty
Siddhartha – Eine Indische Dichtung
ISBN: 978-1-83566-680-7
Original text by Hermann Hesse
First published in German in 1922
www.tranzlaty.com

The Son of the Brahman
De zoon van de Brahman

In the shade of the house
In de schaduw van het huis
in the sunshine of the riverbank
in de zonneschijn van de rivieroever
near the boats
bij de boten
in the shade of the Sal-wood forest
in de schaduw van het Sal-woodbos
in the shade of the fig tree
in de schaduw van de vijgenboom
this is where Siddhartha grew up
dit is waar Siddhartha opgroeide
he was the handsome son of a Brahman, the young falcon
hij was de knappe zoon van een brahmaan, de jonge valk
he grew up with his friend Govinda
hij groeide op met zijn vriend Govinda
Govinda was also the son of a Brahman
Govinda was ook de zoon van een Brahman
by the banks of the river the sun tanned his light shoulders
aan de oevers van de rivier kleurde de zon zijn lichte schouders
bathing, performing the sacred ablutions, making sacred offerings
baden, het uitvoeren van de heilige wassingen, het brengen van heilige offers
In the mango garden, shade poured into his black eyes
In de mangotuin stroomde de schaduw in zijn zwarte ogen
when playing as a boy, when his mother sang
toen hij als jongen speelde, toen zijn moeder zong
when the sacred offerings were made
toen de heilige offers werden gebracht
when his father, the scholar, taught him
toen zijn vader, de geleerde, hem leerde

when the wise men talked
toen de wijzen spraken
For a long time, Siddhartha had been partaking in the discussions of the wise men
Siddhartha nam al lange tijd deel aan de discussies van de wijze mannen
he practiced debating with Govinda
hij oefende debatteren met Govinda
he practiced the art of reflection with Govinda
hij beoefende de kunst van reflectie met Govinda
and he practiced meditation
en hij beoefende meditatie
He already knew how to speak the Om silently
Hij wist al hoe hij de Om in stilte moest uitspreken
he knew the word of words
hij kende het woord der woorden
he spoke it silently into himself while inhaling
hij sprak het stilletjes in zichzelf uit terwijl hij inademde
he spoke it silently out of himself while exhaling
hij sprak het stilletjes uit zichzelf terwijl hij uitademde
he did this with all the concentration of his soul
hij deed dit met alle concentratie van zijn ziel
his forehead was surrounded by the glow of the clear-thinking spirit
zijn voorhoofd was omgeven door de gloed van de helderdenkende geest
He already knew how to feel Atman in the depths of his being
Hij wist al hoe hij Atman in de diepten van zijn wezen kon voelen
he could feel the indestructible
hij kon het onverwoestbare voelen
he knew what it was to be at one with the universe
hij wist wat het was om één te zijn met het universum
Joy leapt in his father's heart
Vreugde sprong op in het hart van zijn vader

because his son was quick to learn
omdat zijn zoon snel leerde
he was thirsty for knowledge
hij was dorstig naar kennis
his father could see him growing up to become a great wise man
zijn vader kon zien dat hij opgroeide tot een grote wijze man
he could see him becoming a priest
hij kon zich voorstellen dat hij priester zou worden
he could see him becoming a prince among the Brahmans
hij kon zien dat hij een prins zou worden onder de Brahmanen
Bliss leapt in his mother's breast when she saw him walking
Bliss sprong op in de borst van haar moeder toen ze hem zag lopen
Bliss leapt in her heart when she saw him sit down and get up
Bliss sprong op in haar hart toen ze hem zag zitten en opstaan
Siddhartha was strong and handsome
Siddhartha was sterk en knap
he, who was walking on slender legs
hij, die op slanke benen liep
he greeted her with perfect respect
hij begroette haar met volmaakt respect
Love touched the hearts of the Brahmans' young daughters
Liefde raakte de harten van de jonge dochters van de Brahmanen
they were charmed when Siddhartha walked through the lanes of the town
ze waren betoverd toen Siddhartha door de steegjes van de stad liep
his luminous forehead, his eyes of a king, his slim hips
zijn stralende voorhoofd, zijn ogen van een koning, zijn slanke heupen
But most of all he was loved by Govinda
Maar bovenal werd hij geliefd door Govinda
Govinda, his friend, the son of a Brahman

Govinda, zijn vriend, de zoon van een Brahman
He loved Siddhartha's eye and sweet voice
Hij hield van Siddhartha's ogen en zoete stem
he loved the way he walked
hij hield van de manier waarop hij liep
and he loved the perfect decency of his movements
en hij hield van de volmaakte fatsoenlijkheid van zijn bewegingen
he loved everything Siddhartha did and said
hij hield van alles wat Siddhartha deed en zei
but what he loved most was his spirit
maar wat hij het meest liefhad was zijn geest
he loved his transcendent, fiery thoughts
hij hield van zijn transcendente, vurige gedachten
he loved his ardent will and high calling
hij hield van zijn vurige wil en hoge roeping
Govinda knew he would not become a common Brahman
Govinda wist dat hij geen gewone Brahman zou worden
no, he would not become a lazy official
nee, hij zou geen luie ambtenaar worden
no, he would not become a greedy merchant
nee, hij zou geen hebzuchtige koopman worden
not a vain, vacuous speaker
geen ijdele, inhoudsloze spreker
nor a mean, deceitful priest
noch een gemene, bedrieglijke priester
and he also would not become a decent, stupid sheep
en hij zou ook geen fatsoenlijk, dom schaap worden
a sheep in the herd of the many
een schaap in de kudde van de velen
and he did not want to become one of those things
en hij wilde niet een van die dingen worden
he did not want to be one of those tens of thousands of Brahmans
hij wilde niet een van die tienduizenden brahmanen zijn
He wanted to follow Siddhartha; the beloved, the splendid

Hij wilde Siddhartha volgen; de geliefde, de prachtige
in days to come, when Siddhartha would become a god, he would be there
in de dagen die zouden komen, wanneer Siddhartha een god zou worden, zou hij er zijn
when he would join the glorious, he would be there
wanneer hij zich bij de glorieuze zou voegen, zou hij daar zijn
Govinda wanted to follow him as his friend
Govinda wilde hem als zijn vriend volgen
he was his companion and his servant
hij was zijn metgezel en zijn dienaar
he was his spear-carrier and his shadow
hij was zijn speerdrager en zijn schaduw
Siddhartha was loved by everyone
Siddhartha werd door iedereen geliefd
He was a source of joy for everybody
Hij was een bron van vreugde voor iedereen
he was a delight for them all
hij was een genot voor hen allen
But he, Siddhartha, was not a source of joy for himself
Maar hij, Siddhartha, was geen bron van vreugde voor zichzelf
he found no delight in himself
hij vond geen vreugde in zichzelf
he walked the rosy paths of the fig tree garden
hij bewandelde de roze paden van de vijgenboomtuin
he sat in the bluish shade in the garden of contemplation
hij zat in de blauwachtige schaduw in de tuin van de contemplatie
he washed his limbs daily in the bath of repentance
Hij waste zijn ledematen dagelijks in het bad van berouw
he made sacrifices in the dim shade of the mango forest
hij bracht offers in de schemerige schaduw van het mangobos
his gestures were of perfect decency
zijn gebaren waren van volmaakt fatsoen
he was everyone's love and joy

hij was ieders liefde en vreugde
but he still lacked all joy in his heart
maar hij miste nog steeds alle vreugde in zijn hart
Dreams and restless thoughts came into his mind
Dromen en rusteloze gedachten kwamen in zijn geest
his dreams flowed from the water of the river
zijn dromen vloeiden voort uit het water van de rivier
his dreams sparked from the stars of the night
zijn dromen ontstonden uit de sterren van de nacht
his dreams melted from the beams of the sun
zijn dromen smolten door de stralen van de zon
dreams came to him, and a restlessness of the soul came to him
dromen kwamen tot hem, en een rusteloosheid van de ziel kwam tot hem
his soul was fuming from the sacrifices
zijn ziel was woedend van de offers
he breathed forth from the verses of the Rig-Veda
hij ademde uit de verzen van de Rig-Veda
the verses were infused into him, drop by drop
de verzen werden druppel voor druppel in hem gegoten
the verses from the teachings of the old Brahmans
de verzen uit de leringen van de oude brahmanen
Siddhartha had started to nurse discontent in himself
Siddhartha begon ontevredenheid in zichzelf te koesteren
he had started to feel doubt about the love of his father
hij begon te twijfelen aan de liefde van zijn vader
he doubted the love of his mother
hij twijfelde aan de liefde van zijn moeder
and he doubted the love of his friend, Govinda
en hij twijfelde aan de liefde van zijn vriend, Govinda
he doubted if their love could bring him joy forever and ever
hij twijfelde of hun liefde hem voor altijd en eeuwig vreugde kon brengen
their love could not nurse him

hun liefde kon hem niet voeden
their love could not feed him
hun liefde kon hem niet voeden
their love could not satisfy him
hun liefde kon hem niet bevredigen
he had started to suspect his father's teachings
hij begon de leringen van zijn vader te wantrouwen
perhaps he had shown him everything he knew
misschien had hij hem alles laten zien wat hij wist
there were his other teachers, the wise Brahmans
er waren zijn andere leraren, de wijze Brahmanen
perhaps they had already revealed to him the best of their wisdom
misschien hadden ze hem al het beste van hun wijsheid onthuld
he feared that they had already filled his expecting vessel
hij vreesde dat ze zijn verwachtingsvolle vat al gevuld hadden
despite the richness of their teachings, the vessel was not full
ondanks de rijkdom van hun leringen was het vat niet vol
the spirit was not content
de geest was niet tevreden
the soul was not calm
de ziel was niet kalm
the heart was not satisfied
het hart was niet tevreden
the ablutions were good, but they were water
de wassingen waren goed, maar het was water
the ablutions did not wash off the sin
de wassingen hebben de zonde niet weggewassen
they did not heal the spirit's thirst
ze hebben de dorst van de geest niet gelest
they did not relieve the fear in his heart
ze hebben de angst in zijn hart niet weggenomen
The sacrifices and the invocation of the gods were excellent
De offers en het aanroepen van de goden waren uitstekend

but was that all there was?
Maar was dat alles?
did the sacrifices give a happy fortune?
Hebben de offers een gelukkig fortuin opgeleverd?
and what about the gods?
En hoe zit het met de goden?
Was it really Prajapati who had created the world?
Was het werkelijk Prajapati die de wereld had geschapen?
Was it not the Atman who had created the world?
Was het niet de Atman die de wereld had geschapen?
Atman, the only one, the singular one
Atman, de enige, de enige
Were the gods not creations?
Waren de goden geen scheppingen?
were they not created like me and you?
Zijn zij niet net als jij en ik geschapen?
were the Gods not subject to time?
waren de goden niet onderworpen aan de tijd?
were the Gods mortal? Was it good?
waren de Goden sterfelijk? Was het goed?
was it right? was it meaningful?
was het juist? was het zinvol?
was it the highest occupation to make offerings to the gods?
Was het brengen van offers aan de goden de hoogste bezigheid?
For whom else were offerings to be made?
Voor wie anders moesten er offers gebracht worden?
who else was to be worshipped?
Wie anders moest er aanbeden worden?
who else was there, but Him?
wie was er nog meer, behalve Hij?
The only one, the Atman
De enige, de Atman
And where was Atman to be found?
En waar was Atman te vinden?
where did He reside?

waar verbleef Hij?
where did His eternal heart beat?
waar klopte Zijn eeuwige hart?
where else but in one's own self?
waar anders dan in jezelf?
in its innermost indestructible part
in zijn diepste onverwoestbare deel
could he be that which everyone had in himself?
kon hij datgene zijn wat iedereen in zich had?
But where was this self?
Maar waar was dit zelf?
where was this innermost part?
waar was dit binnenste gedeelte?
where was this ultimate part?
waar was dit ultieme deel?
It was not flesh and bone
Het was geen vlees en bloed
it was neither thought nor consciousness
het was noch gedachte noch bewustzijn
this is what the wisest ones taught
dit is wat de wijste mensen leerden
So where was it?
Waar was het dan?
the self, myself, the Atman
het zelf, ikzelf, de Atman
To reach this place, there was another way
Om deze plek te bereiken was er een andere manier
was this other way worth looking for?
was deze andere manier het zoeken waard?
Alas, nobody showed him this way
Helaas heeft niemand hem deze weg gewezen
nobody knew this other way
niemand kende deze andere manier
his father did not know it
zijn vader wist het niet
and the teachers and wise men did not know it

en de leraren en wijzen wisten het niet
They knew everything, the Brahmans
Zij wisten alles, de Brahmanen
and their holy books knew everything
en hun heilige boeken wisten alles
they had taken care of everything
ze hadden voor alles gezorgd
they took care of the creation of the world
zij zorgden voor de schepping van de wereld
they described origin of speech, food, inhaling, exhaling
ze beschreven de oorsprong van spraak, voedsel, inademen, uitademen
they described the arrangement of the senses
ze beschreven de inrichting van de zintuigen
they described the acts of the gods
ze beschreven de daden van de goden
their books knew infinitely much
hun boeken wisten oneindig veel
but was it valuable to know all of this?
Maar was het nuttig om dit allemaal te weten?
was there not only one thing to be known?
was er niet slechts één ding dat we moesten weten?
was there still not the most important thing to know?
Was er niet nog steeds het allerbelangrijkste om te weten?
many verses of the holy books spoke of this innermost, ultimate thing
veel verzen uit de heilige boeken spraken over dit diepste, ultieme ding
it was spoken of particularly in the Upanishades of Samaveda
er werd met name over gesproken in de Upanishads van Samaveda
they were wonderful verses
het waren prachtige verzen
"Your soul is the whole world", this was written there
"Je ziel is de hele wereld", dit stond daar geschreven

and it was written that man in deep sleep would meet with his innermost part
en er stond geschreven dat de mens in diepe slaap zijn binnenste deel zou ontmoeten
and he would reside in the Atman
en hij zou in de Atman verblijven
Marvellous wisdom was in these verses
Er zat een wonderbaarlijke wijsheid in deze verzen
all knowledge of the wisest ones had been collected here in magic words
alle kennis van de meest wijzen was hier verzameld in magische woorden
it was as pure as honey collected by bees
het was zo puur als honing verzameld door bijen
No, the verses were not to be looked down upon
Nee, de verzen moesten niet als minachting worden beschouwd
they contained tremendous amounts of enlightenment
ze bevatten enorme hoeveelheden verlichting
they contained wisdom which lay collected and preserved
ze bevatten wijsheid die verzameld en bewaard lag
wisdom collected by innumerable generations of wise Brahmans
wijsheid verzameld door ontelbare generaties van wijze Brahmanen
But where were the Brahmans?
Maar waar waren de Brahmanen?
where were the priests?
Waar waren de priesters?
where the wise men or penitents?
waar zijn de wijzen of boetelingen?
where were those that had succeeded?
Waar waren degenen die succesvol waren?
where were those who knew more than deepest of all knowledge?
Waar waren degenen die meer dan de diepste kennis hadden?

where were those that also lived out the enlightened wisdom?
Waar waren zij die ook de verlichte wijsheid in praktijk brachten?
Where was the knowledgeable one who brought Atman out of his sleep?
Waar was de wijze man die Atman uit zijn slaap haalde?
who had brought this knowledge into the day?
Wie heeft deze kennis destijds ingebracht?
who had taken this knowledge into their life?
wie deze kennis in hun leven hadden opgenomen?
who carried this knowledge with every step they took?
wie droeg deze kennis met zich mee bij elke stap die zij zetten?
who had married their words with their deeds?
die hun woorden met hun daden hadden verbonden?
Siddhartha knew many venerable Brahmans
Siddhartha kende veel eerbiedwaardige brahmanen
his father, the pure one
zijn vader, de zuivere
the scholar, the most venerable one
de geleerde, de meest eerbiedwaardige
His father was worthy of admiration
Zijn vader was bewondering waard
quiet and noble were his manners
rustig en nobel waren zijn manieren
pure was his life, wise were his words
puur was zijn leven, wijs waren zijn woorden
delicate and noble thoughts lived behind his brow
delicate en nobele gedachten leefden achter zijn voorhoofd
but even though he knew so much, did he live in blissfulness?
Maar leefde hij in gelukzaligheid, ook al wist hij zoveel?
despite all his knowledge, did he have peace?
Had hij, ondanks al zijn kennis, vrede?
was he not also just a searching man?

was hij niet gewoon een onderzoekend man?
was he still not a thirsty man?
Was hij nog steeds geen dorstige man?
Did he not have to drink from holy sources again and again?
Moest hij niet steeds opnieuw uit heilige bronnen drinken?
did he not drink from the offerings?
Heeft hij niet van de offergaven gedronken?
did he not drink from the books?
heeft hij niet uit de boeken gedronken?
did he not drink from the disputes of the Brahmans?
Heeft hij niet gedronken uit de twisten van de brahmanen?
Why did he have to wash off sins every day?
Waarom moest hij elke dag zijn zonden afwassen?
must he strive for a cleansing every day?
Moet hij elke dag naar een reiniging streven?
over and over again, every day
steeds opnieuw, elke dag
Was Atman not in him?
Was Atman niet in hem?
did not the pristine source spring from his heart?
Ontsprong de ongerepte bron niet uit zijn hart?
the pristine source had to be found in one's own self
de ongerepte bron moest in het eigen zelf gevonden worden
the pristine source had to be possessed!
de zuivere bron moest bezeten worden!
doing anything else else was searching
iets anders doen was zoeken
taking any other pass is a detour
een andere pas nemen is een omweg
going any other way leads to getting lost
een andere weg inslaan leidt tot verdwalen
These were Siddhartha's thoughts
Dit waren de gedachten van Siddhartha
this was his thirst, and this was his suffering
dit was zijn dorst, en dit was zijn lijden
Often he spoke to himself from a Chandogya-Upanishad:

Vaak sprak hij tot zichzelf vanuit een Chandogya-Upanishad:
"Truly, the name of the Brahman is Satyam"
"Waarlijk, de naam van de Brahman is Satyam"
"he who knows such a thing, will enter the heavenly world every day"
"wie zoiets weet, zal elke dag de hemelse wereld binnengaan"
Often the heavenly world seemed near
Vaak leek de hemelse wereld dichtbij
but he had never reached the heavenly world completely
maar hij had de hemelse wereld nooit volledig bereikt
he had never quenched the ultimate thirst
hij had de ultieme dorst nooit gelest
And among all the wise and wisest men, none had reached it
En onder alle wijze en wijste mannen had niemand het bereikt
he received instructions from them
hij ontving instructies van hen
but they hadn't completely reached the heavenly world
maar ze hadden de hemelse wereld nog niet helemaal bereikt
they hadn't completely quenched their thirst
ze hadden hun dorst nog niet helemaal gelest
because this thirst is an eternal thirst
omdat deze dorst een eeuwige dorst is

"Govinda" Siddhartha spoke to his friend
"Govinda" Siddhartha sprak met zijn vriend
"Govinda, my dear, come with me under the Banyan tree"
"Govinda, mijn liefste, kom met mij mee onder de Banyanboom"
"let's practise meditation"
"Laten we mediteren"
They went to the Banyan tree
Ze gingen naar de Banyanboom
under the Banyan tree they sat down
onder de Banyanboom zaten ze
Siddhartha was right here
Siddhartha was hier

Govinda was twenty paces away
Govinda was twintig passen verwijderd
Siddhartha seated himself and he repeated murmuring the verse
Siddhartha ging zitten en mompelde het vers nog een keer
Om is the bow, the arrow is the soul
Om is de boog, de pijl is de ziel
The Brahman is the arrow's target
De Brahman is het doelwit van de pijl
the target that one should incessantly hit
het doel dat men onophoudelijk moet raken
the usual time of the exercise in meditation had passed
de gebruikelijke tijd van de meditatieoefening was voorbij
Govinda got up, the evening had come
Govinda stond op, de avond was gekomen
it was time to perform the evening's ablution
het was tijd om de avondwassing uit te voeren
He called Siddhartha's name, but Siddhartha did not answer
Hij riep de naam van Siddhartha, maar Siddhartha antwoordde niet
Siddhartha sat there, lost in thought
Siddhartha zat daar, in gedachten verzonken
his eyes were rigidly focused towards a very distant target
zijn ogen waren strak gericht op een heel verafgelegen doel
the tip of his tongue was protruding a little between the teeth
het puntje van zijn tong stak een beetje tussen de tanden uit
he seemed not to breathe
hij leek niet te ademen
Thus sat he, wrapped up in contemplation
Zo zat hij, verzonken in overpeinzing
he was deep in thought of the Om
hij was diep in gedachten over de Om
his soul sent after the Brahman like an arrow
zijn ziel achtervolgde de Brahman als een pijl
Once, Samanas had travelled through Siddhartha's town

Eens reisde Samanas door de stad van Siddhartha
they were ascetics on a pilgrimage
zij waren asceten op bedevaart
three skinny, withered men, neither old nor young
drie magere, verschrompelde mannen, noch oud noch jong
dusty and bloody were their shoulders
stoffig en bloederig waren hun schouders
almost naked, scorched by the sun, surrounded by loneliness
bijna naakt, verschroeid door de zon, omringd door eenzaamheid
strangers and enemies to the world
vreemden en vijanden van de wereld
strangers and jackals in the realm of humans
vreemdelingen en jakhalzen in het rijk van de mensen
Behind them blew a hot scent of quiet passion
Achter hen blies een hete geur van stille passie
a scent of destructive service
een geur van destructieve dienstbaarheid
a scent of merciless self-denial
een geur van genadeloze zelfverloochening
the evening had come
de avond was gekomen
after the hour of contemplation, Siddhartha spoke to Govinda
na het uur van contemplatie sprak Siddhartha tot Govinda
"Early tomorrow morning, my friend, Siddhartha will go to the Samanas"
"Morgenvroeg zal mijn vriend Siddhartha naar de Samanas gaan"
"He will become a Samana"
"Hij zal een Samana worden"
Govinda turned pale when he heard these words
Govinda werd bleek toen hij deze woorden hoorde
and he read the decision in the motionless face of his friend
en hij las de beslissing in het roerloze gezicht van zijn vriend

the determination was unstoppable, like the arrow shot from the bow
de vastberadenheid was onstuitbaar, net als de pijl die uit de boog werd geschoten
Govinda realized at first glance; now it is beginning
Govinda realiseerde zich op het eerste gezicht; nu begint het
now Siddhartha is taking his own way
nu gaat Siddhartha zijn eigen weg
now his fate is beginning to sprout
nu begint zijn lot zich te ontvouwen
and because of Siddhartha, Govinda's fate is sprouting too
en dankzij Siddhartha ontkiemt ook het lot van Govinda
he turned pale like a dry banana-skin
hij werd bleek als een droge bananenschil
"Oh Siddhartha," he exclaimed
"Oh Siddhartha," riep hij uit
"will your father permit you to do that?"
"Zal je vader je dat toestaan?"
Siddhartha looked over as if he was just waking up
Siddhartha keek op alsof hij net wakker werd
like an Arrow he read Govinda's soul
als een pijl las hij Govinda's ziel
he could read the fear and the submission in him
hij kon de angst en de onderwerping in hem lezen
"Oh Govinda," he spoke quietly, "let's not waste words"
"Oh Govinda," sprak hij zachtjes, "laten we geen woorden verspillen"
"Tomorrow at daybreak I will begin the life of the Samanas"
"Morgen bij het krieken van de dag zal ik het leven van de Samana's beginnen"
"let us speak no more of it"
"Laten we er niet meer over praten"

Siddhartha entered the chamber where his father was sitting
Siddhartha kwam de kamer binnen waar zijn vader zat
his father was was on a mat of bast

zijn vader lag op een mat van bast
Siddhartha stepped behind his father
Siddhartha stapte achter zijn vader
and he remained standing behind him
en hij bleef achter hem staan
he stood until his father felt that someone was standing behind him
hij bleef staan totdat zijn vader voelde dat er iemand achter hem stond
Spoke the Brahman: "Is that you, Siddhartha?"
De Brahman zei: "Ben jij dat, Siddhartha?"
"Then say what you came to say"
"Zeg dan wat je kwam zeggen"
Spoke Siddhartha: "With your permission, my father"
Siddhartha sprak: "Met uw toestemming, mijn vader"
"I came to tell you that it is my longing to leave your house tomorrow"
"Ik ben gekomen om je te vertellen dat ik ernaar verlang morgen je huis te verlaten"
"I wish to go to the ascetics"
"Ik wil naar de asceten gaan"
"My desire is to become a Samana"
"Mijn wens is om een Samana te worden"
"May my father not oppose this"
"Moge mijn vader zich hier niet tegen verzetten"
The Brahman fell silent, and he remained so for long
De Brahman zweeg en bleef dat lange tijd doen
the stars in the small window wandered
de sterren in het kleine raam dwaalden rond
and they changed their relative positions
en ze veranderden hun relatieve posities
Silent and motionless stood the son with his arms folded
Stil en roerloos stond de zoon met zijn armen over elkaar
silent and motionless sat the father on the mat
stil en roerloos zat de vader op de mat
and the stars traced their paths in the sky

en de sterren volgden hun paden aan de hemel
Then spoke the father
Toen sprak de vader
"it is not proper for a Brahman to speak harsh and angry words"
"Het is niet gepast voor een Brahman om harde en boze woorden te spreken"
"But indignation is in my heart"
"Maar verontwaardiging is in mijn hart"
"I wish not to hear this request for a second time"
"Ik wil dit verzoek niet voor de tweede keer horen"
Slowly, the Brahman rose
Langzaam steeg de Brahman op
Siddhartha stood silently, his arms folded
Siddhartha stond stil, zijn armen gevouwen
"What are you waiting for?" asked the father
"Waar wacht je op?" vroeg de vader
Spoke Siddhartha, "You know what I'm waiting for"
Siddhartha zei: "Je weet waar ik op wacht"
Indignant, the father left the chamber
Verontwaardigd verliet de vader de kamer
indignant, he went to his bed and lay down
verontwaardigd ging hij naar zijn bed en ging liggen
an hour passed, but no sleep had come over his eyes
er ging een uur voorbij, maar zijn ogen hadden nog steeds geen slaap gekregen
the Brahman stood up and he paced to and fro
de Brahman stond op en liep heen en weer
and he left the house in the night
en hij verliet 's nachts het huis
Through the small window of the chamber he looked back inside
Door het kleine raampje van de kamer keek hij weer naar binnen
and there he saw Siddhartha standing
en daar zag hij Siddhartha staan

his arms were folded and he had not moved from his spot
zijn armen waren over elkaar geslagen en hij was niet van zijn plek gekomen
Pale shimmered his bright robe
Bleek schitterde zijn heldere gewaad
With anxiety in his heart, the father returned to his bed
Met angst in zijn hart keerde de vader terug naar zijn bed
another sleepless hour passed
er ging weer een slapeloos uur voorbij
since no sleep had come over his eyes, the Brahman stood up again
omdat er geen slaap over zijn ogen was gekomen, stond de Brahman weer op
he paced to and fro, and he walked out of the house
hij liep heen en weer en liep het huis uit
and he saw that the moon had risen
en hij zag dat de maan was opgekomen
Through the window of the chamber he looked back inside
Door het raam van de kamer keek hij weer naar binnen
there stood Siddhartha, unmoved from his spot
daar stond Siddhartha, onbeweeglijk van zijn plek
his arms were folded, as they had been
zijn armen waren gevouwen, zoals ze waren geweest
moonlight was reflecting from his bare shins
maanlicht weerkaatste op zijn blote scheenbenen
With worry in his heart, the father went back to bed
Met bezorgdheid in zijn hart ging de vader terug naar bed
he came back after an hour
hij kwam na een uur terug
and he came back again after two hours
en hij kwam na twee uur weer terug
he looked through the small window
hij keek door het kleine raam
he saw Siddhartha standing in the moon light
hij zag Siddhartha in het maanlicht staan
he stood by the light of the stars in the darkness

hij stond bij het licht van de sterren in de duisternis
And he came back hour after hour
En hij kwam uur na uur terug
silently, he looked into the chamber
Zwijgend keek hij de kamer in
he saw him standing in the same place
hij zag hem op dezelfde plaats staan
it filled his heart with anger
het vulde zijn hart met woede
it filled his heart with unrest
het vulde zijn hart met onrust
it filled his heart with anguish
het vulde zijn hart met angst
it filled his heart with sadness
het vulde zijn hart met verdriet
the night's last hour had come
het laatste uur van de nacht was gekomen
his father returned and stepped into the room
zijn vader kwam terug en stapte de kamer binnen
he saw the young man standing there
hij zag de jongeman daar staan
he seemed tall and like a stranger to him
hij leek lang en als een vreemde voor hem
"Siddhartha," he spoke, "what are you waiting for?"
"Siddhartha," sprak hij, "waar wacht je op?"
"You know what I'm waiting for"
"Je weet waar ik op wacht"
"Will you always stand that way and wait?
"Blijf je altijd zo staan en wachten?
"I will always stand and wait"
"Ik zal altijd blijven staan en wachten"
"will you wait until it becomes morning, noon, and evening?"
"Wil je wachten tot het ochtend, middag en avond is?"
"I will wait until it become morning, noon, and evening"
"Ik wacht tot het ochtend, middag en avond is"

"You will become tired, Siddhartha"
"Je zult moe worden, Siddhartha"
"I will become tired"
"Ik word moe"
"You will fall asleep, Siddhartha"
"Je zult in slaap vallen, Siddhartha"
"I will not fall asleep"
"Ik zal niet in slaap vallen"
"You will die, Siddhartha"
"Je zult sterven, Siddhartha"
"I will die," answered Siddhartha
"Ik zal sterven," antwoordde Siddhartha
"And would you rather die, than obey your father?"
"En zou jij liever sterven dan je vader gehoorzamen?"
"Siddhartha has always obeyed his father"
"Siddhartha heeft zijn vader altijd gehoorzaamd"
"So will you abandon your plan?"
"Dus ga je je plan opgeven?"
"Siddhartha will do what his father will tell him to do"
"Siddhartha zal doen wat zijn vader hem zal opdragen"
The first light of day shone into the room
Het eerste daglicht scheen de kamer binnen
The Brahman saw that Siddhartha knees were softly trembling
De Brahman zag dat Siddhartha's knieën zachtjes trilden
In Siddhartha's face he saw no trembling
In Siddhartha's gezicht zag hij geen beving
his eyes were fixed on a distant spot
zijn ogen waren gericht op een verre plek
This was when his father realized
Dit was toen zijn vader besefte
even now Siddhartha no longer dwelt with him in his home
zelfs nu woonde Siddhartha niet meer bij hem in zijn huis
he saw that he had already left him
hij zag dat hij hem al verlaten had
The Father touched Siddhartha's shoulder

De Vader raakte Siddhartha's schouder aan
"You will," he spoke, "go into the forest and be a Samana"
"Je zult," sprak hij, "het bos ingaan en een Samana worden"
"When you find blissfulness in the forest, come back"
"Als je gelukzaligheid vindt in het bos, kom dan terug"
"come back and teach me to be blissful"
"kom terug en leer mij gelukkig te zijn"
"If you find disappointment, then return"
"Als je teleurgesteld bent, kom dan terug"
"return and let us make offerings to the gods together, again"
"Keer terug en laten we samen opnieuw offers brengen aan de goden"
"Go now and kiss your mother"
"Ga nu en kus je moeder"
"tell her where you are going"
"vertel haar waar je naartoe gaat"
"But for me it is time to go to the river"
"Maar voor mij is het tijd om naar de rivier te gaan"
"it is my time to perform the first ablution"
"het is mijn tijd om de eerste wassing uit te voeren"
He took his hand from the shoulder of his son, and went outside
Hij haalde zijn hand van de schouder van zijn zoon en ging naar buiten
Siddhartha wavered to the side as he tried to walk
Siddhartha aarzelde opzij toen hij probeerde te lopen
He put his limbs back under control and bowed to his father
Hij kreeg zijn ledematen weer onder controle en boog voor zijn vader
he went to his mother to do as his father had said
hij ging naar zijn moeder om te doen wat zijn vader had gezegd
As he slowly left on stiff legs a shadow rose near the last hut
Terwijl hij langzaam op stijve benen vertrok, rees er een schaduw op bij de laatste hut
who had crouched there, and joined the pilgrim?

wie was daar gehurkt en had zich bij de pelgrim aangesloten?
"Govinda, you have come" said Siddhartha and smiled
"Govinda, je bent gekomen", zei Siddhartha en glimlachte
"I have come," said Govinda
"Ik ben gekomen," zei Govinda

With the Samanas
Met de Samana's

In the evening of this day they caught up with the ascetics
Op de avond van deze dag haalden ze de asceten in
the ascetics; the skinny Samanas
de asceten; de magere Samana's
they offered them their companionship and obedience
ze boden hun gezelschap en gehoorzaamheid aan
Their companionship and obedience were accepted
Hun gezelschap en gehoorzaamheid werden geaccepteerd
Siddhartha gave his garments to a poor Brahman in the street
Siddhartha gaf zijn kleding aan een arme brahmaan op straat
He wore nothing more than a loincloth and earth-coloured, unsown cloak
Hij droeg niets meer dan een lendendoek en een aardekleurige, ongenaaid gewaad
He ate only once a day, and never anything cooked
Hij at maar één keer per dag, en nooit iets gekookts
He fasted for fifteen days, he fasted for twenty-eight days
Hij vastte vijftien dagen, hij vastte achtentwintig dagen
The flesh waned from his thighs and cheeks
Het vlees verdween van zijn dijen en wangen
Feverish dreams flickered from his enlarged eyes
Koortsachtige dromen flitsten uit zijn vergrote ogen
long nails grew slowly on his parched fingers
lange nagels groeiden langzaam aan zijn uitgedroogde vingers
and a dry, shaggy beard grew on his chin
en er groeide een droge, ruige baard op zijn kin
His glance turned to ice when he encountered women
Zijn blik veranderde in ijs toen hij vrouwen tegenkwam
he walked through a city of nicely dressed people
hij liep door een stad met mooi geklede mensen
his mouth twitched with contempt for them
zijn mond trok van minachting voor hen

He saw merchants trading and princes hunting
Hij zag kooplieden handelen en prinsen jagen
he saw mourners wailing for their dead
hij zag rouwenden rouwen om hun doden
and he saw whores offering themselves
en hij zag hoeren zichzelf aanbieden
physicians trying to help the sick
artsen die proberen de zieken te helpen
priests determining the most suitable day for seeding
priesters bepalen de meest geschikte dag voor het zaaien
lovers loving and mothers nursing their children
geliefden die van hun kinderen houden en moeders die hun kinderen verzorgen
and all of this was not worthy of one look from his eyes
en dit alles was niet de moeite waard om ook maar één blik uit zijn ogen te werpen
it all lied, it all stank, it all stank of lies
het loog allemaal, het stonk allemaal, het stonk allemaal naar leugens
it all pretended to be meaningful and joyful and beautiful
het deed allemaal alsof het betekenisvol, vreugdevol en mooi was
and it all was just concealed putrefaction
en het was allemaal gewoon verborgen verrotting
the world tasted bitter; life was torture
de wereld smaakte bitter; het leven was een marteling

A single goal stood before Siddhartha
Siddhartha had nog maar één doel voor ogen
his goal was to become empty
zijn doel was om leeg te worden
his goal was to be empty of thirst
zijn doel was om leeg te zijn van de dorst
empty of wishing and empty of dreams
leeg van wensen en leeg van dromen
empty of joy and sorrow

leeg van vreugde en verdriet
his goal was to be dead to himself
zijn doel was om dood te zijn voor zichzelf
his goal was not to be a self any more
zijn doel was niet langer een zelf te zijn
his goal was to find tranquillity with an emptied heart
zijn doel was om rust te vinden met een leeg hart
his goal was to be open to miracles in unselfish thoughts
zijn doel was om open te staan voor wonderen in onzelfzuchtige gedachten
to achieve this was his goal
dit bereiken was zijn doel
when all of his self was overcome and had died
toen al zijn zelf overwonnen was en gestorven was
when every desire and every urge was silent in the heart
toen elk verlangen en elke drang stil was in het hart
then the ultimate part of him had to awake
toen moest het ultieme deel van hem ontwaken
the innermost of his being, which is no longer his self
het diepste van zijn wezen, dat niet langer zijn zelf is
this was the great secret
dit was het grote geheim

Silently, Siddhartha exposed himself to the burning rays of the sun
In stilte stelde Siddhartha zich bloot aan de brandende stralen van de zon
he was glowing with pain and he was glowing with thirst
hij gloeide van de pijn en hij gloeide van de dorst
and he stood there until he neither felt pain nor thirst
en hij bleef daar staan totdat hij geen pijn of dorst meer voelde
Silently, he stood there in the rainy season
Zwijgend stond hij daar in het regenseizoen
from his hair the water was dripping over freezing shoulders
uit zijn haar druppelde het water over zijn bevroren schouders

the water was dripping over his freezing hips and legs
het water druppelde over zijn ijskoude heupen en benen
and the penitent stood there
en de boeteling stond daar
he stood there until he could not feel the cold any more
hij bleef daar staan totdat hij de kou niet meer kon voelen
he stood there until his body was silent
hij bleef daar staan totdat zijn lichaam stil was
he stood there until his body was quiet
hij bleef daar staan totdat zijn lichaam stil was
Silently, he cowered in the thorny bushes
In stilte kroop hij in de doornige struiken
blood dripped from the burning skin
bloed druppelde van de brandende huid
blood dripped from festering wounds
bloed druppelde uit etterende wonden
and Siddhartha stayed rigid and motionless
en Siddhartha bleef stijf en bewegingloos
he stood until no blood flowed any more
hij bleef staan totdat er geen bloed meer vloeide
he stood until nothing stung any more
hij bleef staan tot er niets meer prikte
he stood until nothing burned any more
hij bleef staan totdat er niets meer brandde
Siddhartha sat upright and learned to breathe sparingly
Siddhartha zat rechtop en leerde spaarzaam te ademen
he learned to get along with few breaths
hij leerde om met weinig ademhalingen om te gaan
he learned to stop breathing
hij leerde te stoppen met ademen
He learned, beginning with the breath, to calm the beating of his heart
Hij leerde, beginnend met de ademhaling, om de hartslag te kalmeren
he learned to reduce the beats of his heart
hij leerde de hartslag te verminderen

he meditated until his heartbeats were only a few
hij mediteerde totdat zijn hartslagen nog maar een paar
and then his heartbeats were almost none
en toen waren zijn hartslagen bijna niet meer
Instructed by the oldest of the Samanas, Siddhartha practised self-denial
Onderwezen door de oudste van de Samanas, beoefende Siddhartha zelfverloochening
he practised meditation, according to the new Samana rules
hij beoefende meditatie, volgens de nieuwe Samana-regels
A heron flew over the bamboo forest
Een reiger vloog over het bamboebos
Siddhartha accepted the heron into his soul
Siddhartha accepteerde de reiger in zijn ziel
he flew over forest and mountains
hij vloog over bos en bergen
he was a heron, he ate fish
hij was een reiger, hij at vis
he felt the pangs of a heron's hunger
hij voelde de pijn van de honger van een reiger
he spoke the heron's croak
hij sprak het gekras van de reiger
he died a heron's death
hij stierf de dood van een reiger
A dead jackal was lying on the sandy bank
Een dode jakhals lag op de zandbank
Siddhartha's soul slipped inside the body of the dead jackal
De ziel van Siddhartha gleed in het lichaam van de dode jakhals
he was the dead jackal laying on the banks and bloated
hij was de dode jakhals die op de oevers lag en opgeblazen was
he stank and decayed and was dismembered by hyenas
hij stonk en verging en werd door hyena's in stukken gehakt
he was skinned by vultures and turned into a skeleton
hij werd door gieren gevild en in een skelet veranderd

he was turned to dust and blown across the fields
hij veranderde in stof en werd over de velden geblazen
And Siddhartha's soul returned
En Siddhartha's ziel keerde terug
it had died, decayed, and was scattered as dust
het was gestorven, vergaan en als stof verspreid
it had tasted the gloomy intoxication of the cycle
het had de sombere roes van de cyclus geproefd
it awaited with a new thirst, like a hunter in the gap
het wachtte met een nieuwe dorst, als een jager in de kloof
in the gap where he could escape from the cycle
in de opening waar hij aan de cyclus kon ontsnappen
in the gap where an eternity without suffering began
in de kloof waar een eeuwigheid zonder lijden begon
he killed his senses and his memory
hij doodde zijn zintuigen en zijn geheugen
he slipped out of his self into thousands of other forms
hij gleed uit zichzelf in duizenden andere vormen
he was an animal, a carrion, a stone
hij was een dier, een aas, een steen
he was wood and water
hij was hout en water
and he awoke every time to find his old self again
en hij werd elke keer wakker om zijn oude zelf weer te vinden
whether sun or moon, he was his self again
of het nu zon of maan was, hij was weer zichzelf
he turned round in the cycle
hij draaide zich om in de cyclus
he felt thirst, overcame the thirst, felt new thirst
hij voelde dorst, overwon de dorst, voelde nieuwe dorst

Siddhartha learned a lot when he was with the Samanas
Siddhartha leerde veel toen hij bij de Samanas was
he learned many ways leading away from the self
hij leerde vele manieren om van het zelf af te leiden
he learned how to let go

hij leerde hoe hij los moest laten
He went the way of self-denial by means of pain
Hij ging de weg van zelfverloochening door middel van pijn
he learned self-denial through voluntarily suffering and overcoming pain
Hij leerde zelfverloochening door vrijwillig te lijden en pijn te overwinnen
he overcame hunger, thirst, and tiredness
Hij overwon honger, dorst en vermoeidheid
He went the way of self-denial by means of meditation
Hij ging de weg van zelfverloochening door middel van meditatie
he went the way of self-denial through imagining the mind to be void of all conceptions
Hij ging de weg van zelfverloochening door zich voor te stellen dat de geest vrij was van alle concepten
with these and other ways he learned to let go
met deze en andere manieren leerde hij los te laten
a thousand times he left his self
duizend keer verliet hij zichzelf
for hours and days he remained in the non-self
uren en dagen bleef hij in het niet-zelf
all these ways led away from the self
al deze wegen leidden weg van het zelf
but their path always led back to the self
maar hun pad leidde altijd terug naar het zelf
Siddhartha fled from the self a thousand times
Siddhartha vluchtte duizend keer voor het zelf
but the return to the self was inevitable
maar de terugkeer naar het zelf was onvermijdelijk
although he stayed in nothingness, coming back was inevitable
hoewel hij in het niets bleef, was zijn terugkeer onvermijdelijk
although he stayed in animals and stones, coming back was inevitable

hoewel hij in dieren en stenen bleef, was terugkomen onvermijdelijk
he found himself in the sunshine or in the moonlight again
hij bevond zich weer in de zonneschijn of in het maanlicht
he found himself in the shade or in the rain again
hij bevond zich weer in de schaduw of in de regen
and he was once again his self; Siddhartha
en hij was weer zichzelf; Siddhartha
and again he felt the agony of the cycle which had been forced upon him
en opnieuw voelde hij de kwelling van de cyclus die hem was opgedrongen

by his side lived Govinda, his shadow
aan zijn zijde leefde Govinda, zijn schaduw
Govinda walked the same path and undertook the same efforts
Govinda bewandelde hetzelfde pad en ondernam dezelfde inspanningen
they spoke to one another no more than the exercises required
ze spraken niet meer met elkaar dan de oefeningen vereisten
occasionally the two of them went through the villages
af en toe gingen ze met z'n tweeën door de dorpen
they went to beg for food for themselves and their teachers
ze gingen bedelen om voedsel voor zichzelf en hun leraren
"How do you think we have progressed, Govinda" he asked
"Hoe denk je dat we vooruitgang hebben geboekt, Govinda?" vroeg hij
"Did we reach any goals?" Govinda answered
"Hebben we doelen bereikt?" antwoordde Govinda
"We have learned, and we'll continue learning"
"We hebben geleerd en we zullen blijven leren"
"You'll be a great Samana, Siddhartha"
"Je zult een geweldige Samana zijn, Siddhartha"
"Quickly, you've learned every exercise"

"Snel, je hebt alle oefeningen geleerd"
"often, the old Samanas have admired you"
"Vaak hebben de oude Samana's je bewonderd"
"One day, you'll be a holy man, oh Siddhartha"
"Op een dag zul je een heilige man zijn, oh Siddhartha"
Spoke Siddhartha, "I can't help but feel that it is not like this, my friend"
Siddhartha zei: "Ik kan niet anders dan voelen dat het niet zo is, mijn vriend."
"What I've learned being among the Samanas could have been learned more quickly"
"Wat ik heb geleerd door tussen de Samana's te zijn, had ik sneller kunnen leren"
"it could have been learned by simpler means"
"het had met eenvoudigere middelen geleerd kunnen worden"
"it could have been learned in any tavern"
"het had in elke herberg geleerd kunnen worden"
"it could have been learned where the whorehouses are"
"men had kunnen weten waar de bordelen zijn"
"I could have learned it among carters and gamblers"
"Ik had het kunnen leren van de karren en gokkers"
Spoke Govinda, "Siddhartha is joking with me"
Govinda sprak: "Siddhartha maakt een grapje met mij"
"How could you have learned meditation among wretched people?"
"Hoe heb je kunnen leren mediteren tussen arme mensen?"
"how could whores have taught you about holding your breath?"
"Hoe hebben hoeren je geleerd je adem in te houden?"
"how could gamblers have taught you insensitivity against pain?"
"Hoe hebben gokkers je ongevoeligheid voor pijn kunnen leren?"
Siddhartha spoke quietly, as if he was talking to himself
Siddhartha sprak zachtjes, alsof hij tegen zichzelf sprak
"What is meditation?"

"Wat is meditatie?"
"What is leaving one's body?"
"Wat verlaat iemands lichaam?"
"What is fasting?"
"Wat is vasten?"
"What is holding one's breath?"
"Wat houdt je adem in?"
"It is fleeing from the self"
"Het is vluchten voor het zelf"
"it is a short escape of the agony of being a self"
"het is een korte ontsnapping aan de kwelling van het zelf zijn"
"it is a short numbing of the senses against the pain"
"het is een korte verdoving van de zintuigen tegen de pijn"
"it is avoiding the pointlessness of life"
"het is het vermijden van de zinloosheid van het leven"
"The same numbing is what the driver of an ox-cart finds in the inn"
"Dezelfde verdoving vindt de bestuurder van een ossenkar in de herberg"
"drinking a few bowls of rice-wine or fermented coconut-milk"
"een paar kommen rijstwijn of gefermenteerde kokosmelk drinken"
"Then he won't feel his self anymore"
"Dan voelt hij zichzelf niet meer"
"then he won't feel the pains of life anymore"
"dan zal hij de pijnen van het leven niet meer voelen"
"then he finds a short numbing of the senses"
"dan vindt hij een korte verdoving van de zintuigen"
"When he falls asleep over his bowl of rice-wine, he'll find the same what we find"
"Als hij in slaap valt boven zijn kom rijstwijn, zal hij hetzelfde vinden als wij"
"he finds what we find when we escape our bodies through long exercises"

- 34 -

"hij vindt wat wij vinden als we aan ons lichaam ontsnappen door middel van lange oefeningen"
"all of us are staying in the non-self"
"wij blijven allemaal in het niet-zelf"
"This is how it is, oh Govinda"
"Zo is het, oh Govinda"
Spoke Govinda, "You say so, oh friend"
Govinda sprak: "Dat zeg je, oh vriend"
"and yet you know that Siddhartha is no driver of an ox-cart"
"en toch weet je dat Siddhartha geen bestuurder van een ossenkar is"
"and you know a Samana is no drunkard"
"en je weet dat een Samana geen dronkaard is"
"it's true that a drinker numbs his senses"
"het is waar dat een drinker zijn zintuigen verdooft"
"it's true that he briefly escapes and rests"
"het is waar dat hij even ontsnapt en uitrust"
"but he'll return from the delusion and finds everything to be unchanged"
"maar hij zal terugkeren uit de waan en alles onveranderd vinden"
"he has not become wiser"
"hij is niet wijzer geworden"
"he has gathered any enlightenment"
"hij heeft enige verlichting verzameld"
"he has not risen several steps"
"hij is niet meerdere treden gestegen"
And Siddhartha spoke with a smile
En Siddhartha sprak met een glimlach
"I do not know, I've never been a drunkard"
"Ik weet het niet, ik ben nooit een dronkaard geweest"
"I know that I find only a short numbing of the senses"
"Ik weet dat ik slechts een korte verdoving van de zintuigen ervaar"
"I find it in my exercises and meditations"
"Ik vind het in mijn oefeningen en meditaties"

"and I find I am just as far removed from wisdom as a child in the mother's womb"
"en ik merk dat ik net zo ver van wijsheid verwijderd ben als een kind in de baarmoeder van de moeder"
"this I know, oh Govinda"
"dit weet ik, oh Govinda"

And once again, another time, Siddhartha began to speak
En nogmaals, een andere keer, begon Siddhartha te spreken
Siddhartha had left the forest, together with Govinda
Siddhartha had samen met Govinda het bos verlaten
they left to beg for some food in the village
ze vertrokken om in het dorp te bedelen voor wat voedsel
he said, "What now, oh Govinda?"
Hij zei: "Wat nu, oh Govinda?"
"are we on the right path?"
"Zijn we op de goede weg?"
"are we getting closer to enlightenment?"
"komen we dichter bij verlichting?"
"are we getting closer to salvation?"
"komen we dichter bij de verlossing?"
"Or do we perhaps live in a circle?"
"Of leven we misschien in een cirkel?"
"we, who have thought we were escaping the cycle"
"wij, die dachten dat we aan de cyclus ontsnapten"
Spoke Govinda, "We have learned a lot"
Govinda sprak: "We hebben veel geleerd"
"Siddhartha, there is still much to learn"
"Siddhartha, er is nog veel te leren"
"We are not going around in circles"
"We draaien niet in cirkels"
"we are moving up; the circle is a spiral"
"we bewegen omhoog; de cirkel is een spiraal"
"we have already ascended many levels"
"We zijn al veel niveaus opgestegen"

Siddhartha answered, "How old would you think our oldest Samana is?"
Siddhartha antwoordde: "Hoe oud denk je dat onze oudste Samana is?"
"how old is our venerable teacher?"
"Hoe oud is onze eerbiedwaardige leraar?"
Spoke Govinda, "Our oldest one might be about sixty years of age"
Govinda sprak: "Onze oudste is misschien wel zestig jaar oud."
Spoke Siddhartha, "He has lived for sixty years"
Siddhartha sprak: "Hij heeft zestig jaar geleefd"
"and yet he has not reached the nirvana"
"en toch heeft hij het nirvana niet bereikt"
"He'll turn seventy and eighty"
"Hij wordt zeventig en tachtig"
"you and me, we will grow just as old as him"
"jij en ik, wij worden net zo oud als hij"
"and we will do our exercises"
"en we zullen onze oefeningen doen"
"and we will fast, and we will meditate"
"en wij zullen vasten, en wij zullen mediteren"
"But we will not reach the nirvana"
"Maar we zullen het nirvana niet bereiken"
"he won't reach nirvana and we won't"
"hij zal het nirvana niet bereiken en wij ook niet"
"there are uncountable Samanas out there"
"er zijn ontelbare Samana's"
"perhaps not a single one will reach the nirvana"
"misschien zal niemand het nirvana bereiken"
"We find comfort, we find numbness, we learn feats"
"We vinden troost, we vinden verdoving, we leren kunstjes"
"we learn these things to deceive others"
"We leren deze dingen om anderen te misleiden"
"But the most important thing, the path of paths, we will not find"

"Maar het belangrijkste, het pad der paden, zullen we niet vinden"
Spoke Govinda "If you only wouldn't speak such terrible words, Siddhartha!"
Govinda sprak: "Als je zulke vreselijke woorden maar niet zou spreken, Siddhartha!"
"there are so many learned men"
"er zijn zoveel geleerde mannen"
"how could not one of them not find the path of paths?"
"Hoe kan het dat niet één van hen het pad der paden niet kan vinden?"
"how can so many Brahmans not find it?"
"Hoe kunnen zoveel Brahmanen het niet vinden?"
"how can so many austere and venerable Samanas not find it?"
"Hoe kunnen zoveel strenge en eerbiedwaardige Samana's het niet vinden?"
"how can all those who are searching not find it?"
"Hoe kan het dat al diegenen die zoeken het niet vinden?"
"how can the holy men not find it?"
"Hoe kunnen de heilige mannen het niet vinden?"
But Siddhartha spoke with as much sadness as mockery
Maar Siddhartha sprak met evenveel verdriet als spot
he spoke with a quiet, a slightly sad, a slightly mocking voice
hij sprak met een rustige, een beetje droevige, een beetje spottende stem
"Soon, Govinda, your friend will leave the path of the Samanas"
"Binnenkort, Govinda, zal je vriend het pad van de Samanas verlaten"
"he has walked along your side for so long"
"hij heeft zo lang aan jouw zijde gelopen"
"I'm suffering of thirst"
"Ik lijd aan dorst"

"on this long path of a Samana, my thirst has remained as strong as ever"
"op dit lange pad van een Samana is mijn dorst even sterk gebleven als altijd"
"I always thirsted for knowledge"
"Ik heb altijd naar kennis gehunkerd"
"I have always been full of questions"
"Ik heb altijd vol vragen gezeten"
"I have asked the Brahmans, year after year"
"Ik heb de Brahmanen jaar na jaar gevraagd"
"and I have asked the holy Vedas, year after year"
"en ik heb de heilige Veda's jaar na jaar gevraagd"
"and I have asked the devoted Samanas, year after year"
"en ik heb de toegewijde Samanas jaar na jaar gevraagd"
"perhaps I could have learned it from the hornbill bird"
"misschien had ik het van de neushoornvogel kunnen leren"
"perhaps I should have asked the chimpanzee"
"Misschien had ik het aan de chimpansee moeten vragen"
"It took me a long time"
"Het heeft lang geduurd"
"and I am not finished learning this yet"
"en ik ben nog niet klaar met het leren hiervan"
"oh Govinda, I have learned that there is nothing to be learned!"
"Oh Govinda, ik heb geleerd dat er niets meer te leren valt!"
"There is indeed no such thing as learning"
"Er bestaat inderdaad niet zoiets als leren"
"There is just one knowledge"
"Er is maar één kennis"
"this knowledge is everywhere, this is Atman"
"Deze kennis is overal, dit is Atman"
"this knowledge is within me and within you"
"Deze kennis is in mij en in jou"
"and this knowledge is within every creature"
"en deze kennis is in elk schepsel aanwezig"

"this knowledge has no worse enemy than the desire to know it"
"Deze kennis heeft geen ergere vijand dan de wens om het te weten"
"that is what I believe"
"dat is wat ik geloof"
At this, Govinda stopped on the path
Hierop bleef Govinda op het pad staan
he rose his hands, and spoke
hij hief zijn handen op en sprak
"If only you would not bother your friend with this kind of talk"
"Als je je vriend nou eens niet met dit soort gepraat lastig zou vallen"
"Truly, your words stir up fear in my heart"
"Waarlijk, uw woorden wekken vrees in mijn hart"
"consider, what would become of the sanctity of prayer?"
"Stel je eens voor, wat zou er gebeuren met de heiligheid van het gebed?"
"what would become of the venerability of the Brahmans' caste?"
"Wat zou er gebeuren met de eerbiedwaardigheid van de kaste van de brahmanen?"
"what would happen to the holiness of the Samanas?"
"Wat zou er gebeuren met de heiligheid van de Samanas?"
"What would then become of all of that is holy"
"Wat zou er dan met al dat heilige gebeuren?"
"what would still be precious?"
"wat zou dan nog kostbaar zijn?"
And Govinda mumbled a verse from an Upanishad to himself
En Govinda mompelde een vers uit een Upanishad tegen zichzelf
"He who ponderingly, of a purified spirit, loses himself in the meditation of Atman"

"Hij die peinzend, van een gezuiverde geest, zichzelf verliest in de meditatie van Atman"
"inexpressible by words is the blissfulness of his heart"
"onuitsprekelijk in woorden is de gelukzaligheid van zijn hart"
But Siddhartha remained silent
Maar Siddhartha bleef stil
He thought about the words which Govinda had said to him
Hij dacht na over de woorden die Govinda tegen hem had gezegd
and he thought the words through to their end
en hij dacht de woorden tot het einde toe door
he thought about what would remain of all that which seemed holy
hij dacht na over wat er zou overblijven van al datgene wat heilig leek
What remains? What can stand the test?
Wat blijft er over? Wat kan de toets doorstaan?
And he shook his head
En hij schudde zijn hoofd

the two young men had lived among the Samanas for about three years
de twee jongemannen woonden ongeveer drie jaar lang tussen de Samana's
some news, a rumour, a myth reached them
een nieuwsbericht, een gerucht, een mythe bereikte hen
the rumour had been retold many times
het gerucht was al vele malen herhaald
A man had appeared, Gotama by name
Er was een man verschenen, Gotama genaamd
the exalted one, the Buddha
de verhevene, de Boeddha
he had overcome the suffering of the world in himself
hij had het lijden van de wereld in zichzelf overwonnen
and he had halted the cycle of rebirths
en hij had de cyclus van wedergeboortes gestopt

He was said to wander through the land, teaching
Er werd gezegd dat hij door het land zwierf en onderwees
he was said to be surrounded by disciples
er werd gezegd dat hij omringd was door discipelen
he was said to be without possession, home, or wife
er werd gezegd dat hij geen bezit, huis of vrouw had
he was said to be in just the yellow cloak of an ascetic
er werd gezegd dat hij alleen de gele mantel van een asceet droeg
but he was with a cheerful brow
maar hij had een opgewekt voorhoofd
and he was said to be a man of bliss
en er werd gezegd dat hij een man van gelukzaligheid was
Brahmans and princes bowed down before him
Brahmanen en prinsen bogen voor hem neer
and they became his students
en zij werden zijn studenten
This myth, this rumour, this legend resounded
Deze mythe, dit gerucht, deze legende klonk
its fragrance rose up, here and there, in the towns
de geur ervan steeg hier en daar op in de steden
the Brahmans spoke of this legend
de Brahmanen spraken over deze legende
and in the forest, the Samanas spoke of it
en in het bos spraken de Samana's erover
again and again, the name of Gotama the Buddha reached the ears of the young men
Steeds weer bereikte de naam van Gotama de Boeddha de oren van de jonge mannen
there was good and bad talk of Gotama
er werd goed en slecht over Gotama gesproken
some praised Gotama, others defamed him
sommigen prezen Gotama, anderen belasterden hem
It was as if the plague had broken out in a country
Het was alsof de pest in een land was uitgebroken

news had been spreading around that in one or another place there was a man
het nieuws verspreidde zich dat er op de een of andere plaats een man was
a wise man, a knowledgeable one
een wijze man, een deskundige
a man whose word and breath was enough to heal everyone
een man wiens woord en adem genoeg waren om iedereen te genezen
his presence could heal anyone who had been infected with the pestilence
Zijn aanwezigheid kon iedereen genezen die met de pest besmet was
such news went through the land, and everyone would talk about it
dergelijk nieuws ging door het land en iedereen sprak erover
many believed the rumours, many doubted them
velen geloofden de geruchten, velen twijfelden eraan
but many got on their way as soon as possible
maar velen gingen zo snel mogelijk op weg
they went to seek the wise man, the helper
ze gingen op zoek naar de wijze man, de helper
the wise man of the family of Sakya
de wijze man van de familie Sakya
He possessed, so the believers said, the highest enlightenment
Hij bezat, zo zeiden de gelovigen, de hoogste verlichting
he remembered his previous lives; he had reached the nirvana
hij herinnerde zich zijn vorige levens; hij had het nirvana bereikt
and he never returned into the cycle
en hij keerde nooit meer terug in de cyclus
he was never again submerged in the murky river of physical forms

hij werd nooit meer ondergedompeld in de troebele rivier van fysieke vormen
Many wonderful and unbelievable things were reported of him
Er werden veel wonderlijke en ongelooflijke dingen over hem gemeld
he had performed miracles
hij had wonderen verricht
he had overcome the devil
hij had de duivel overwonnen
he had spoken to the gods
hij had tot de goden gesproken
But his enemies and disbelievers said Gotama was a vain seducer
Maar zijn vijanden en ongelovigen zeiden dat Gotama een ijdele verleider was
they said he spent his days in luxury
ze zeiden dat hij zijn dagen in luxe doorbracht
they said he scorned the offerings
Ze zeiden dat hij de offers versmaadde
they said he was without learning
ze zeiden dat hij niet geleerd had
they said he knew neither meditative exercises nor self-castigation
Ze zeiden dat hij noch meditatieve oefeningen noch zelfkastijding kende
The myth of Buddha sounded sweet
De mythe van Boeddha klonk zoet
The scent of magic flowed from these reports
De geur van magie stroomde uit deze rapporten
After all, the world was sick, and life was hard to bear
De wereld was immers ziek en het leven was moeilijk te verdragen
and behold, here a source of relief seemed to spring forth
en zie, hier leek een bron van verlichting te ontspringen
here a messenger seemed to call out

hier leek een boodschapper te roepen
comforting, mild, full of noble promises
troostend, mild, vol nobele beloften
Everywhere where the rumour of Buddha was heard, the young men listened up
Overal waar het gerucht over Boeddha werd gehoord, luisterden de jongemannen
everywhere in the lands of India they felt a longing
overal in de landen van India voelden ze een verlangen
everywhere where the people searched, they felt hope
overal waar de mensen zochten, voelden ze hoop
every pilgrim and stranger was welcome when he brought news of him
elke pelgrim en vreemdeling was welkom toen hij nieuws over hem bracht
the exalted one, the Sakyamuni
de verhevene, de Sakyamuni
The myth had also reached the Samanas in the forest
De mythe had ook de Samana's in het bos bereikt
and Siddhartha and Govinda heard the myth too
en Siddhartha en Govinda hoorden de mythe ook
slowly, drop by drop, they heard the myth
langzaam, druppel voor druppel, hoorden ze de mythe
every drop was laden with hope
elke druppel was beladen met hoop
every drop was laden with doubt
elke druppel was beladen met twijfel
They rarely talked about it
Ze spraken er zelden over
because the oldest one of the Samanas did not like this myth
omdat de oudste van de Samana's deze mythe niet leuk vond
he had heard that this alleged Buddha used to be an ascetic
hij had gehoord dat deze vermeende Boeddha vroeger een asceet was
he heard he had lived in the forest
hij hoorde dat hij in het bos had gewoond

but he had turned back to luxury and worldly pleasures
maar hij was teruggekeerd naar luxe en wereldse genoegens
and he had no high opinion of this Gotama
en hij had geen hoge dunk van deze Gotama

"Oh Siddhartha," Govinda spoke one day to his friend
"Oh Siddhartha," sprak Govinda op een dag tegen zijn vriend
"Today, I was in the village"
"Vandaag was ik in het dorp"
"and a Brahman invited me into his house"
"en een brahmaan nodigde mij uit in zijn huis"
"and in his house, there was the son of a Brahman from Magadha"
"en in zijn huis was de zoon van een brahmaan uit Magadha"
"he has seen the Buddha with his own eyes"
"hij heeft de Boeddha met eigen ogen gezien"
"and he has heard him teach"
"en hij heeft hem horen leren"
"Verily, this made my chest ache when I breathed"
"Waarlijk, dit deed mijn borst pijn toen ik ademde"
"and I thought this to myself:"
"en ik dacht dit bij mezelf:"
"if only we heard the teachings from the mouth of this perfected man!"
"Als wij toch eens de leringen uit de mond van deze volmaakte man hoorden!"
"Speak, friend, wouldn't we want to go there too"
"Spreek eens, vriend, zouden wij daar niet ook heen willen"
"wouldn't it be good to listen to the teachings from the Buddha's mouth?"
"Zou het niet goed zijn om naar de leringen uit de mond van de Boeddha te luisteren?"
Spoke Siddhartha, "I had thought you would stay with the Samanas"
Siddhartha zei: "Ik had gedacht dat je bij de Samana's zou blijven"

"I always had believed your goal was to live to be seventy"
"Ik heb altijd gedacht dat je doel was om zeventig te worden"
"I thought you would keep practising those feats and exercises"
"Ik dacht dat je die kunstjes en oefeningen zou blijven oefenen"
"and I thought you would become a Samana"
"en ik dacht dat je een Samana zou worden"
"But behold, I had not known Govinda well enough"
"Maar zie, ik kende Govinda nog niet goed genoeg"
"I knew little of his heart"
"Ik wist weinig van zijn hart"
"So now you want to take a new path"
"Dus nu wil je een nieuw pad inslaan"
"and you want to go there where the Buddha spreads his teachings"
"en je wilt daarheen gaan waar de Boeddha zijn leringen verspreidt"
Spoke Govinda, "You're mocking me"
Govinda sprak: "Je bespot mij"
"Mock me if you like, Siddhartha!"
"Laat me maar lachen, Siddhartha!"
"But have you not also developed a desire to hear these teachings?"
"Maar is bij u ook niet het verlangen ontstaan om deze leringen te horen?"
"have you not said you would not walk the path of the Samanas for much longer?"
"Heb je niet gezegd dat je het pad van de Samanas niet veel langer zou bewandelen?"
At this, Siddhartha laughed in his very own manner
Hierop lachte Siddhartha op zijn eigen manier
the manner in which his voice assumed a touch of sadness
de manier waarop zijn stem een vleugje droefheid aannam
but it still had that touch of mockery
maar er zat nog steeds een vleugje spot in

Spoke Siddhartha, "Govinda, you've spoken well"
Siddhartha sprak: "Govinda, je hebt goed gesproken"
"you've remembered correctly what I said"
"je hebt je goed herinnerd wat ik zei"
"If only you remembered the other thing you've heard from me"
"Als je je maar herinnerde wat je nog meer van mij hebt gehoord"
"I have grown distrustful and tired against teachings and learning"
"Ik ben wantrouwend geworden en heb genoeg van leringen en kennis"
"my faith in words, which are brought to us by teachers, is small"
"mijn geloof in woorden, die ons door leraren worden gebracht, is klein"
"But let's do it, my dear"
"Maar laten we het doen, mijn liefste"
"I am willing to listen to these teachings"
"Ik ben bereid om naar deze leringen te luisteren"
"though in my heart I do not have hope"
"hoewel ik in mijn hart geen hoop heb"
"I believe that we've already tasted the best fruit of these teachings"
"Ik geloof dat we de beste vruchten van deze leringen al hebben geproefd"
Spoke Govinda, "Your willingness delights my heart"
Govinda sprak: "Uw bereidwilligheid verheugt mijn hart"
"But tell me, how should this be possible?"
"Maar vertel eens, hoe is dit mogelijk?"
"How can the Gotama's teachings have already revealed their best fruit to us?"
"Hoe kan het dat de leringen van de Gotama ons al hun beste vruchten hebben laten zien?"
"we have not heard his words yet"
"We hebben zijn woorden nog niet gehoord"

Spoke Siddhartha, "Let us eat this fruit"
Siddhartha sprak: "Laten we van deze vrucht eten"
"and let us wait for the rest, oh Govinda!"
"En laten we wachten op de rest, oh Govinda!"
"But this fruit consists in him calling us away from the Samanas"
"Maar deze vrucht bestaat erin dat Hij ons wegroept van de Samana's"
"and we have already received it thanks to the Gotama!"
"en we hebben het al gekregen dankzij de Gotama!"
"Whether he has more, let us await with calm hearts"
"Of hij meer heeft, laten we met kalme harten afwachten"

On this very same day Siddhartha spoke to the oldest Samana
Op deze zelfde dag sprak Siddhartha tot de oudste Samana
he told him of his decision to leaves the Samanas
hij vertelde hem over zijn besluit om de Samanas te verlaten
he informed the oldest one with courtesy and modesty
hij informeerde de oudste met hoffelijkheid en bescheidenheid
but the Samana became angry that the two young men wanted to leave him
maar de Samana werd boos dat de twee jongemannen hem wilden verlaten
and he talked loudly and used crude words
en hij sprak luid en gebruikte grove woorden
Govinda was startled and became embarrassed
Govinda schrok en werd verlegen
But Siddhartha put his mouth close to Govinda's ear
Maar Siddhartha hield zijn mond dicht bij Govinda's oor
"Now, I want to show the old man what I've learned from him"
"Nu wil ik de oude man laten zien wat ik van hem heb geleerd"
Siddhartha positioned himself closely in front of the Samana

Siddhartha positioneerde zichzelf dicht voor de Samana
with a concentrated soul, he captured the old man's glance
met een geconcentreerde ziel ving hij de blik van de oude man op
he deprived him of his power and made him mute
hij beroofde hem van zijn macht en maakte hem stom
he took away his free will
hij nam zijn vrije wil weg
he subdued him under his own will, and commanded him
Hij onderwierp hem aan zijn eigen wil en gaf hem het bevel
his eyes became motionless, and his will was paralysed
zijn ogen werden roerloos en zijn wil was verlamd
his arms were hanging down without power
zijn armen hingen krachteloos naar beneden
he had fallen victim to Siddhartha's spell
hij was het slachtoffer geworden van de betovering van Siddhartha
Siddhartha's thoughts brought the Samana under their control
Siddhartha's gedachten brachten de Samana onder hun controle
he had to carry out what they commanded
hij moest uitvoeren wat ze hem bevolen hadden
And thus, the old man made several bows
En zo maakte de oude man verschillende buigingen
he performed gestures of blessing
hij maakte zegenende gebaren
he spoke stammeringly a godly wish for a good journey
hij sprak stamelend een goddelijke wens uit voor een goede reis
the young men returned the good wishes with thanks
de jongemannen beantwoordden de goede wensen met dank
they went on their way with salutations
ze gingen op weg met groeten
On the way, Govinda spoke again
Onderweg sprak Govinda opnieuw

"Oh Siddhartha, you have learned more from the Samanas than I knew"

"Oh Siddhartha, je hebt meer geleerd van de Samanas dan ik wist"

"It is very hard to cast a spell on an old Samana"

"Het is heel moeilijk om een oude Samana te betoveren"

"Truly, if you had stayed there, you would soon have learned to walk on water"

"Als je daar was gebleven, had je al snel geleerd om op water te lopen"

"I do not seek to walk on water" said Siddhartha

"Ik probeer niet op water te lopen", zei Siddhartha

"Let old Samanas be content with such feats!"

"Laat de oude Samana's tevreden zijn met zulke prestaties!"

Gotama

In Savathi, every child knew the name of the exalted Buddha
In Savathi kende elk kind de naam van de verheven Boeddha
every house was prepared for his coming
elk huis was voorbereid op zijn komst
each house filled the alms-dishes of Gotama's disciples
elk huis vulde de aalmoezenschalen van Gotama's discipelen
Gotama's disciples were the silently begging ones
De discipelen van Gotama waren degenen die in stilte smeekten
Near the town was Gotama's favourite place to stay
Dichtbij de stad was Gotama's favoriete verblijfplaats
he stayed in the garden of Jetavana
hij verbleef in de tuin van Jetavana
the rich merchant Anathapindika had given the garden to Gotama
de rijke koopman Anathapindika had de tuin aan Gotama gegeven
he had given it to him as a gift
hij had het hem als geschenk gegeven
he was an obedient worshipper of the exalted one
hij was een gehoorzame aanbidder van de verhevene
the two young ascetics had received tales and answers
de twee jonge asceten hadden verhalen en antwoorden ontvangen
all these tales and answers pointed them to Gotama's abode
al deze verhalen en antwoorden brachten hen naar Gotama's verblijfplaats
they arrived in the town of Savathi
ze kwamen aan in de stad Savathi
they went to the very first door of the town
ze gingen naar de allereerste deur van de stad
and they begged for food at the door
en ze smeekten om eten bij de deur

a woman offered them food
een vrouw bood hen eten aan
and they accepted the food
en ze accepteerden het eten
Siddhartha asked the woman
Siddhartha vroeg de vrouw
"oh charitable one, where does the Buddha dwell?"
"O liefdadige, waar verblijft de Boeddha?"
"we are two Samanas from the forest"
"wij zijn twee Samana's uit het bos"
"we have come to see the perfected one"
"Wij zijn gekomen om de volmaakte te zien"
"we have come to hear the teachings from his mouth"
"Wij zijn gekomen om de leringen uit zijn mond te horen"
Spoke the woman, "you Samanas from the forest"
De vrouw sprak: "Jullie Samana's uit het bos"
"you have truly come to the right place"
"je bent hier echt op de juiste plek"
"you should know, in Jetavana, there is the garden of Anathapindika"
"Je moet weten dat er in Jetavana de tuin van Anathapindika is"
"that is where the exalted one dwells"
"daar woont de verhevene"
"there you pilgrims shall spend the night"
"daar zullen jullie pelgrims de nacht doorbrengen"
"there is enough space for the innumerable, who flock here"
"er is genoeg ruimte voor de ontelbaren die hier samenstromen"
"they too come to hear the teachings from his mouth"
"ook zij komen om de leringen uit zijn mond te horen"
This made Govinda happy, and full of joy
Dit maakte Govinda blij en vervuld van vreugde
he exclaimed, "we have reached our destination"
riep hij uit: "we hebben onze bestemming bereikt"
"our path has come to an end!"

"Ons pad is ten einde!"
"But tell us, oh mother of the pilgrims"
"Maar vertel ons, o moeder van de pelgrims"
"do you know him, the Buddha?"
"Ken je hem, de Boeddha?"
"have you seen him with your own eyes?"
"Heb je hem met eigen ogen gezien?"
Spoke the woman, "Many times I have seen him, the exalted one"
De vrouw zei: "Ik heb hem, de verhevene, vaak gezien."
"On many days I have seen him"
"Ik heb hem op veel dagen gezien"
"I have seen him walking through the alleys in silence"
"Ik heb hem in stilte door de steegjes zien lopen"
"I have seen him wearing his yellow cloak"
"Ik heb hem gezien met zijn gele mantel"
"I have seen him presenting his alms-dish in silence"
"Ik heb hem zijn aalmoesschaal in stilte zien aanbieden"
"I have seen him at the doors of the houses"
"Ik heb hem bij de deuren van de huizen gezien"
"and I have seen him leaving with a filled dish"
"en ik heb hem zien weggaan met een gevulde schaal"
Delightedly, Govinda listened to the woman
Verheugd luisterde Govinda naar de vrouw
and he wanted to ask and hear much more
en hij wilde nog veel meer vragen en horen
But Siddhartha urged him to walk on
Maar Siddhartha spoorde hem aan om door te lopen
They thanked the woman and left
Ze bedankten de vrouw en vertrokken
they hardly had to ask for directions
ze hoefden nauwelijks om de weg te vragen
many pilgrims and monks were on their way to the Jetavana
veel pelgrims en monniken waren op weg naar de Jetavana
they reached it at night, so there were constant arrivals

ze kwamen 's nachts aan, dus er waren voortdurend aankomsten
and those who sought shelter got it
en degenen die onderdak zochten, kregen het
The two Samanas were accustomed to life in the forest
De twee Samana's waren gewend aan het leven in het bos
so without making any noise they quickly found a place to stay
dus zonder enig geluid te maken vonden ze snel een plek om te verblijven
and they rested there until the morning
en ze rustten daar tot de morgen

At sunrise, they saw with astonishment the size of the crowd
Bij zonsopgang zagen ze met verbazing hoe groot de menigte was
a great many number of believers had come
een groot aantal gelovigen was gekomen
and a great number of curious people had spent the night here
en een groot aantal nieuwsgierigen had hier de nacht doorgebracht
On all paths of the marvellous garden, monks walked in yellow robes
Op alle paden van de prachtige tuin liepen monniken in gele gewaden
under the trees they sat here and there, in deep contemplation
onder de bomen zaten ze hier en daar, in diepe overpeinzing
or they were in a conversation about spiritual matters
of ze waren in gesprek over spirituele zaken
the shady gardens looked like a city
de schaduwrijke tuinen leken op een stad
a city full of people, bustling like bees
een stad vol mensen, druk als bijen
The majority of the monks went out with their alms-dish

De meeste monniken gingen met hun aalmoesschaal naar buiten
they went out to collect food for their lunch
ze gingen naar buiten om voedsel te verzamelen voor hun lunch
this would be their only meal of the day
dit zou hun enige maaltijd van de dag zijn
The Buddha himself, the enlightened one, also begged in the mornings
De Boeddha zelf, de verlichte, smeekte ook 's ochtends
Siddhartha saw him, and he instantly recognised him
Siddhartha zag hem en herkende hem onmiddellijk
he recognised him as if a God had pointed him out
hij herkende hem alsof een God hem had aangewezen
He saw him, a simple man in a yellow robe
Hij zag hem, een eenvoudige man in een geel gewaad
he was bearing the alms-dish in his hand, walking silently
Hij droeg de aalmoesschaal in zijn hand en liep zwijgend
"Look here!" Siddhartha said quietly to Govinda
"Kijk hier!" zei Siddhartha zachtjes tegen Govinda
"This one is the Buddha"
"Dit is de Boeddha"
Attentively, Govinda looked at the monk in the yellow robe
Govinda keek aandachtig naar de monnik in het gele gewaad
this monk seemed to be in no way different from any of the others
Deze monnik leek op geen enkele manier anders te zijn dan de anderen
but soon, Govinda also realized that this is the one
maar al snel realiseerde Govinda zich ook dat dit de enige was
And they followed him and observed him
En zij volgden hem en observeerden hem
The Buddha went on his way, modestly and deep in his thoughts
De Boeddha vervolgde zijn weg, bescheiden en diep in gedachten

his calm face was neither happy nor sad
zijn kalme gezicht was noch blij noch verdrietig
his face seemed to smile quietly and inwardly
zijn gezicht leek stil en innerlijk te glimlachen
his smile was hidden, quiet and calm
zijn glimlach was verborgen, stil en kalm
the way the Buddha walked somewhat resembled a healthy child
de manier waarop de Boeddha liep leek enigszins op een gezond kind
he walked just as all of his monks did
hij liep net zoals al zijn monniken deden
he placed his feet according to a precise rule
hij plaatste zijn voeten volgens een nauwkeurige regel
his face and his walk, his quietly lowered glance
zijn gezicht en zijn manier van lopen, zijn rustig neergeslagen blik
his quietly dangling hand, every finger of it
zijn rustig bungelende hand, elke vinger ervan
all these things expressed peace
al deze dingen drukten vrede uit
all these things expressed perfection
al deze dingen drukten perfectie uit
he did not search, nor did he imitate
hij zocht niet, noch imiteerde hij
he softly breathed inwardly an unwhithering calm
hij ademde zachtjes in zichzelf een onverwelkelijke kalmte
he shone outwardly an unwhithering light
hij scheen naar buiten toe een onverwelkelijk licht
he had about him an untouchable peace
hij had een onaantastbare vrede om zich heen
the two Samanas recognised him solely by the perfection of his calm
de twee Samana's herkenden hem enkel aan de perfectie van zijn kalmte
they recognized him by the quietness of his appearance

ze herkenden hem aan de stilte van zijn verschijning
the quietness in his appearance in which there was no searching
de stilte in zijn verschijning waarin geen zoeken was
there was no desire, nor imitation
er was geen verlangen, noch imitatie
there was no effort to be seen
er was geen enkele inspanning te bekennen
only light and peace was to be seen in his appearance
alleen licht en vrede waren te zien in zijn verschijning
"Today, we'll hear the teachings from his mouth" said Govinda
"Vandaag zullen we de leringen uit zijn mond horen", zei Govinda
Siddhartha did not answer
Siddhartha antwoordde niet
He felt little curiosity for the teachings
Hij voelde weinig nieuwsgierigheid naar de leringen
he did not believe that they would teach him anything new
hij geloofde niet dat ze hem iets nieuws zouden leren
he had heard the contents of this Buddha's teachings again and again
hij had de inhoud van de leringen van deze Boeddha keer op keer gehoord
but these reports only represented second hand information
maar deze rapporten vertegenwoordigden slechts informatie uit tweede hand
But attentively he looked at Gotama's head
Maar aandachtig keek hij naar Gotama's hoofd
his shoulders, his feet, his quietly dangling hand
zijn schouders, zijn voeten, zijn rustig bungelende hand
it was as if every finger of this hand was of these teachings
het was alsof elke vinger van deze hand van deze leringen was
his fingers spoke of truth
zijn vingers spraken van waarheid
his fingers breathed and exhaled the fragrance of truth

zijn vingers ademden en ademden de geur van de waarheid uit
his fingers glistened with truth
zijn vingers glinsterden van de waarheid
this Buddha was truthful down to the gesture of his last finger
Deze Boeddha was waarachtig tot aan het gebaar van zijn laatste vinger
Siddhartha could see that this man was holy
Siddhartha kon zien dat deze man heilig was
Never before, Siddhartha had venerated a person so much
Nooit eerder had Siddhartha een persoon zozeer vereerd
he had never before loved a person as much as this one
hij had nog nooit eerder zoveel van iemand gehouden als van deze
They both followed the Buddha until they reached the town
Ze volgden beiden de Boeddha totdat ze de stad bereikten
and then they returned to their silence
en toen keerden ze terug naar hun stilte
they themselves intended to abstain on this day
zijzelf waren van plan zich op deze dag te onthouden
They saw Gotama returning the food that had been given to him
Ze zagen Gotama het voedsel dat hem was gegeven teruggeven
what he ate could not even have satisfied a bird's appetite
wat hij at kon nog niet eens de eetlust van een vogel bevredigen
and they saw him retiring into the shade of the mango-trees
en ze zagen hem zich terugtrekken in de schaduw van de mangobomen

in the evening the heat had cooled down
's avonds was de hitte afgekoeld
everyone in the camp started to bustle about and gathered around

iedereen in het kamp begon zich te roeren en verzamelde zich rond
they heard the Buddha teaching, and his voice
ze hoorden de Boeddha onderwijzen, en zijn stem
and his voice was also perfected
en zijn stem werd ook geperfectioneerd
his voice was of perfect calmness
zijn stem was van volmaakte kalmte
his voice was full of peace
zijn stem was vol vrede
Gotama taught the teachings of suffering
Gotama onderwees de leringen van het lijden
he taught of the origin of suffering
hij onderwees over de oorsprong van het lijden
he taught of the way to relieve suffering
hij leerde over de manier om lijden te verlichten
Calmly and clearly his quiet speech flowed on
Kalm en duidelijk stroomde zijn rustige toespraak verder
Suffering was life, and full of suffering was the world
Lijden was het leven, en vol lijden was de wereld
but salvation from suffering had been found
maar er was redding uit het lijden gevonden
salvation was obtained by him who would walk the path of the Buddha
verlossing werd verkregen door hem die het pad van de Boeddha zou bewandelen
With a soft, yet firm voice the exalted one spoke
Met een zachte, maar toch stevige stem sprak de verhevene
he taught the four main doctrines
hij onderwees de vier belangrijkste doctrines
he taught the eight-fold path
hij leerde het achtvoudige pad
patiently he went the usual path of the teachings
Geduldig ging hij het gebruikelijke pad van de leringen
his teachings contained the examples
zijn leringen bevatten de voorbeelden

his teaching made use of the repetitions
zijn onderwijs maakte gebruik van de herhalingen
brightly and quietly his voice hovered over the listeners
helder en stil zweefde zijn stem boven de luisteraars
his voice was like a light
zijn stem was als een licht
his voice was like a starry sky
zijn stem was als een sterrenhemel
When the Buddha ended his speech, many pilgrims stepped forward
Toen de Boeddha zijn toespraak beëindigde, stapten veel pelgrims naar voren
they asked to be accepted into the community
ze vroegen om in de gemeenschap te worden geaccepteerd
they sought refuge in the teachings
zij zochten hun toevlucht in de leringen
And Gotama accepted them by speaking
En Gotama accepteerde ze door te spreken
"You have heard the teachings well"
"Je hebt de leringen goed gehoord"
"join us and walk in holiness"
"sluit je bij ons aan en wandel in heiligheid"
"put an end to all suffering"
"een einde maken aan alle lijden"
Behold, then Govinda, the shy one, also stepped forward and spoke
Zie, toen stapte ook Govinda, de verlegene, naar voren en sprak
"I also take my refuge in the exalted one and his teachings"
"Ook ik neem mijn toevlucht tot de Verhevene en zijn leringen"
and he asked to be accepted into the community of his disciples
en hij vroeg om te worden toegelaten tot de gemeenschap van zijn discipelen

and he was accepted into the community of Gotama's disciples
en hij werd geaccepteerd in de gemeenschap van Gotama's discipelen

the Buddha had retired for the night
de Boeddha had zich voor de nacht teruggetrokken
Govinda turned to Siddhartha and spoke eagerly
Govinda wendde zich tot Siddhartha en sprak gretig
"Siddhartha, it is not my place to scold you"
"Siddhartha, het is niet aan mij om je te berispen"
"We have both heard the exalted one"
"Wij hebben beiden de verhevene gehoord"
"we have both perceived the teachings"
"wij hebben beiden de leringen waargenomen"
"Govinda has heard the teachings"
"Govinda heeft de leringen gehoord"
"he has taken refuge in the teachings"
"hij heeft zijn toevlucht genomen tot de leringen"
"But, my honoured friend, I must ask you"
"Maar, mijn gewaardeerde vriend, ik moet u vragen"
"don't you also want to walk the path of salvation?"
"Wil jij ook niet het pad van de verlossing bewandelen?"
"Would you want to hesitate?"
"Zou je willen aarzelen?"
"do you want to wait any longer?"
"Wil je nog langer wachten?"
Siddhartha awakened as if he had been asleep
Siddhartha werd wakker alsof hij had geslapen
For a long time, he looked into Govinda's face
Hij keek Govinda lange tijd in het gezicht
Then he spoke quietly, in a voice without mockery
Toen sprak hij zachtjes, met een stem zonder spot
"Govinda, my friend, now you have taken this step"
"Govinda, mijn vriend, nu heb je deze stap gezet"
"now you have chosen this path"

"nu heb je dit pad gekozen"
"Always, oh Govinda, you've been my friend"
"Altijd, oh Govinda, ben je mijn vriend geweest"
"you've always walked one step behind me"
"Je hebt altijd een stap achter mij gelopen"
"Often I have thought about you"
"Vaak heb ik aan je gedacht"
"'Won't Govinda for once also take a step by himself'"
"'Zal Govinda niet eens een stap alleen zetten?'"
"'won't Govinda take a step without me?'"
"'Zal Govinda geen stap zonder mij zetten?'"
"'won't he take a step driven by his own soul?'"
"'Zal hij niet een stap zetten, gedreven door zijn eigen ziel?'"
"Behold, now you've turned into a man"
"Zie, nu bent u veranderd in een man"
"you are choosing your path for yourself"
"Je kiest je eigen pad"
"I wish that you would go it up to its end"
"Ik wou dat je het tot het einde toe zou volhouden"
"oh my friend, I hope that you shall find salvation!"
"Oh mijn vriend, ik hoop dat je verlossing zult vinden!"
Govinda, did not completely understand it yet
Govinda, begreep het nog niet helemaal
he repeated his question in an impatient tone
hij herhaalde zijn vraag op een ongeduldige toon
"Speak up, I beg you, my dear!"
"Spreek luidop, mijn liefste!"
"Tell me, since it could not be any other way"
"Vertel het me, want het kan niet anders"
"won't you also take your refuge with the exalted Buddha?"
"Wil jij ook niet je toevlucht nemen tot de verheven Boeddha?"
Siddhartha placed his hand on Govinda's shoulder
Siddhartha legde zijn hand op Govinda's schouder
"You failed to hear my good wish for you"
"Je hebt mijn goede wens voor jou niet gehoord"
"I'm repeating my wish for you"

"Ik herhaal mijn wens voor jou"
"I wish that you would go this path"
"Ik wou dat je dit pad zou bewandelen"
"I wish that you would go up to this path's end"
"Ik wou dat je tot het einde van dit pad zou gaan"
"I wish that you shall find salvation!"
"Ik wens dat je verlossing vindt!"
In this moment, Govinda realized that his friend had left him
Op dat moment realiseerde Govinda zich dat zijn vriend hem had verlaten
when he realized this he started to weep
toen hij dit besefte begon hij te huilen
"Siddhartha!" he exclaimed lamentingly
"Siddhartha!" riep hij klagend uit
Siddhartha kindly spoke to him
Siddhartha sprak vriendelijk met hem
"don't forget, Govinda, who you are"
"vergeet niet, Govinda, wie je bent"
"you are now one of the Samanas of the Buddha"
"Je bent nu een van de Samana's van de Boeddha"
"You have renounced your home and your parents"
"Je hebt afstand gedaan van je huis en je ouders"
"you have renounced your birth and possessions"
"je hebt afstand gedaan van je geboorte en bezittingen"
"you have renounced your free will"
"je hebt afstand gedaan van je vrije wil"
"you have renounced all friendship"
"je hebt alle vriendschap opgegeven"
"This is what the teachings require"
"Dit is wat de leringen vereisen"
"this is what the exalted one wants"
"dit is wat de verhevene wil"
"This is what you wanted for yourself"
"Dit is wat je voor jezelf wilde"
"Tomorrow, oh Govinda, I will leave you"

"Morgen, oh Govinda, zal ik je verlaten"
For a long time, the friends continued walking in the garden
De vrienden bleven nog lang door de tuin wandelen
for a long time, they lay there and found no sleep
ze lagen daar lange tijd en vonden geen slaap
And over and over again, Govinda urged his friend
En keer op keer spoorde Govinda zijn vriend aan
"why would you not want to seek refuge in Gotama's teachings?"
"Waarom zou je geen toevlucht willen zoeken in de leringen van Gotama?"
"what fault could you find in these teachings?"
"Welke fout zou je in deze leringen kunnen vinden?"
But Siddhartha turned away from his friend
Maar Siddhartha keerde zich af van zijn vriend
every time he said, "Be content, Govinda!"
elke keer dat hij zei: "Wees tevreden, Govinda!"
"Very good are the teachings of the exalted one"
"Zeer goed zijn de leringen van de Verhevene"
"how could I find a fault in his teachings?"
"Hoe kan ik een fout vinden in zijn leringen?"

it was very early in the morning
het was heel vroeg in de ochtend
one of the oldest monks went through the garden
een van de oudste monniken ging door de tuin
he called to those who had taken their refuge in the teachings
Hij riep degenen op die hun toevlucht hadden genomen tot de leringen
he called them to dress them up in the yellow robe
hij riep hen op om hen in het gele gewaad te kleden
and he instruct them in the first teachings and duties of their position
en hij onderricht hen in de eerste leringen en plichten van hun positie

Govinda once again embraced his childhood friend
Govinda omhelsde zijn jeugdvriend opnieuw
and then he left with the novices
en toen vertrok hij met de novicen
But Siddhartha walked through the garden, lost in thought
Maar Siddhartha liep door de tuin, verloren in gedachten
Then he happened to meet Gotama, the exalted one
Toen ontmoette hij toevallig Gotama, de verhevene
he greeted him with respect
hij begroette hem met respect
the Buddha's glance was full of kindness and calm
de blik van de Boeddha was vol vriendelijkheid en kalmte
the young man summoned his courage
de jongeman verzamelde zijn moed
he asked the venerable one for the permission to talk to him
hij vroeg de eerwaarde om toestemming om met hem te praten
Silently, the exalted one nodded his approval
In stilte knikte de verhevene zijn goedkeuring
Spoke Siddhartha, "Yesterday, oh exalted one"
Siddhartha sprak: "Gisteren, o verhevene"
"I had been privileged to hear your wondrous teachings"
"Ik had het voorrecht om uw wonderbaarlijke leringen te horen"
"Together with my friend, I had come from afar, to hear your teachings"
"Samen met mijn vriend was ik van ver gekomen om uw leringen te horen"
"And now my friend is going to stay with your people"
"En nu gaat mijn vriend bij jouw volk logeren"
"he has taken his refuge with you"
"Hij heeft zijn toevlucht tot u genomen"
"But I will again start on my pilgrimage"
"Maar ik zal opnieuw op pelgrimstocht gaan"
"As you please," the venerable one spoke politely
"Zoals u wilt," sprak de eerwaarde beleefd

"Too bold is my speech," Siddhartha continued
"Mijn toespraak is te brutaal", vervolgde Siddhartha
"but I do not want to leave the exalted on this note"
"maar ik wil de verhevenen niet op deze noot achterlaten"
"I want to share with the most venerable one my honest thoughts"
"Ik wil mijn eerlijke gedachten delen met de meest eerbiedwaardige"
"Does it please the venerable one to listen for one moment longer?"
"Vindt de eerwaarde het goed om nog een moment langer te luisteren?"
Silently, the Buddha nodded his approval
De Boeddha knikte zwijgend zijn goedkeuring
Spoke Siddhartha, "oh most venerable one"
Siddhartha sprak, "oh meest eerbiedwaardige"
"there is one thing I have admired in your teachings most of all"
"Er is één ding dat ik het meest bewonder in uw leringen"
"Everything in your teachings is perfectly clear"
"Alles in uw leringen is volkomen duidelijk"
"what you speak of is proven"
"wat je zegt is bewezen"
"you are presenting the world as a perfect chain"
"Je presenteert de wereld als een perfecte keten"
"a chain which is never and nowhere broken"
"een ketting die nooit en nergens verbroken wordt"
"an eternal chain the links of which are causes and effects"
"een eeuwige keten waarvan de schakels oorzaak en gevolg zijn"
"Never before, has this been seen so clearly"
"Nooit eerder is dit zo duidelijk gezien"
"never before, has this been presented so irrefutably"
"nog nooit eerder is dit zo onweerlegbaar gepresenteerd"
"truly, the heart of every Brahman has to beat stronger with love"

"Waarlijk, het hart van elke Brahman moet sterker kloppen met liefde"
"he has seen the world through your perfectly connected teachings"
"hij heeft de wereld gezien door jouw perfect verbonden leringen"
"without gaps, clear as a crystal"
"zonder gaten, helder als een kristal"
"not depending on chance, not depending on Gods"
"niet afhankelijk van toeval, niet afhankelijk van Goden"
"he has to accept it whether it may be good or bad"
"hij moet het accepteren, of het nu goed of slecht is"
"he has to live by it whether it would be suffering or joy"
"hij moet ernaar leven, of het nu lijden of vreugde is"
"but I do not wish to discuss the uniformity of the world"
"maar ik wil niet de uniformiteit van de wereld bespreken"
"it is possible that this is not essential"
"het is mogelijk dat dit niet essentieel is"
"everything which happens is connected"
"alles wat gebeurt is met elkaar verbonden"
"the great and the small things are all encompassed"
"het grote en het kleine zijn allemaal omvat"
"they are connected by the same forces of time"
"ze zijn verbonden door dezelfde krachten van de tijd"
"they are connected by the same law of causes"
"ze zijn verbonden door dezelfde wet van oorzaken"
"the causes of coming into being and of dying"
"de oorzaken van ontstaan en sterven"
"this is what shines brightly out of your exalted teachings"
"dit is wat helder schittert uit uw verheven leringen"
"But, according to your very own teachings, there is a small gap"
"Maar volgens uw eigen leringen is er een kleine kloof"
"this unity and necessary sequence of all things is broken in one place"

"deze eenheid en noodzakelijke volgorde van alle dingen is op één plaats verbroken"
"this world of unity is invaded by something alien"
"deze wereld van eenheid wordt binnengevallen door iets vreemds"
"there is something new, which had not been there before"
"er is iets nieuws, dat er voorheen niet was"
"there is something which cannot be demonstrated"
"er is iets dat niet aangetoond kan worden"
"there is something which cannot be proven"
"er is iets dat niet bewezen kan worden"
"these are your teachings of overcoming the world"
"Dit zijn jouw leringen om de wereld te overwinnen"
"these are your teachings of salvation"
"Dit zijn uw leringen van verlossing"
"But with this small gap, the eternal breaks apart again"
"Maar met deze kleine kloof breekt het eeuwige weer uiteen"
"with this small breach, the law of the world becomes void"
"met deze kleine inbreuk wordt de wet van de wereld ongeldig"
"Please forgive me for expressing this objection"
"Vergeef me dat ik dit bezwaar heb geuit"
Quietly, Gotama had listened to him, unmoved
Rustig had Gotama naar hem geluisterd, onbewogen
Now he spoke, the perfected one, with his kind and polite clear voice
Nu sprak hij, de volmaakte, met zijn vriendelijke en beleefde heldere stem
"You've heard the teachings, oh son of a Brahman"
"Je hebt de leringen gehoord, oh zoon van een Brahman"
"and good for you that you've thought about it this deeply"
"en goed voor je dat je er zo diep over hebt nagedacht"
"You've found a gap in my teachings, an error"
"Je hebt een gat in mijn leringen gevonden, een fout"
"You should think about this further"
"Je moet hier nog eens goed over nadenken"

"But be warned, oh seeker of knowledge, of the thicket of opinions"
"Maar wees gewaarschuwd, o zoeker naar kennis, voor het woud van meningen"
"be warned of arguing about words"
"wees gewaarschuwd voor het discussiëren over woorden"
"There is nothing to opinions"
"Er is niets aan meningen"
"they may be beautiful or ugly"
"ze kunnen mooi of lelijk zijn"
"opinions may be smart or foolish"
"meningen kunnen slim of dwaas zijn"
"everyone can support opinions, or discard them"
"iedereen kan meningen ondersteunen, of ze verwerpen"
"But the teachings, you've heard from me, are no opinion"
"Maar de leringen die je van mij hebt gehoord, zijn geen mening"
"their goal is not to explain the world to those who seek knowledge"
"hun doel is niet om de wereld uit te leggen aan degenen die kennis zoeken"
"They have a different goal"
"Ze hebben een ander doel"
"their goal is salvation from suffering"
"hun doel is verlossing van lijden"
"This is what Gotama teaches, nothing else"
"Dit is wat Gotama leert, niets anders"
"I wish that you, oh exalted one, would not be angry with me" said the young man
"Ik wou dat jij, o verhevene, niet boos op mij zou zijn", zei de jongeman
"I have not spoken to you like this to argue with you"
"Ik heb niet op deze manier met je gesproken om met je te discussiëren"
"I do not wish to argue about words"
"Ik wil niet over woorden discussiëren"

"You are truly right, there is little to opinions"
"Je hebt echt gelijk, er is weinig aan meningen"
"But let me say one more thing"
"Maar laat me nog één ding zeggen"
"I have not doubted in you for a single moment"
"Ik heb geen moment aan u getwijfeld"
"I have not doubted for a single moment that you are Buddha"
"Ik heb geen moment getwijfeld dat jij Boeddha bent"
"I have not doubted that you have reached the highest goal"
"Ik heb er niet aan getwijfeld dat je het hoogste doel hebt bereikt"
"the highest goal towards which so many Brahmans are on their way"
"het hoogste doel waar zoveel Brahmanen naar op weg zijn"
"You have found salvation from death"
"Je hebt redding gevonden van de dood"
"It has come to you in the course of your own search"
"Het is tot u gekomen tijdens uw eigen zoektocht"
"it has come to you on your own path"
"het is op je eigen pad gekomen"
"it has come to you through thoughts and meditation"
"het is tot je gekomen door gedachten en meditatie"
"it has come to you through realizations and enlightenment"
"het is tot u gekomen door realisaties en verlichting"
"but it has not come to you by means of teachings!"
"Maar het is niet tot u gekomen door middel van leringen!"
"And this is my thought"
"En dit is mijn gedachte"
"nobody will obtain salvation by means of teachings!"
"niemand zal door leringen verlossing verkrijgen!"
"You will not be able to convey your hour of enlightenment"
"Je zult je uur van verlichting niet kunnen overbrengen"
"words of what has happened to you won't convey the moment!"

"Wat er met je is gebeurd, kun je met woorden niet beschrijven!"
"The teachings of the enlightened Buddha contain much"
"De leringen van de verlichte Boeddha bevatten veel"
"it teaches many to live righteously"
"het leert velen om rechtvaardig te leven"
"it teaches many to avoid evil"
"het leert velen om het kwaad te vermijden"
"But there is one thing which these teachings do not contain"
"Maar er is één ding dat deze leringen niet bevatten"
"they are clear and venerable, but the teachings miss something"
"Ze zijn duidelijk en eerbiedwaardig, maar de leringen missen iets"
"the teachings do not contain the mystery"
"de leringen bevatten het mysterie niet"
"the mystery of what the exalted one has experienced for himself"
"het mysterie van wat de verhevene voor zichzelf heeft ervaren"
"among hundreds of thousands, only he experienced it"
"onder honderdduizenden was hij de enige die het meemaakte"
"This is what I have thought and realized, when I heard the teachings"
"Dit is wat ik dacht en besefte, toen ik de leringen hoorde"
"This is why I am continuing my travels"
"Daarom ga ik door met reizen"
"this is why I do not to seek other, better teachings"
"daarom zoek ik geen andere, betere leringen"
"I know there are no better teachings"
"Ik weet dat er geen betere leringen zijn"
"I leave to depart from all teachings and all teachers"
"Ik verlaat alle leringen en alle leraren"
"I leave to reach my goal by myself, or to die"
"Ik vertrek om mijn doel alleen te bereiken, of te sterven"

"But often, I'll think of this day, oh exalted one"
"Maar vaak zal ik aan deze dag denken, o verhevene"
"and I'll think of this hour, when my eyes beheld a holy man"
"en ik zal denken aan dit uur, toen mijn ogen een heilige man zagen"
The Buddha's eyes quietly looked to the ground
De ogen van de Boeddha keken rustig naar de grond
quietly, in perfect equanimity, his inscrutable face was smiling
rustig, in volmaakte kalmte, zijn ondoorgrondelijke gezicht glimlachte
the venerable one spoke slowly
de eerwaarde sprak langzaam
"I wish that your thoughts shall not be in error"
"Ik wens dat je gedachten niet verkeerd zullen zijn"
"I wish that you shall reach the goal!"
"Ik wens dat je het doel bereikt!"
"But there is something I ask you to tell me"
"Maar er is iets dat ik je vraag mij te vertellen"
"Have you seen the multitude of my Samanas?"
"Heb je de menigte van mijn Samana's gezien?"
"they have taken refuge in the teachings"
"zij hebben hun toevlucht genomen tot de leringen"
"do you believe it would be better for them to abandon the teachings?"
"Denk je dat het beter zou zijn als ze de leringen zouden opgeven?"
"should they to return into the world of desires?"
"Moeten ze terugkeren naar de wereld van verlangens?"
"Far is such a thought from my mind" exclaimed Siddhartha
"Verre van mijn gedachten is zo'n gedachte", riep Siddhartha uit
"I wish that they shall all stay with the teachings"
"Ik wens dat ze allemaal bij de leringen blijven"
"I wish that they shall reach their goal!"

"Ik wens dat ze hun doel bereiken!"
"It is not my place to judge another person's life"
"Het is niet aan mij om het leven van een ander te beoordelen"
"I can only judge my own life "
"Ik kan alleen over mijn eigen leven oordelen"
"I must decide, I must chose, I must refuse"
"Ik moet beslissen, ik moet kiezen, ik moet weigeren"
"Salvation from the self is what we Samanas search for"
"Verlossing van het zelf is waar wij Samana's naar op zoek zijn"
"oh exalted one, if only I were one of your disciples"
"O verhevene, was ik maar een van uw discipelen"
"I'd fear that it might happen to me"
"Ik zou bang zijn dat het mij zou overkomen"
"only seemingly, would my self be calm and be redeemed"
"Alleen schijnbaar zou ik kalm en verlost zijn"
"but in truth it would live on and grow"
"maar in werkelijkheid zou het voortleven en groeien"
"because then I would replace my self with the teachings"
"omdat ik dan mijn zelf zou vervangen door de leringen"
"my self would be my duty to follow you"
"het zou mijn plicht zijn om jou te volgen"
"my self would be my love for you"
"mijn zelf zou mijn liefde voor jou zijn"
"and my self would be the community of the monks!"
"en ikzelf zou de gemeenschap van de monniken zijn!"
With half of a smile Gotama looked into the stranger's eyes
Met een halve glimlach keek Gotama in de ogen van de vreemdeling
his eyes were unwaveringly open and kind
zijn ogen waren onveranderlijk open en vriendelijk
he bid him to leave with a hardly noticeable gesture
Hij beval hem te vertrekken met een nauwelijks merkbaar gebaar
"You are wise, oh Samana" the venerable one spoke
"Je bent wijs, oh Samana", sprak de eerbiedwaardige

"You know how to talk wisely, my friend"
"Je weet hoe je verstandig moet praten, mijn vriend"
"Be aware of too much wisdom!"
"Wees je bewust van te veel wijsheid!"
The Buddha turned away
De Boeddha keerde zich af
Siddhartha would never forget his glance
Siddhartha zou zijn blik nooit vergeten
his half smile remained forever etched in Siddhartha's memory
zijn halve glimlach bleef voor altijd in Siddhartha's geheugen gegrift
Siddhartha thought to himself
Siddhartha dacht bij zichzelf
"I have never before seen a person glance and smile this way"
"Ik heb nog nooit iemand zo zien kijken en glimlachen"
"no one else sits and walks like he does"
"niemand anders zit en loopt zoals hij"
"truly, I wish to be able to glance and smile this way"
"Echt, ik zou zo willen kunnen kijken en glimlachen"
"I wish to be able to sit and walk this way, too"
"Ik zou ook zo willen kunnen zitten en lopen"
"liberated, venerable, concealed, open, childlike and mysterious"
"bevrijd, eerbiedwaardig, verborgen, open, kinderlijk en mysterieus"
"he must have succeeded in reaching the innermost part of his self"
"hij moet erin geslaagd zijn het diepste deel van zichzelf te bereiken"
"only then can someone glance and walk this way"
"Alleen dan kan iemand kijken en deze kant op lopen"
"I will also seek to reach the innermost part of my self"
"Ik zal ook proberen het diepste deel van mezelf te bereiken"
"I saw a man" Siddhartha thought

"Ik zag een man", dacht Siddhartha
"a single man, before whom I would have to lower my glance"
"één enkele man, voor wie ik mijn blik zou moeten neerslaan"
"I do not want to lower my glance before anyone else"
"Ik wil mijn blik niet neerslaan voor iemand anders"
"No teachings will entice me more anymore"
"Geen enkele leer zal mij meer kunnen verleiden"
"because this man's teachings have not enticed me"
"omdat de leringen van deze man mij niet hebben verleid"
"I am deprived by the Buddha" thought Siddhartha
"Ik word beroofd door de Boeddha", dacht Siddhartha
"I am deprived, although he has given so much"
"Ik word beroofd, hoewel hij zoveel heeft gegeven"
"he has deprived me of my friend"
"hij heeft mij van mijn vriend beroofd"
"my friend who had believed in me"
"mijn vriend die in mij geloofde"
"my friend who now believes in him"
"mijn vriend die nu in hem gelooft"
"my friend who had been my shadow"
"mijn vriend die mijn schaduw was"
"and now he is Gotama's shadow"
"en nu is hij de schaduw van Gotama"
"but he has given me Siddhartha"
"maar hij heeft mij Siddhartha gegeven"
"he has given me myself"
"hij heeft mij mijzelf gegeven"

Awakening
Ontwaken

Siddhartha left the mango grove behind him
Siddhartha liet de mangoboomgaard achter zich
but he felt his past life also stayed behind
maar hij voelde dat zijn vorige leven ook achterbleef
the Buddha, the perfected one, stayed behind
de Boeddha, de volmaakte, bleef achter
and Govinda stayed behind too
en Govinda bleef ook achter
and his past life had parted from him
en zijn vorige leven had zich van hem gescheiden
he pondered as he was walking slowly
hij dacht na terwijl hij langzaam liep
he pondered about this sensation, which filled him completely
hij dacht na over deze sensatie, die hem volledig vervulde
He pondered deeply, like diving into a deep water
Hij dacht diep na, alsof hij in diep water dook
he let himself sink down to the ground of the sensation
hij liet zich zakken naar de grond van de sensatie
he let himself sink down to the place where the causes lie
hij liet zich zakken naar de plaats waar de oorzaken liggen
to identify the causes is the very essence of thinking
het identificeren van de oorzaken is de essentie van het denken
this was how it seemed to him
zo leek het hem
and by this alone, sensations turn into realizations
en alleen hierdoor worden sensaties realisaties
and these sensations are not lost
en deze sensaties gaan niet verloren
but the sensations become entities
maar de sensaties worden entiteiten
and the sensations start to emit what is inside of them

en de sensaties beginnen uit te stralen wat er in hen zit
they show their truths like rays of light
ze tonen hun waarheden als lichtstralen
Slowly walking along, Siddhartha pondered
Terwijl hij langzaam verder liep, dacht Siddhartha na
He realized that he was no youth any more
Hij realiseerde zich dat hij geen jongeling meer was
he realized that he had turned into a man
hij realiseerde zich dat hij een man was geworden
He realized that something had left him
Hij realiseerde zich dat er iets was dat hem had verlaten
the same way a snake is left by its old skin
op dezelfde manier als een slang zijn oude huid verliest
what he had throughout his youth no longer existed in him
wat hij in zijn jeugd had, bestond niet meer in hem
it used to be a part of him; the wish to have teachers
het was vroeger een deel van hem; de wens om leraren te hebben
the wish to listen to teachings
de wens om naar leringen te luisteren
He had also left the last teacher who had appeared on his path
Hij had ook de laatste leraar die op zijn pad was verschenen, verlaten
he had even left the highest and wisest teacher
hij had zelfs de hoogste en wijste leraar verlaten
he had left the most holy one, Buddha
hij had de allerheiligste, Boeddha, achtergelaten
he had to part with him, unable to accept his teachings
hij moest afscheid van hem nemen, omdat hij zijn leringen niet kon accepteren
Slower, he walked along in his thoughts
Langzamer liep hij voort in zijn gedachten
and he asked himself, "But what is this?"
en hij vroeg zich af: "Maar wat is dit?"

"what have you sought to learn from teachings and from teachers?"
"Wat heb je geprobeerd te leren van de leringen en van de leraren?"
"and what were they, who have taught you so much?"
"En wie waren zij, die jou zoveel geleerd hebben?"
"what are they if they have been unable to teach you?"
"Wat zijn ze dan, als ze je niets hebben kunnen leren?"
And he found, "It was the self"
En hij ontdekte: "Het was het zelf"
"it was the purpose and essence of which I sought to learn"
"het was het doel en de essentie waarvan ik wilde leren"
"It was the self I wanted to free myself from"
"Het was het zelf waarvan ik mij wilde bevrijden"
"the self which I sought to overcome"
"het zelf dat ik probeerde te overwinnen"
"But I was not able to overcome it"
"Maar ik kon het niet overwinnen"
"I could only deceive it"
"Ik kon het alleen maar bedriegen"
"I could only flee from it"
"Ik kon er alleen maar van wegvluchten"
"I could only hide from it"
"Ik kon me er alleen maar voor verstoppen"
"Truly, no thing in this world has kept my thoughts so busy"
"Echt, niets ter wereld heeft mijn gedachten zo beziggehouden"
"I have been kept busy by the mystery of me being alive"
"Ik ben beziggehouden door het mysterie van mijn leven"
"the mystery of me being one"
"het mysterie dat ik één ben"
"the mystery if being separated and isolated from all others"
"het mysterie van het gescheiden en geïsoleerd zijn van alle anderen"
"the mystery of me being Siddhartha!"
"Het mysterie dat ik Siddhartha ben!"

"And there is no thing in this world I know less about"
"En er is geen ding in deze wereld waar ik minder van weet"
he had been pondering while slowly walking along
hij had zitten nadenken terwijl hij langzaam langs liep
he stopped as these thoughts caught hold of him
hij stopte toen deze gedachten hem grepen
and right away another thought sprang forth from these thoughts
en meteen ontstond er uit deze gedachten een andere gedachte
"there's one reason why I know nothing about myself"
"Er is één reden waarom ik niets over mezelf weet"
"there's one reason why Siddhartha has remained alien to me"
"Er is één reden waarom Siddhartha vreemd voor mij is gebleven"
"all of this stems from one cause"
"dit alles komt voort uit één oorzaak"
"I was afraid of myself, and I was fleeing"
"Ik was bang voor mezelf en ik vluchtte"
"I have searched for both Atman and Brahman"
"Ik heb gezocht naar zowel Atman als Brahman"
"for this I was willing to dissect my self"
"hiervoor was ik bereid mezelf te ontleden"
"and I was willing to peel off all of its layers"
"en ik was bereid om alle lagen ervan af te pellen"
"I wanted to find the core of all peels in its unknown interior"
"Ik wilde de kern van alle schillen vinden in hun onbekende binnenste"
"the Atman, life, the divine part, the ultimate part"
"de Atman, het leven, het goddelijke deel, het ultieme deel"
"But I have lost myself in the process"
"Maar ik ben mezelf in het proces kwijtgeraakt"
Siddhartha opened his eyes and looked around
Siddhartha opende zijn ogen en keek om zich heen
looking around, a smile filled his face

rondkijkend, een glimlach vulde zijn gezicht
a feeling of awakening from long dreams flowed through him
een gevoel van ontwaken uit lange dromen stroomde door hem heen
the feeling flowed from his head down to his toes
het gevoel stroomde van zijn hoofd naar zijn tenen
And it was not long before he walked again
En het duurde niet lang voordat hij weer kon lopen
he walked quickly, like a man who knows what he has got to do
hij liep snel, als een man die weet wat hij moet doen
"now I will not let Siddhartha escape from me again!"
"Nu zal ik Siddhartha niet meer laten ontsnappen!"
"I no longer want to begin my thoughts and my life with Atman"
"Ik wil mijn gedachten en mijn leven niet langer met Atman beginnen"
"nor do I want to begin my thoughts with the suffering of the world"
"noch wil ik mijn gedachten beginnen met het lijden van de wereld"
"I do not want to kill and dissect myself any longer"
"Ik wil mezelf niet langer doden en ontleden"
"Yoga-Veda shall not teach me anymore"
"Yoga-Veda zal mij niet meer onderwijzen"
"nor Atharva-Veda, nor the ascetics"
"noch Atharva-Veda, noch de asceten"
"there will not be any kind of teachings"
"er zal geen enkele vorm van onderricht zijn"
"I want to learn from myself and be my student"
"Ik wil van mezelf leren en mijn eigen student zijn"
"I want to get to know myself; the secret of Siddhartha"
"Ik wil mezelf leren kennen; het geheim van Siddhartha"

He looked around, as if he was seeing the world for the first time
Hij keek om zich heen, alsof hij de wereld voor het eerst zag
Beautiful and colourful was the world
Mooi en kleurrijk was de wereld
strange and mysterious was the world
vreemd en mysterieus was de wereld
Here was blue, there was yellow, here was green
Hier was blauw, hier was geel, hier was groen
the sky and the river flowed
de lucht en de rivier stroomden
the forest and the mountains were rigid
het bos en de bergen waren stijf
all of the world was beautiful
de hele wereld was mooi
all of it was mysterious and magical
het was allemaal mysterieus en magisch
and in its midst was he, Siddhartha, the awakening one
en in zijn midden was hij, Siddhartha, de ontwakende
and he was on the path to himself
en hij was op weg naar zichzelf
all this yellow and blue and river and forest entered Siddhartha
al dit geel en blauw en de rivier en het bos kwamen Siddhartha binnen
for the first time it entered through the eyes
voor het eerst kwam het door de ogen
it was no longer a spell of Mara
het was niet langer een spreuk van Mara
it was no longer the veil of Maya
het was niet langer de sluier van Maya
it was no longer a pointless and coincidental
het was niet langer een zinloze en toevallige
things were not just a diversity of mere appearances
Dingen waren niet alleen een verscheidenheid van louter schijn

appearances despicable to the deeply thinking Brahman
schijn die verachtelijk is voor de diepdenkende Brahman
the thinking Brahman scorns diversity, and seeks unity
de denkende Brahman minacht diversiteit en streeft naar eenheid
Blue was blue and river was river
Blauw was blauw en rivier was rivier
the singular and divine lived hidden in Siddhartha
het unieke en goddelijke leefde verborgen in Siddhartha
divinity's way and purpose was to be yellow here, and blue there
De weg en het doel van de goddelijkheid was om hier geel te zijn, en daar blauw
there sky, there forest, and here Siddhartha
daar lucht, daar bos, en hier Siddhartha
The purpose and essential properties was not somewhere behind the things
Het doel en de essentiële eigenschappen zaten niet ergens achter de dingen
the purpose and essential properties was inside of everything
het doel en de essentiële eigenschappen zaten in alles
"How deaf and stupid have I been!" he thought
"Wat ben ik doof en dom geweest!" dacht hij
and he walked swiftly along
en hij liep snel verder
"When someone reads a text he will not scorn the symbols and letters"
"Als iemand een tekst leest, zal hij de symbolen en letters niet minachten"
"he will not call the symbols deceptions or coincidences"
"Hij zal de symbolen geen bedrog of toevalligheden noemen"
"but he will read them as they were written"
"maar hij zal ze lezen zoals ze geschreven zijn"
"he will study and love them, letter by letter"
"hij zal ze bestuderen en liefhebben, letter voor letter"

"I wanted to read the book of the world and scorned the letters"
"Ik wilde het boek van de wereld lezen en verachtte de letters"
"I wanted to read the book of myself and scorned the symbols"
"Ik wilde het boek van mezelf lezen en verachtte de symbolen"
"I called my eyes and my tongue coincidental"
"Ik noemde mijn ogen en mijn tong toevallig"
"I said they were worthless forms without substance"
"Ik zei dat het waardeloze vormen zonder inhoud waren"
"No, this is over, I have awakened"
"Nee, dit is voorbij, ik ben wakker geworden"
"I have indeed awakened"
"Ik ben inderdaad ontwaakt"
"I had not been born before this very day"
"Ik was nog niet geboren vóór deze dag"
In thinking these thoughts, Siddhartha suddenly stopped once again
Terwijl hij deze gedachten overwoog, hield Siddhartha plotseling weer op
he stopped as if there was a snake lying in front of him
hij stopte alsof er een slang voor hem lag
suddenly, he had also become aware of something else
plotseling was hij zich ook van iets anders bewust geworden
He was indeed like someone who had just woken up
Hij was inderdaad als iemand die net wakker was geworden
he was like a new-born baby starting life anew
hij was als een pasgeboren baby die een nieuw leven begon
and he had to start again at the very beginning
en hij moest helemaal opnieuw beginnen
in the morning he had had very different intentions
's ochtends had hij heel andere bedoelingen
he had thought to return to his home and his father
hij had gedacht terug te keren naar zijn huis en zijn vader
But now he stopped as if a snake was lying on his path
Maar nu bleef hij staan alsof er een slang op zijn pad lag

he made a realization of where he was
hij realiseerde zich waar hij was
"I am no longer the one I was"
"Ik ben niet meer degene die ik was"
"I am no ascetic anymore"
"Ik ben niet langer asceet"
"I am not a priest anymore"
"Ik ben geen priester meer"
"I am no Brahman anymore"
"Ik ben geen Brahman meer"
"Whatever should I do at my father's place?"
"Wat moet ik eigenlijk doen bij mijn vader?"
"Study? Make offerings? Practise meditation?"
"Studeren? Offers brengen? Mediteren?"
"But all this is over for me"
"Maar dit is allemaal voorbij voor mij"
"all of this is no longer on my path"
"dit alles ligt niet meer op mijn pad"
Motionless, Siddhartha remained standing there
Roerloos bleef Siddhartha daar staan
and for the time of one moment and breath, his heart felt cold
en voor de tijd van één moment en één ademhaling voelde zijn hart koud aan
he felt a coldness in his chest
hij voelde een koude in zijn borst
the same feeling a small animal feels when it sees how alone it is
hetzelfde gevoel dat een klein dier voelt als het ziet hoe alleen het is
For many years, he had been without home and had felt nothing
Jarenlang was hij dakloos geweest en had hij niets gevoeld
Now, he felt he had been without a home
Nu had hij het gevoel dat hij geen thuis meer had

Still, even in the deepest meditation, he had been his father's son
Toch was hij, zelfs in de diepste meditatie, de zoon van zijn vader geweest
he had been a Brahman, of a high caste
hij was een brahmaan geweest, van een hoge kaste
he had been a cleric
hij was een geestelijke geweest
Now, he was nothing but Siddhartha, the awoken one
Nu was hij niets anders meer dan Siddhartha, de ontwaakte
nothing else was left of him
er bleef niets anders van hem over
Deeply, he inhaled and felt cold
Hij haalde diep adem en voelde het koud
a shiver ran through his body
een rilling liep door zijn lichaam
Nobody was as alone as he was
Niemand was zo alleen als hij
There was no nobleman who did not belong to the noblemen
Er was geen edelman die niet tot de edelen behoorde
there was no worker that did not belong to the workers
er was geen arbeider die niet tot de arbeiders behoorde
they had all found refuge among themselves
ze hadden allemaal hun toevlucht bij elkaar gezocht
they shared their lives and spoke their languages
ze deelden hun leven en spraken hun talen
there are no Brahman who would not be regarded as Brahmans
er zijn geen Brahmanen die niet als Brahmanen beschouwd zouden worden
and there are no Brahmans that didn't live as Brahmans
en er zijn geen Brahmanen die niet als Brahmanen leefden
there are no ascetic who could not find refuge with the Samanas
er is geen asceet die geen toevlucht kan vinden bij de Samana's

and even the most forlorn hermit in the forest was not alone
en zelfs de meest verlaten kluizenaar in het bos was niet alleen
he was also surrounded by a place he belonged to
hij werd ook omringd door een plek waar hij bij hoorde
he also belonged to a caste in which he was at home
hij behoorde ook tot een kaste waarin hij thuis was
Govinda had left him and became a monk
Govinda had hem verlaten en was monnik geworden
and a thousand monks were his brothers
en duizend monniken waren zijn broeders
they wore the same robe as him
ze droegen hetzelfde gewaad als hij
they believed in his faith and spoke his language
zij geloofden in zijn geloof en spraken zijn taal
But he, Siddhartha, where did he belong to?
Maar waar hoorde hij, Siddhartha, bij?
With whom would he share his life?
Met wie zou hij zijn leven delen?
Whose language would he speak?
Wiens taal zou hij spreken?
the world melted away all around him
de wereld smolt om hem heen weg
he stood alone like a star in the sky
hij stond alleen als een ster aan de hemel
cold and despair surrounded him
koude en wanhoop omringden hem
but Siddhartha emerged out of this moment
maar Siddhartha kwam uit dit moment tevoorschijn
Siddhartha emerged more his true self than before
Siddhartha kwam meer dan ooit tot zijn ware zelf
he was more firmly concentrated than he had ever been
hij was meer geconcentreerd dan ooit tevoren
He felt; "this had been the last tremor of the awakening"
Hij voelde: "dit was de laatste trilling van het ontwaken"
"the last struggle of this birth"
"de laatste strijd van deze geboorte"

And it was not long until he walked again in long strides
En het duurde niet lang voordat hij weer met grote stappen liep
he started to proceed swiftly and impatiently
hij begon snel en ongeduldig te werk te gaan
he was no longer going home
hij ging niet meer naar huis
he was no longer going to his father
hij ging niet meer naar zijn vader

Part Two
Deel twee

***

Kamala

Siddhartha learned something new on every step of his path
Siddhartha leerde bij elke stap op zijn pad iets nieuws
because the world was transformed and his heart was enchanted
omdat de wereld werd getransformeerd en zijn hart werd betoverd
He saw the sun rising over the mountains
Hij zag de zon opkomen boven de bergen
and he saw the sun setting over the distant beach
en hij zag de zon ondergaan boven het verre strand
At night, he saw the stars in the sky in their fixed positions
's Nachts zag hij de sterren aan de hemel op hun vaste posities
and he saw the crescent of the moon floating like a boat in the blue
en hij zag de halve maan drijven als een boot in het blauw
He saw trees, stars, animals, and clouds
Hij zag bomen, sterren, dieren en wolken
rainbows, rocks, herbs, flowers, streams and rivers
regenbogen, rotsen, kruiden, bloemen, beken en rivieren
he saw the glistening dew in the bushes in the morning
hij zag de glinsterende dauw in de struiken in de ochtend
he saw distant high mountains which were blue
hij zag verre hoge bergen die blauw waren
wind blew through the rice-field
de wind blies door het rijstveld
all of this, a thousand-fold and colourful, had always been there
dit alles, duizendvoudig en kleurrijk, was er altijd al geweest
the sun and the moon had always shone

de zon en de maan hadden altijd geschenen
rivers had always roared and bees had always buzzed
rivieren hadden altijd gebulderd en bijen hadden altijd gezoemd
but in former times all of this had been a deceptive veil
maar in vroegere tijden was dit alles een bedrieglijke sluier
to him it had been nothing more than fleeting
voor hem was het niets meer dan vluchtig geweest
it was supposed to be looked upon in distrust
het zou met wantrouwen bekeken moeten worden
it was destined to be penetrated and destroyed by thought
het was voorbestemd om door gedachten te worden doordrongen en vernietigd
since it was not the essence of existence
omdat het niet de essentie van het bestaan was
since this essence lay beyond, on the other side of, the visible
omdat deze essentie voorbij, aan de andere kant van, het zichtbare lag
But now, his liberated eyes stayed on this side
Maar nu bleven zijn bevrijde ogen op deze kant gericht
he saw and became aware of the visible
hij zag en werd zich bewust van het zichtbare
he sought to be at home in this world
hij zocht thuis te zijn in deze wereld
he did not search for the true essence
hij zocht niet naar de ware essentie
he did not aim at a world beyond
hij mikte niet op een wereld daarbuiten
this world was beautiful enough for him
deze wereld was mooi genoeg voor hem
looking at it like this made everything childlike
als je er zo naar kijkt, wordt alles kinderlijk
Beautiful were the moon and the stars
Prachtig waren de maan en de sterren
beautiful was the stream and the banks

prachtig was de beek en de oevers
the forest and the rocks, the goat and the gold-beetle
het bos en de rotsen, de geit en de goudkever
the flower and the butterfly; beautiful and lovely it was
de bloem en de vlinder; mooi en lieflijk was het
to walk through the world was childlike again
door de wereld lopen was weer kinderlijk
this way he was awoken
op deze manier werd hij wakker
this way he was open to what is near
op deze manier stond hij open voor wat dichtbij was
this way he was without distrust
op deze manier was hij zonder wantrouwen
differently the sun burnt the head
anders verbrandde de zon het hoofd
differently the shade of the forest cooled him down
anders koelde de schaduw van het bos hem af
differently the pumpkin and the banana tasted
de pompoen en de banaan smaakten anders
Short were the days, short were the nights
Kort waren de dagen, kort waren de nachten
every hour sped swiftly away like a sail on the sea
elk uur snelde weg als een zeil op zee
and under the sail was a ship full of treasures, full of joy
en onder het zeil was een schip vol schatten, vol vreugde
Siddhartha saw a group of apes moving through the high canopy
Siddhartha zag een groep apen door het hoge bladerdak bewegen
they were high in the branches of the trees
ze zaten hoog in de takken van de bomen
and he heard their savage, greedy song
en hij hoorde hun wilde, hebzuchtige lied
Siddhartha saw a male sheep following a female one and mating with her

Siddhartha zag een mannelijk schaap een vrouwelijk schaap volgen en met haar paren

In a lake of reeds, he saw the pike hungrily hunting for its dinner

In een meer van riet zag hij de snoek hongerig op jacht naar zijn avondeten

young fish were propelling themselves away from the pike

jonge vissen dreven zichzelf weg van de snoek

they were scared, wiggling and sparkling

ze waren bang, wiebelend en sprankelend

the young fish jumped in droves out of the water

de jonge vissen sprongen massaal uit het water

the scent of strength and passion came forcefully out of the water

de geur van kracht en passie kwam krachtig uit het water

and the pike stirred up the scent

en de snoek verspreidde de geur

All of this had always existed

Dit alles heeft altijd bestaan

and he had not seen it, nor had he been with it

en hij had het niet gezien, noch was hij erbij geweest

Now he was with it and he was part of it

Nu was hij erbij en maakte hij er deel van uit

Light and shadow ran through his eyes

Licht en schaduw liepen door zijn ogen

stars and moon ran through his heart

sterren en de maan liepen door zijn hart

Siddhartha remembered everything he had experienced in the Garden Jetavana

Siddhartha herinnerde zich alles wat hij in de Garden Jetavana had meegemaakt

he remembered the teaching he had heard there from the divine Buddha

hij herinnerde zich de leer die hij daar van de goddelijke Boeddha had gehoord

he remembered the farewell from Govinda
hij herinnerde zich het afscheid van Govinda
he remembered the conversation with the exalted one
hij herinnerde zich het gesprek met de verhevene
Again he remembered his own words that he had spoken to the exalted one
Opnieuw herinnerde hij zich zijn eigen woorden die hij tot de verhevene had gesproken
he remembered every word
hij herinnerde zich elk woord
he realized he had said things which he had not really known
hij realiseerde zich dat hij dingen had gezegd die hij eigenlijk niet wist
he astonished himself with what he had said to Gotama
hij verbaasde zich over wat hij tegen Gotama had gezegd
the Buddha's treasure and secret was not the teachings
de schat en het geheim van de Boeddha waren niet de leringen
but the secret was the inexpressible and not teachable
maar het geheim was het onuitsprekelijke en niet leerbare
the secret which he had experienced in the hour of his enlightenment
het geheim dat hij had ervaren in het uur van zijn verlichting
the secret was nothing but this very thing which he had now gone to experience
het geheim was niets anders dan dit ene dat hij nu was gaan ervaren
the secret was what he now began to experience
het geheim was wat hij nu begon te ervaren
Now he had to experience his self
Nu moest hij zichzelf ervaren
he had already known for a long time that his self was Atman
hij wist al lang dat hijzelf Atman was
he knew Atman bore the same eternal characteristics as Brahman

hij wist dat Atman dezelfde eeuwige kenmerken had als Brahman
But he had never really found this self
Maar hij had dit zelf nooit echt gevonden
because he had wanted to capture the self in the net of thought
omdat hij het zelf in het net van de gedachte wilde vangen
but the body was not part of the self
maar het lichaam was geen deel van het zelf
it was not the spectacle of the senses
het was niet het schouwspel van de zintuigen
so it also was not the thought, nor the rational mind
dus het was ook niet de gedachte, noch het rationele verstand
it was not the learned wisdom, nor the learned ability
het was niet de geleerde wijsheid, noch het geleerde vermogen
from these things no conclusions could be drawn
uit deze zaken konden geen conclusies worden getrokken
No, the world of thought was also still on this side
Nee, de wereld van het denken bevond zich ook nog aan deze kant
Both, the thoughts as well as the senses, were pretty things
Zowel de gedachten als de zintuigen waren mooie dingen
but the ultimate meaning was hidden behind both of them
maar de ultieme betekenis lag achter beide verborgen
both had to be listened to and played with
beide moesten beluisterd en gespeeld worden
neither had to be scorned nor overestimated
noch veracht noch overschat hoefde te worden
there were secret voices of the innermost truth
er waren geheime stemmen van de diepste waarheid
these voices had to be attentively perceived
deze stemmen moesten aandachtig worden waargenomen
He wanted to strive for nothing else
Hij wilde naar niets anders streven
he would do what the voice commanded him to do
hij zou doen wat de stem hem beval te doen

he would dwell where the voices advised him to
hij zou verblijven waar de stemmen hem adviseerden
Why had Gotama sat down under the Bodhi tree?
Waarom was Gotama onder de Bodhiboom gaan zitten?
He had heard a voice in his own heart
Hij had een stem in zijn eigen hart gehoord
a voice which had commanded him to seek rest under this tree
een stem die hem had bevolen om rust te zoeken onder deze boom
he could have gone on to make offerings
hij had door kunnen gaan met het brengen van offers
he could have performed his ablutions
hij had zijn wassing kunnen uitvoeren
he could have spent that moment in prayer
hij had dat moment in gebed kunnen doorbrengen
he had chosen not to eat or drink
hij had ervoor gekozen om niet te eten of te drinken
he had chosen not to sleep or dream
hij had ervoor gekozen om niet te slapen of te dromen
instead, he had obeyed the voice
in plaats daarvan had hij de stem gehoorzaamd
To obey like this was good
Zo gehoorzamen was goed
it was good not to obey to an external command
het was goed om niet te gehoorzamen aan een extern bevel
it was good to obey only the voice
het was goed om alleen de stem te gehoorzamen
to be ready like this was good and necessary
om zo klaar te zijn was goed en noodzakelijk
there was nothing else that was necessary
er was niets anders nodig

in the night Siddhartha got to a river
in de nacht kwam Siddhartha bij een rivier
he slept in the straw hut of a ferryman

hij sliep in de strohut van een veerman
this night Siddhartha had a dream
Deze nacht had Siddhartha een droom
Govinda was standing in front of him
Govinda stond voor hem
he was dressed in the yellow robe of an ascetic
hij was gekleed in het gele gewaad van een asceet
Sad was how Govinda looked
Droevig was hoe Govinda eruit zag
sadly he asked, "Why have you forsaken me?"
Hij vroeg met droefheid: "Waarom heb je mij verlaten?"
Siddhartha embraced Govinda, and wrapped his arms around him
Siddhartha omhelsde Govinda en sloeg zijn armen om hem heen
he pulled him close to his chest and kissed him
hij trok hem dicht tegen zijn borst en kuste hem
but it was not Govinda anymore, but a woman
maar het was niet langer Govinda, maar een vrouw
a full breast popped out of the woman's dress
een volle borst stak uit de jurk van de vrouw
Siddhartha lay and drank from the breast
Siddhartha lag en dronk uit de borst
sweetly and strongly tasted the milk from this breast
zoet en sterk geproefd de melk van deze borst
It tasted of woman and man
Het smaakte naar vrouw en man
it tasted of sun and forest
het smaakte naar zon en bos
it tasted of animal and flower
het smaakte naar dier en bloem
it tasted of every fruit and every joyful desire
het smaakte naar elk fruit en elk vreugdevol verlangen
It intoxicated him and rendered him unconscious
Het maakte hem dronken en bewusteloos
Siddhartha woke up from the dream

Siddhartha werd wakker uit de droom
the pale river shimmered through the door of the hut
de bleke rivier glinsterde door de deur van de hut
a dark call of an owl resounded deeply through the forest
een donkere roep van een uil klonk diep door het bos
Siddhartha asked the ferryman to get him across the river
Siddhartha vroeg de veerman om hem over de rivier te brengen
The ferryman got him across the river on his bamboo-raft
De veerman bracht hem op zijn bamboevlot over de rivier
the water shimmered reddish in the light of the morning
het water schitterde roodachtig in het ochtendlicht
"This is a beautiful river," he said to his companion
"Dit is een prachtige rivier", zei hij tegen zijn metgezel
"Yes," said the ferryman, "a very beautiful river"
"Ja," zei de veerman, "een hele mooie rivier"
"I love it more than anything"
"Ik hou er meer van dan van wat dan ook"
"Often I have listened to it"
"Ik heb er vaak naar geluisterd"
"often I have looked into its eyes"
"Vaak heb ik in zijn ogen gekeken"
"and I have always learned from it"
"en ik heb er altijd van geleerd"
"Much can be learned from a river"
"Er valt veel te leren van een rivier"
"I thank you, my benefactor" spoke Siddhartha
"Ik dank u, mijn weldoener", sprak Siddhartha
he disembarked on the other side of the river
hij stapte aan de andere kant van de rivier uit
"I have no gift I could give you for your hospitality, my dear"
"Ik heb geen enkel geschenk dat ik je kan geven voor je gastvrijheid, mijn liefste"
"and I also have no payment for your work"
"en ik krijg ook geen betaling voor je werk"

"I am a man without a home"
"Ik ben een man zonder huis"
"I am the son of a Brahman and a Samana"
"Ik ben de zoon van een Brahman en een Samana"
"I did see it," spoke the ferryman
"Ik heb het gezien," zei de veerman
"I did not expect any payment from you"
"Ik had geen betaling van u verwacht"
"it is custom for guests to bear a gift"
"het is gebruikelijk dat gasten een geschenk meenemen"
"but I did not expect this from you either"
"maar dat had ik ook niet van jou verwacht"
"You will give me the gift another time"
"Je zult mij het geschenk een andere keer geven"
"Do you think so?" asked Siddhartha, bemusedly
"Denk je dat?" vroeg Siddhartha verbaasd
"I am sure of it," replied the ferryman
"Dat weet ik zeker," antwoordde de veerman
"This too, I have learned from the river"
"Ook dit heb ik van de rivier geleerd"
"everything that goes comes back!"
"Alles wat weggaat, komt terug!"
"You too, Samana, will come back"
"Jij, Samana, komt ook terug"
"Now farewell! Let your friendship be my reward"
"Nu vaarwel! Laat jouw vriendschap mijn beloning zijn"
"Commemorate me, when you make offerings to the gods"
"Herdenk mij, wanneer je offers brengt aan de goden"
Smiling, they parted from each other
Lachend namen ze afscheid van elkaar
Smiling, Siddhartha was happy about the friendship
Siddhartha was lachend blij met de vriendschap
and he was happy about the kindness of the ferryman
en hij was blij met de vriendelijkheid van de veerman
"He is like Govinda," he thought with a smile
"Hij is als Govinda," dacht hij met een glimlach

"all I meet on my path are like Govinda"
"alles wat ik op mijn pad tegenkom is als Govinda"
"All are thankful for what they have"
"Iedereen is dankbaar voor wat hij heeft"
"but they are the ones who would have a right to receive thanks"
"maar zij zijn degenen die recht hebben op dank"
"all are submissive and would like to be friends"
"ze zijn allemaal onderdanig en willen graag vrienden zijn"
"all like to obey and think little"
"iedereen houdt ervan om te gehoorzamen en weinig na te denken"
"all people are like children"
"alle mensen zijn als kinderen"

At about noon, he came through a village
Rond het middaguur kwam hij door een dorp
In front of the mud cottages, children were rolling about in the street
Voor de lemen huisjes rolden kinderen door de straat
they were playing with pumpkin-seeds and sea-shells
ze speelden met pompoenpitten en schelpen
they screamed and wrestled with each other
ze schreeuwden en worstelden met elkaar
but they all timidly fled from the unknown Samana
maar ze vluchtten allemaal angstig uit het onbekende Samana
In the end of the village, the path led through a stream
Aan het einde van het dorp leidde het pad door een beek
by the side of the stream, a young woman was kneeling
aan de kant van de beek knielde een jonge vrouw
she was washing clothes in the stream
ze was kleren aan het wassen in de beek
When Siddhartha greeted her, she lifted her head
Toen Siddhartha haar begroette, hief ze haar hoofd op
and she looked up to him with a smile
en ze keek met een glimlach naar hem op

he could see the white in her eyes glistening
hij kon het wit in haar ogen zien glinsteren
He called out a blessing to her
Hij riep een zegen voor haar uit
this was the custom among travellers
dit was de gewoonte onder reizigers
and he asked how far it was to the large city
en hij vroeg hoe ver het was naar de grote stad
Then she got up and came to him
Toen stond ze op en kwam naar hem toe
beautifully her wet mouth was shimmering in her young face
prachtig haar natte mond schitterde in haar jonge gezicht
She exchanged humorous banter with him
Ze wisselde humoristische grappen met hem uit
she asked whether he had eaten already
ze vroeg of hij al gegeten had
and she asked curious questions
en ze stelde nieuwsgierige vragen
"is it true that the Samanas slept alone in the forest at night?"
"Is het waar dat de Samana's 's nachts alleen in het bos sliepen?"
"is it true Samanas are not allowed to have women with them"
"is het waar dat Samana's geen vrouwen bij zich mogen hebben"
While talking, she put her left foot on his right one
Terwijl ze praatte, zette ze haar linkervoet op zijn rechtervoet
the movement of a woman who would want to initiate sexual pleasure
de beweging van een vrouw die seksueel genot wil initiëren
the textbooks call this "climbing a tree"
de schoolboeken noemen dit "in een boom klimmen"
Siddhartha felt his blood heating up
Siddhartha voelde zijn bloed opwarmen
he had to think of his dream again

hij moest weer aan zijn droom denken
he bend slightly down to the woman
hij boog zich lichtjes naar de vrouw toe
and he kissed with his lips the brown nipple of her breast
en hij kuste met zijn lippen de bruine tepel van haar borst
Looking up, he saw her face smiling
Toen hij opkeek, zag hij haar gezicht lachen
and her eyes were full of lust
en haar ogen waren vol lust
Siddhartha also felt desire for her
Siddhartha voelde ook verlangen naar haar
he felt the source of his sexuality moving
hij voelde de bron van zijn seksualiteit bewegen
but he had never touched a woman before
maar hij had nog nooit eerder een vrouw aangeraakt
so he hesitated for a moment
dus aarzelde hij even
his hands were already prepared to reach out for her
zijn handen waren al klaar om naar haar uit te reiken
but then he heard the voice of his innermost self
maar toen hoorde hij de stem van zijn diepste zelf
he shuddered with awe at his voice
hij huiverde van ontzag bij het horen van zijn stem
and this voice told him no
en deze stem vertelde hem nee
all charms disappeared from the young woman's smiling face
alle charmes verdwenen van het glimlachende gezicht van de jonge vrouw
he no longer saw anything else but a damp glance
hij zag niets anders meer dan een vochtige blik
all he could see was female animal in heat
het enige wat hij kon zien was een vrouwelijk dier in de bronst
Politely, he petted her cheek
Beleefd streelde hij haar wang
he turned away from her and disappeared away

hij keerde zich van haar af en verdween
he left from the disappointed woman with light steps
hij vertrok met lichte stappen van de teleurgestelde vrouw
and he disappeared into the bamboo-wood
en hij verdween in het bamboebos

he reached the large city before the evening
hij bereikte de grote stad vóór de avond
and he was happy to have reached the city
en hij was blij dat hij de stad had bereikt
because he felt the need to be among people
omdat hij de behoefte voelde om onder de mensen te zijn
or a long time, he had lived in the forests
of hij had lange tijd in de bossen gewoond
for first time in a long time he slept under a roof
voor het eerst in lange tijd sliep hij onder een dak
Before the city was a beautifully fenced garden
Vóór de stad was er een prachtig omheinde tuin
the traveller came across a small group of servants
de reiziger kwam een kleine groep bedienden tegen
the servants were carrying baskets of fruit
de bedienden droegen manden met fruit
four servants were carrying an ornamental sedan-chair
vier bedienden droegen een sierlijke draagstoel
on this chair sat a woman, the mistress
op deze stoel zat een vrouw, de maîtresse
she was on red pillows under a colourful canopy
ze lag op rode kussens onder een kleurrijk baldakijn
Siddhartha stopped at the entrance to the pleasure-garden
Siddhartha stopte bij de ingang van de lusttuin
and he watched the parade go by
en hij keek naar de parade die voorbijging
he saw saw the servants and the maids
hij zag zag de dienaren en de meiden
he saw the baskets and the sedan-chair
hij zag de manden en de draagstoel

and he saw the lady on the chair
en hij zag de dame op de stoel
Under her black hair he saw a very delicate face
Onder haar zwarte haar zag hij een heel teer gezichtje
a bright red mouth, like a freshly cracked fig
een felrode mond, als een vers gebarsten vijg
eyebrows which were well tended and painted in a high arch
wenkbrauwen die goed verzorgd waren en in een hoge boog waren geverfd
they were smart and watchful dark eyes
ze waren slimme en waakzame donkere ogen
a clear, tall neck rose from a green and golden garment
een heldere, hoge nekroos van een groen en gouden gewaad
her hands were resting, long and thin
haar handen rustten, lang en dun
she had wide golden bracelets over her wrists
ze had brede gouden armbanden om haar polsen
Siddhartha saw how beautiful she was, and his heart rejoiced
Siddhartha zag hoe mooi ze was, en zijn hart verheugde zich
He bowed deeply, when the sedan-chair came closer
Hij boog diep toen de draagstoel dichterbij kwam
straightening up again, he looked at the fair, charming face
Hij richtte zich weer op en keek naar het mooie, charmante gezicht
he read her smart eyes with the high arcs
hij las haar slimme ogen met de hoge bogen
he breathed in a fragrance of something he did not know
hij ademde een geur in van iets dat hij niet kende
With a smile, the beautiful woman nodded for a moment
Met een glimlach knikte de mooie vrouw even
then she disappeared into the garden
toen verdween ze in de tuin
and then the servants disappeared as well
en toen verdwenen ook de bedienden

"I am entering this city with a charming omen" Siddhartha thought
"Ik kom deze stad binnen met een charmant voorteken", dacht Siddhartha
He instantly felt drawn into the garden
Hij voelde zich onmiddellijk aangetrokken tot de tuin
but he thought about his situation
maar hij dacht na over zijn situatie
he became aware of how the servants and maids had looked at him
hij werd zich ervan bewust hoe de bedienden en meiden naar hem keken
they thought him despicable, distrustful, and rejected him
ze vonden hem verachtelijk, wantrouwend en wezen hem af
"I am still a Samana" he thought
"Ik ben nog steeds een Samana", dacht hij
"I am still an ascetic and beggar"
"Ik ben nog steeds een asceet en bedelaar"
"I must not remain like this"
"Ik mag niet zo blijven"
"I will not be able to enter the garden like this," he laughed
"Zo kan ik de tuin niet betreden", lachte hij
he asked the next person who came along the path about the garden
hij vroeg de volgende persoon die langs het pad kwam naar de tuin
and he asked for the name of the woman
en hij vroeg naar de naam van de vrouw
he was told that this was the garden of Kamala, the famous courtesan
hem werd verteld dat dit de tuin was van Kamala, de beroemde courtisane
and he was told that she also owned a house in the city
en hem werd verteld dat zij ook een huis in de stad bezat
Then, he entered the city with a goal
Toen kwam hij de stad binnen met een doel

Pursuing his goal, he allowed the city to suck him in
Bij het nastreven van zijn doel liet hij zich door de stad opzuigen
he drifted through the flow of the streets
hij dreef door de stroom van de straten
he stood still on the squares in the city
hij stond stil op de pleinen in de stad
he rested on the stairs of stone by the river
hij rustte op de stenen trap bij de rivier
When the evening came, he made friends with a barber's assistant
Toen de avond viel, sloot hij vriendschap met een assistent van een kapper
he had seen him working in the shade of an arch
hij had hem in de schaduw van een boog zien werken
and he found him again praying in a temple of Vishnu
en hij vond hem opnieuw biddend in een tempel van Vishnu
he told about stories of Vishnu and the Lakshmi
hij vertelde over verhalen over Vishnu en Lakshmi
Among the boats by the river, he slept this night
Tussen de boten aan de rivier sliep hij deze nacht
Siddhartha came to him before the first customers came into his shop
Siddhartha kwam naar hem toe voordat de eerste klanten zijn winkel binnenkwamen
he had the barber's assistant shave his beard and cut his hair
hij liet de assistent van de kapper zijn baard scheren en zijn haar knippen
he combed his hair and anointed it with fine oil
hij kamde zijn haar en zalfde het met fijne olie
Then he went to take his bath in the river
Toen ging hij in de rivier baden

late in the afternoon, beautiful Kamala approached her garden
laat in de middag naderde de mooie Kamala haar tuin

Siddhartha was standing at the entrance again
Siddhartha stond weer bij de ingang
he made a bow and received the courtesan's greeting
hij maakte een buiging en ontving de begroeting van de courtisane
he got the attention of one of the servant
hij trok de aandacht van een van de dienaren
he asked him to inform his mistress
hij vroeg hem om zijn minnares in te lichten
"a young Brahman wishes to talk to her"
"een jonge brahmaan wil met haar praten"
After a while, the servant returned
Na een tijdje kwam de dienaar terug
the servant asked Siddhartha to follow him
de dienaar vroeg Siddhartha hem te volgen
Siddhartha followed the servant into a pavilion
Siddhartha volgde de dienaar naar een paviljoen
here Kamala was lying on a couch
hier lag Kamala op een bank
and the servant left him alone with her
en de dienaar liet hem alleen met haar
"Weren't you also standing out there yesterday, greeting me?" asked Kamala
"Stond jij gisteren ook niet daar om mij te begroeten?" vroeg Kamala
"It's true that I've already seen and greeted you yesterday"
"Het is waar dat ik je gisteren al heb gezien en begroet"
"But didn't you yesterday wear a beard, and long hair?"
"Maar had je gisteren niet een baard en lang haar?"
"and was there not dust in your hair?"
"En zat er geen stof in je haar?"
"You have observed well, you have seen everything"
"Je hebt goed geobserveerd, je hebt alles gezien"
"You have seen Siddhartha, the son of a Brahman"
"Je hebt Siddhartha gezien, de zoon van een brahmaan"
"the Brahman who has left his home to become a Samana"

"de Brahman die zijn huis heeft verlaten om een Samana te worden"
"the Brahman who has been a Samana for three years"
"de Brahman die al drie jaar een Samana is"
"But now, I have left that path and came into this city"
"Maar nu heb ik dat pad verlaten en ben ik in deze stad gekomen"
"and the first one I met, even before I had entered the city, was you"
"en de eerste die ik ontmoette, zelfs voordat ik de stad binnenkwam, was jij"
"To say this, I have come to you, oh Kamala!"
"Om dit te zeggen, ben ik naar jou gekomen, oh Kamala!"
"before, Siddhartha addressed all woman with his eyes to the ground"
"Vroeger richtte Siddhartha zijn blik op alle vrouwen, met zijn ogen gericht op de grond"
"You are the first woman whom I address otherwise"
"Jij bent de eerste vrouw die ik anders aanspreek"
"Never again do I want to turn my eyes to the ground"
"Nooit meer wil ik mijn ogen naar de grond richten"
"I won't turn when I'm coming across a beautiful woman"
"Ik zal niet omkijken als ik een mooie vrouw tegenkom"
Kamala smiled and played with her fan of peacocks' feathers
Kamala glimlachte en speelde met haar waaier van pauwenveren
"And only to tell me this, Siddhartha has come to me?"
"En alleen om mij dit te vertellen, is Siddhartha naar mij toe gekomen?"
"To tell you this and to thank you for being so beautiful"
"Om je dit te vertellen en je te bedanken dat je zo mooi bent"
"I would like to ask you to be my friend and teacher"
"Ik wil je vragen om mijn vriend en leraar te zijn"
"for I know nothing yet of that art which you have mastered"
"Want ik weet nog niets van die kunst die jij beheerst"

At this, Kamala laughed aloud
Hierop lachte Kamala luid
"Never before this has happened to me, my friend"
"Dit is mij nog nooit eerder overkomen, mijn vriend"
"a Samana from the forest came to me and wanted to learn from me!"
"Een Samana uit het bos kwam naar mij toe en wilde van mij leren!"
"Never before this has happened to me"
"Dit is mij nog nooit eerder overkomen"
"a Samana came to me with long hair and an old, torn loincloth!"
"Er kwam een Samana naar mij toe met lang haar en een oude, gescheurde lendendoek!"
"Many young men come to me"
"Veel jonge mannen komen naar mij toe"
"and there are also sons of Brahmans among them"
"en er zijn ook zonen van Brahmanen onder hen"
"but they come in beautiful clothes"
"maar ze komen in mooie kleren"
"they come in fine shoes"
"ze komen in mooie schoenen"
"they have perfume in their hair
"ze hebben parfum in hun haar
"and they have money in their pouches"
"en ze hebben geld in hun zakken"
"This is how the young men are like, who come to me"
"Zo zijn de jongemannen die naar mij toe komen"
Spoke Siddhartha, "Already I am starting to learn from you"
Siddhartha sprak: "Ik begin al van jou te leren"
"Even yesterday, I was already learning"
"Gisteren was ik al aan het leren"
"I have already taken off my beard"
"Ik heb mijn baard al afgedaan"
"I have combed the hair"
"Ik heb het haar gekamd"

"and I have oil in my hair"
"en ik heb olie in mijn haar"
"There is little which is still missing in me"
"Er is weinig dat nog in mij ontbreekt"
"oh excellent one, fine clothes, fine shoes, money in my pouch"
"Oh, uitstekende, mooie kleren, mooie schoenen, geld in mijn buidel"
"You shall know Siddhartha has set harder goals for himself"
"Je zult weten dat Siddhartha zichzelf hogere doelen heeft gesteld"
"and he has reached these goals"
"en hij heeft deze doelen bereikt"
"How shouldn't I reach that goal?"
"Hoe zou ik dat doel niet kunnen bereiken?"
"the goal which I have set for myself yesterday"
"het doel dat ik mezelf gisteren heb gesteld"
"to be your friend and to learn the joys of love from you"
"om je vriend te zijn en de vreugde van de liefde van jou te leren"
"You'll see that I'll learn quickly, Kamala"
"Je zult zien dat ik snel zal leren, Kamala"
"I have already learned harder things than what you're supposed to teach me"
"Ik heb al moeilijkere dingen geleerd dan wat jij mij zou moeten leren"
"And now let's get to it"
"En nu gaan we beginnen"
"You aren't satisfied with Siddhartha as he is?"
"Ben je niet tevreden met Siddhartha zoals hij is?"
"with oil in his hair, but without clothes"
"met olie in zijn haar, maar zonder kleren"
"Siddhartha without shoes, without money"
"Siddhartha zonder schoenen, zonder geld"
Laughing, Kamala exclaimed, "No, my dear"

Lachend riep Kamala uit: "Nee, mijn liefste."
"he doesn't satisfy me, yet"
"hij bevredigt mij nog niet"
"Clothes are what he must have"
"Kleren zijn wat hij moet hebben"
"pretty clothes, and shoes is what he needs"
"Mooie kleren en schoenen is wat hij nodig heeft"
"pretty shoes, and lots of money in his pouch"
"Mooie schoenen, en veel geld in zijn buidel"
"and he must have gifts for Kamala"
"en hij moet cadeautjes voor Kamala hebben"
"Do you know it now, Samana from the forest?"
"Weet je het nu, Samana uit het bos?"
"Did you mark my words?"
"Heb je mijn woorden opgemerkt?"
"Yes, I have marked your words," Siddhartha exclaimed
"Ja, ik heb je woorden opgemerkt," riep Siddhartha uit
"How should I not mark words which are coming from such a mouth!"
"Hoe zou ik de woorden die uit zo'n mond komen, niet opmerken!"
"Your mouth is like a freshly cracked fig, Kamala"
"Je mond is als een vers gekraakte vijg, Kamala"
"My mouth is red and fresh as well"
"Mijn mond is ook rood en fris"
"it will be a suitable match for yours, you'll see"
"het zal een geschikte match zijn voor de jouwe, je zult zien"
"But tell me, beautiful Kamala"
"Maar vertel me, mooie Kamala"
"aren't you at all afraid of the Samana from the forest""
"ben je helemaal niet bang voor de Samana uit het bos"
"the Samana who has come to learn how to make love"
"de Samana die is gekomen om te leren hoe hij de liefde moet bedrijven"
"Whatever for should I be afraid of a Samana?"
"Waarom zou ik bang moeten zijn voor een Samana?"

"a stupid Samana from the forest"
"een domme Samana uit het bos"
"a Samana who is coming from the jackals"
"een Samana die van de jakhalzen komt"
"a Samana who doesn't even know yet what women are?"
"een Samana die nog niet eens weet wat vrouwen zijn?"
"Oh, he's strong, the Samana"
"Oh, hij is sterk, de Samana"
"and he isn't afraid of anything"
"en hij is nergens bang voor"
"He could force you, beautiful girl"
"Hij zou je kunnen dwingen, mooi meisje"
"He could kidnap you and hurt you"
"Hij zou je kunnen ontvoeren en pijn doen"
"No, Samana, I am not afraid of this"
"Nee, Samana, ik ben hier niet bang voor"
"Did any Samana or Brahman ever fear someone might come and grab him?"
"Heeft een Samana of Brahman ooit gevreesd dat iemand hem zou komen grijpen?"
"could he fear someone steals his learning?
"zou hij bang kunnen zijn dat iemand zijn kennis steelt?
"could anyone take his religious devotion"
"Kan iemand zijn religieuze toewijding afnemen"
"is it possible to take his depth of thought?
"Is het mogelijk om zijn diepgang in gedachten te begrijpen?
"No, because these things are his very own"
"Nee, want deze dingen zijn van hemzelf"
"he would only give away the knowledge he is willing to give"
"Hij zou alleen de kennis weggeven die hij bereid is te geven"
"he would only give to those he is willing to give to"
"Hij zou alleen geven aan degenen aan wie hij bereid is te geven"
"precisely like this it is also with Kamala"
"precies zo is het ook met Kamala"

"**and it is the same way with the pleasures of love**"
"en zo is het ook met de genoegens van de liefde"
"**Beautiful and red is Kamala's mouth," answered Siddhartha**
"Mooi en rood is Kamala's mond," antwoordde Siddhartha
"**but don't try to kiss it against Kamala's will**"
"maar probeer het niet te kussen tegen Kamala's wil"
"**because you will not obtain a single drop of sweetness from it**"
"omdat je er geen druppel zoetigheid van zult verkrijgen"
"**You are learning easily, Siddhartha**"
"Je leert gemakkelijk, Siddhartha"
"**you should also learn this**"
"dit moet je ook leren"
"**love can be obtained by begging, buying**"
"Liefde kan verkregen worden door te bedelen, te kopen"
"**you can receive it as a gift**"
"je kunt het als geschenk ontvangen"
"**or you can find it in the street**"
"of je kunt het op straat vinden"
"**but love cannot be stolen**"
"maar liefde kan niet gestolen worden"
"**In this, you have come up with the wrong path**"
"Hierin ben je de verkeerde weg ingeslagen"
"**it would be a pity if you would want to tackle love in such a wrong manner**"
"Het zou zonde zijn als je de liefde op zo'n verkeerde manier zou willen aanpakken"
Siddhartha bowed with a smile
Siddhartha boog met een glimlach
"**It would be a pity, Kamala, you are so right**"
"Dat zou jammer zijn, Kamala, je hebt helemaal gelijk"
"**It would be such a great pity**"
"Het zou zo jammer zijn"
"**No, I shall not lose a single drop of sweetness from your mouth**"
"Nee, ik zal geen druppel zoetigheid uit jouw mond verliezen"

"nor shall you lose sweetness from my mouth"
"noch zal de zoetigheid uit mijn mond verloren gaan"
"So it is agreed. Siddhartha will return"
"Zo is het overeengekomen. Siddhartha zal terugkeren"
"Siddhartha will return once he has what he still lacks"
"Siddhartha zal terugkeren zodra hij heeft wat hij nog mist"
"he will come back with clothes, shoes, and money"
"Hij zal terugkomen met kleren, schoenen en geld"
"But speak, lovely Kamala, couldn't you still give me one small advice?"
"Maar zeg eens, lieve Kamala, kun je mij niet nog een klein advies geven?"
"Give you an advice? Why not?"
"Je een advies geven? Waarom niet?"
"Who wouldn't like to give advice to a poor, ignorant Samana?"
"Wie zou er nou geen advies willen geven aan een arme, onwetende Samana?"
"Dear Kamala, where I should go to find these three things most quickly?"
"Beste Kamala, waar kan ik deze drie dingen het snelst vinden?"
"Friend, many would like to know this"
"Vriend, velen willen dit graag weten"
"You must do what you've learned and ask for money"
"Je moet doen wat je geleerd hebt en om geld vragen"
"There is no other way for a poor man to obtain money"
"Er is geen andere manier voor een arme man om aan geld te komen"
"What might you be able to do?"
"Wat zou jij kunnen doen?"
"I can think. I can wait. I can fast" said Siddhartha
"Ik kan denken. Ik kan wachten. Ik kan vasten", zei Siddhartha
"Nothing else?" asked Kamala
"Niets anders?" vroeg Kamala
"yes, I can also write poetry"

"ja, ik kan ook poëzie schrijven"
"Would you like to give me a kiss for a poem?"
"Wil je mij een kus geven in ruil voor een gedicht?"
"I would like to, if I like your poem"
"Ik zou graag willen, als ik je gedicht mooi vind"
"What would be its title?"
"Wat zou de titel zijn?"
Siddhartha spoke, after he had thought about it for a moment
Siddhartha sprak, nadat hij er even over had nagedacht
"Into her shady garden stepped the pretty Kamala"
"In haar schaduwrijke tuin stapte de mooie Kamala"
"At the garden's entrance stood the brown Samana"
"Bij de ingang van de tuin stond de bruine Samana"
"Deeply, seeing the lotus's blossom, Bowed that man"
"Diep, toen hij de bloesem van de lotus zag, boog die man"
"and smiling, Kamala thanked him"
"en glimlachend bedankte Kamala hem"
"More lovely, thought the young man, than offerings for gods"
"Mooier dan offers voor goden", dacht de jongeman.
Kamala clapped her hands so loud that the golden bracelets clanged
Kamala klapte zo hard in haar handen dat de gouden armbanden klonken
"Beautiful are your verses, oh brown Samana"
"Mooi zijn je verzen, oh bruine Samana"
"and truly, I'm losing nothing when I'm giving you a kiss for them"
"en werkelijk, ik verlies niets als ik je een kus voor hen geef"
She beckoned him with her eyes
Ze wenkte hem met haar ogen
he tilted his head so that his face touched hers
hij kantelde zijn hoofd zodat zijn gezicht het hare raakte
and he placed his mouth on her mouth
en hij legde zijn mond op haar mond

the mouth which was like a freshly cracked fig
de mond die leek op een vers gebarsten vijg
For a long time, Kamala kissed him
Kamala kuste hem lange tijd
and with a deep astonishment Siddhartha felt how she taught him
en met een diepe verbazing voelde Siddhartha hoe zij hem leerde
he felt how wise she was
hij voelde hoe wijs ze was
he felt how she controlled him
hij voelde hoe zij hem controleerde
he felt how she rejected him
hij voelde hoe ze hem afwees
he felt how she lured him
hij voelde hoe ze hem lokte
and he felt how there were to be more kisses
en hij voelde dat er nog meer kussen zouden komen
every kiss was different from the others
elke kus was anders dan de anderen
he was still, when he received the kisses
hij was stil toen hij de kussen ontving
Breathing deeply, he remained standing where he was
Hij ademde diep in en bleef staan waar hij was
he was astonished like a child about the things worth learning
hij was verbaasd als een kind over de dingen die het waard waren om te leren
the knowledge revealed itself before his eyes
de kennis openbaarde zich voor zijn ogen
"Very beautiful are your verses" exclaimed Kamala
"Heel mooi zijn je verzen", riep Kamala uit
"if I were rich, I would give you pieces of gold for them"
"Als ik rijk was, zou ik je er goudstukken voor geven"
"But it will be difficult for you to earn enough money with verses"

"Maar het zal voor jou moeilijk zijn om met verzen genoeg geld te verdienen"
"because you need a lot of money, if you want to be Kamala's friend"
"omdat je veel geld nodig hebt, als je Kamala's vriendin wilt zijn"
"The way you're able to kiss, Kamala!" stammered Siddhartha
"De manier waarop je kunt kussen, Kamala!" stamelde Siddhartha
"Yes, this I am able to do"
"Ja, dat kan ik doen"
"therefore I do not lack clothes, shoes, bracelets"
"daarom heb ik geen gebrek aan kleding, schoenen, armbanden"
"I have all the beautiful things"
"Ik heb alle mooie dingen"
"But what will become of you?"
"Maar wat zal er van jou worden?"
"Aren't you able to do anything else?"
"Kun je niets anders doen?"
"can you do more than think, fast, and make poetry?"
"Kun jij meer doen dan denken, snel schrijven en poëzie maken?"
"I also know the sacrificial songs" said Siddhartha
"Ik ken ook de offerliederen", zei Siddhartha
"but I do not want to sing those songs anymore"
"maar ik wil die liedjes niet meer zingen"
"I also know how to make magic spells"
"Ik weet ook hoe ik magische spreuken moet maken"
"but I do not want to speak them anymore"
"maar ik wil ze niet meer spreken"
"I have read the scriptures"
"Ik heb de Schriften gelezen"
"Stop!" Kamala interrupted him
"Stop!" onderbrak Kamala hem

"You're able to read and write?"
"Kun je lezen en schrijven?"
"Certainly, I can do this, many people can"
"Zeker, ik kan dit, veel mensen kunnen dit"
"Most people can't," Kamala replied
"De meeste mensen kunnen dat niet," antwoordde Kamala
"I am also one of those who can't do it"
"Ik ben ook een van degenen die het niet kunnen"
"It is very good that you're able to read and write"
"Het is heel goed dat je kunt lezen en schrijven"
"you will also find use for the magic spells"
"Je zult ook gebruik kunnen maken van de magische spreuken"
In this moment, a maid came running in
Op dat moment kwam er een dienstmeisje binnenrennen
she whispered a message into her mistress's ear
Ze fluisterde een bericht in het oor van haar meesteres
"There's a visitor for me" exclaimed Kamala
"Er is een bezoeker voor mij", riep Kamala uit
"Hurry and get yourself away, Siddhartha"
"Snel en ga weg, Siddhartha"
"nobody may see you in here, remember this!"
"Niemand mag je hier zien, onthoud dit!"
"Tomorrow, I'll see you again"
"Morgen zie ik je weer"
Kamala ordered her maid to give Siddhartha white garments
Kamala gaf haar dienstmeid opdracht om Siddhartha witte gewaden te geven
and then Siddhartha found himself being dragged away by the maid
en toen werd Siddhartha door de meid weggesleept
he was brought into a garden-house out of sight of any paths
hij werd naar een tuinhuisje gebracht, buiten het zicht van alle paden
then he was led into the bushes of the garden
toen werd hij naar de struiken van de tuin geleid

he was urged to get himself out of the garden as soon as possible
hij werd aangespoord om zo snel mogelijk uit de tuin te komen
and he was told he must not be seen
en hem werd verteld dat hij niet gezien mocht worden
he did as he had been told
hij deed wat hem was opgedragen
he was accustomed to the forest
hij was gewend aan het bos
so he managed to get out without making a sound
dus hij slaagde erin om zonder geluid te maken eruit te komen

he returned to the city carrying the rolled up garments under his arm
Hij keerde terug naar de stad met de opgerolde kledingstukken onder zijn arm
At the inn, where travellers stay, he positioned himself by the door
In de herberg, waar reizigers verblijven, positioneerde hij zich bij de deur
without words he asked for food
zonder woorden vroeg hij om eten
without a word he accepted a piece of rice-cake
zonder een woord te zeggen nam hij een stuk rijstwafel aan
he thought about how he had always begged
hij dacht eraan hoe hij altijd had gesmeekt
"Perhaps as soon as tomorrow I will ask no one for food anymore"
"Misschien vraag ik morgen al niemand meer om eten"
Suddenly, pride flared up in him
Plotseling laaide er trots in hem op
He was no Samana any more
Hij was geen Samana meer
it was no longer appropriate for him to beg for food

het was niet langer gepast voor hem om te bedelen om voedsel
he gave the rice-cake to a dog
hij gaf de rijstkoek aan een hond
and that night he remained without food
en die nacht bleef hij zonder eten
Siddhartha thought to himself about the city
Siddhartha dacht bij zichzelf na over de stad
"Simple is the life which people lead in this world"
"Eenvoudig is het leven dat mensen in deze wereld leiden"
"this life presents no difficulties"
"dit leven kent geen moeilijkheden"
"Everything was difficult and toilsome when I was a Samana"
"Toen ik een Samana was, was alles moeilijk en moeizaam"
"as a Samana everything was hopeless"
"als Samana was alles hopeloos"
"but now everything is easy"
"maar nu is alles gemakkelijk"
"it is easy like the lesson in kissing from Kamala"
"het is gemakkelijk, net als de kusles van Kamala"
"I need clothes and money, nothing else"
"Ik heb kleren en geld nodig, niets anders"
"these goals are small and achievable"
"Deze doelen zijn klein en haalbaar"
"such goals won't make a person lose any sleep"
"Zulke doelen bezorgen een mens geen slaapverlies"

the next day he returned to Kamala's house
de volgende dag keerde hij terug naar Kamala's huis
"Things are working out well" she called out to him
"Het gaat goed", riep ze hem toe
"They are expecting you at Kamaswami's"
"Ze verwachten je bij Kamaswami's"
"he is the richest merchant of the city"
"hij is de rijkste koopman van de stad"

"If he likes you, he'll accept you into his service"
"Als hij je mag, zal hij je in zijn dienst accepteren"
"but you must be smart, brown Samana"
"maar je moet wel slim zijn, bruine Samana"
"I had others tell him about you"
"Ik heb anderen over jou horen vertellen"
"Be polite towards him, he is very powerful"
"Wees beleefd tegen hem, hij is erg machtig"
"But I warn you, don't be too modest!"
"Maar ik waarschuw je: wees niet te bescheiden!"
"I do not want you to become his servant"
"Ik wil niet dat je zijn dienaar wordt"
"you shall become his equal"
"jij zult zijn gelijke worden"
"or else I won't be satisfied with you"
"anders zal ik niet tevreden met je zijn"
"Kamaswami is starting to get old and lazy"
"Kamaswami begint oud en lui te worden"
"If he likes you, he'll entrust you with a lot"
"Als hij je leuk vindt, zal hij je veel toevertrouwen"
Siddhartha thanked her and laughed
Siddhartha bedankte haar en lachte
she found out that he had not eaten
ze ontdekte dat hij niet had gegeten
so she sent him bread and fruits
dus stuurde ze hem brood en fruit
"You've been lucky" she said when they parted
"Je hebt geluk gehad", zei ze toen ze uit elkaar gingen
"I'm opening one door after another for you"
"Ik open de ene na de andere deur voor je"
"How come? Do you have a spell?"
"Hoezo? Heb je een spreuk?"
"I told you I knew how to think, to wait, and to fast"
"Ik zei toch dat ik kon denken, wachten en vasten"
"but you thought this was of no use"
"maar jij dacht dat dit nutteloos was"

"But it is useful for many things"
"Maar het is voor veel dingen nuttig"
"Kamala, you'll see that the stupid Samanas are good at learning"
"Kamala, je zult zien dat de domme Samana's goed zijn in leren"
"you'll see they are able to do many pretty things in the forest"
"Je zult zien dat ze in het bos veel mooie dingen kunnen doen"
"things which the likes of you aren't capable of"
"dingen waartoe mensen als jij niet in staat zijn"
"The day before yesterday, I was still a shaggy beggar"
"Eergisteren was ik nog een harige bedelaar"
"as recently as yesterday I have kissed Kamala"
"Nog gisteren heb ik Kamala gekust"
"and soon I'll be a merchant and have money"
"en binnenkort zal ik een koopman zijn en geld hebben"
"and I'll have all those things you insist upon"
"en ik zal al die dingen hebben waar je op staat"
"Well yes," she admitted, "but where would you be without me?"
"Jazeker," gaf ze toe, "maar waar zou je zijn zonder mij?"
"What would you be, if Kamala wasn't helping you?"
"Wat zou je zijn als Kamala je niet hielp?"
"Dear Kamala" said Siddhartha
"Beste Kamala", zei Siddhartha
and he straightened up to his full height
en hij richtte zich op tot zijn volle lengte
"when I came to you into your garden, I did the first step"
"toen ik bij je in je tuin kwam, zette ik de eerste stap"
"It was my resolution to learn love from this most beautiful woman"
"Het was mijn voornemen om de liefde te leren van deze allermooiste vrouw"
"that moment I had made this resolution"
"op dat moment had ik dit besluit genomen"

"and I knew I would carry it out"
"en ik wist dat ik het zou uitvoeren"
"I knew that you would help me"
"Ik wist dat je mij zou helpen"
"at your first glance at the entrance of the garden I already knew it"
"bij de eerste blik op de ingang van de tuin wist ik het al"
"But what if I hadn't been willing?" asked Kamala
"Maar wat als ik niet bereid was geweest?" vroeg Kamala
"You were willing" replied Siddhartha
"Je was bereid", antwoordde Siddhartha
"When you throw a rock into water, it takes the fastest course to the bottom"
"Als je een steen in het water gooit, volgt deze de snelste route naar de bodem"
"This is how it is when Siddhartha has a goal"
"Zo is het als Siddhartha een doel heeft"
"Siddhartha does nothing; he waits, he thinks, he fasts"
"Siddhartha doet niets; hij wacht, hij denkt, hij vast"
"but he passes through the things of the world like a rock through water"
"maar hij gaat door de dingen van de wereld heen als een rots door het water"
"he passed through the water without doing anything"
"hij ging door het water zonder iets te doen"
"he is drawn to the bottom of the water"
"hij wordt naar de bodem van het water getrokken"
"he lets himself fall to the bottom of the water"
"hij laat zichzelf naar de bodem van het water zakken"
"His goal attracts him towards it"
"Zijn doel trekt hem ernaartoe"
"he doesn't let anything enter his soul which might oppose the goal"
"Hij laat niets in zijn ziel toe dat het doel in de weg zou kunnen staan"
"This is what Siddhartha has learned among the Samanas"

"Dit is wat Siddhartha heeft geleerd onder de Samanas"
"This is what fools call magic"
"Dit is wat dwazen magie noemen"
"they think it is done by daemons"
"Ze denken dat het door demonen wordt gedaan"
"but nothing is done by daemons"
"maar er wordt niets gedaan door daemons"
"there are no daemons in this world"
"er zijn geen demonen in deze wereld"
"Everyone can perform magic, should they choose to"
"Iedereen kan toveren, als hij dat wil"
"everyone can reach his goals if he is able to think"
"iedereen kan zijn doelen bereiken als hij in staat is om te denken"
"everyone can reach his goals if he is able to wait"
"iedereen kan zijn doelen bereiken als hij kan wachten"
"everyone can reach his goals if he is able to fast"
"iedereen kan zijn doelen bereiken als hij in staat is om te vasten"
Kamala listened to him; she loved his voice
Kamala luisterde naar hem; ze hield van zijn stem
she loved the look from his eyes
ze hield van de blik in zijn ogen
"Perhaps it is as you say, friend"
"Misschien is het wel zo, vriend"
"But perhaps there is another explanation"
"Maar misschien is er een andere verklaring"
"Siddhartha is a handsome man"
"Siddhartha is een knappe man"
"his glance pleases the women"
"zijn blik bevalt de vrouwen"
"good fortune comes towards him because of this"
"het geluk komt hem hierdoor ten deel"
With one kiss, Siddhartha bid his farewell
Met één kus nam Siddhartha afscheid
"I wish that it should be this way, my teacher"

"Ik wou dat het zo was, mijn leraar"
"I wish that my glance shall please you"
"Ik wens dat mijn blik u zal behagen"
"I wish that that you always bring me good fortune"
"Ik wens dat je mij altijd geluk brengt"

With the Childlike People
Met de kinderlijke mensen

Siddhartha went to Kamaswami the merchant
Siddhartha ging naar Kamaswami de koopman
he was directed into a rich house
hij werd naar een rijk huis gestuurd
servants led him between precious carpets into a chamber
dienaren leidden hem tussen kostbare tapijten naar een kamer
in the chamber was where he awaited the master of the house
in de kamer wachtte hij op de heer des huizes
Kamaswami entered swiftly into the room
Kamaswami kwam snel de kamer binnen
he was a smoothly moving man
hij was een soepel bewegende man
he had very gray hair and very intelligent, cautious eyes
hij had heel grijs haar en heel intelligente, voorzichtige ogen
and he had a greedy mouth
en hij had een hebzuchtige mond
Politely, the host and the guest greeted one another
De gastheer en de gast begroetten elkaar beleefd
"I have been told that you were a Brahman" the merchant began
"Mij is verteld dat u een brahmaan was", begon de koopman
"I have been told that you are a learned man"
"Mij is verteld dat u een geleerd man bent"
"and I have also been told something else"
"en mij is ook nog iets anders verteld"
"you seek to be in the service of a merchant"
"je streeft ernaar om in dienst te staan van een koopman"
"Might you have become destitute, Brahman, so that you seek to serve?"
"Ben je misschien berooid geraakt, Brahman, zodat je probeert te dienen?"
"No," said Siddhartha, "I have not become destitute"

"Nee," zei Siddhartha, "ik ben niet behoeftig geworden"
"nor have I ever been destitute" added Siddhartha
"noch ben ik ooit behoeftig geweest" voegde Siddhartha toe
"You should know that I'm coming from the Samanas"
"Je moet weten dat ik uit de Samana's kom"
"I have lived with them for a long time"
"Ik woon al heel lang bij hen"
"you are coming from the Samanas"
"je komt uit de Samana's"
"how could you be anything but destitute?"
"Hoe kun je anders dan behoeftig zijn?"
"Aren't the Samanas entirely without possessions?"
"Hebben de Samana's niet helemaal geen bezittingen?"
"I am without possessions, if that is what you mean" said Siddhartha
"Ik heb geen bezittingen, als dat is wat je bedoelt", zei Siddhartha
"But I am without possessions voluntarily"
"Maar ik ben vrijwillig zonder bezittingen"
"and therefore I am not destitute"
"en daarom ben ik niet behoeftig"
"But what are you planning to live from, being without possessions?"
"Maar waar denk je van te leven, zonder bezittingen?"
"I haven't thought of this yet, sir"
"Daar heb ik nog niet over nagedacht, meneer"
"For more than three years, I have been without possessions"
"Ik heb al meer dan drie jaar geen bezittingen meer"
"and I have never thought about of what I should live"
"en ik heb nooit nagedacht over hoe ik zou moeten leven"
"So you've lived of the possessions of others"
"Dus je hebt geleefd van de bezittingen van anderen"
"Presumable, this is how it is?"
"Vermoedelijk is dat zo?"
"Well, merchants also live of what other people own"

"Nou ja, ook handelaren leven van wat andere mensen bezitten"
"Well said," granted the merchant
"Goed gezegd," gaf de koopman toe
"But he wouldn't take anything from another person for nothing"
"Maar hij zou niets van een ander persoon voor niets aannemen"
"he would give his merchandise in return" said Kamaswami
"Hij zou zijn koopwaar in ruil daarvoor geven", zei Kamaswami
"So it seems to be indeed"
"Dat lijkt inderdaad zo te zijn"
"Everyone takes, everyone gives, such is life"
"Iedereen neemt, iedereen geeft, zo is het leven"
"But if you don't mind me asking, I have a question"
"Maar als je het niet erg vindt dat ik het vraag, heb ik een vraag"
"being without possessions, what would you like to give?"
"Wat zou je willen geven als je geen bezittingen hebt?"
"Everyone gives what he has"
"Iedereen geeft wat hij heeft"
"The warrior gives strength"
"De krijger geeft kracht"
"the merchant gives merchandise"
"de koopman geeft koopwaar"
"the teacher gives teachings"
"de leraar geeft leringen"
"the farmer gives rice"
"de boer geeft rijst"
"the fisher gives fish"
"de visser geeft vis"
"Yes indeed. And what is it that you've got to give?"
"Jazeker. En wat heb je te geven?"
"What is it that you've learned?"
"Wat heb je geleerd?"

"what you're able to do?"
"wat kun je doen?"
"I can think. I can wait. I can fast"
"Ik kan denken. Ik kan wachten. Ik kan vasten"
"That's everything?" asked Kamaswami
"Dat is alles?" vroeg Kamaswami
"I believe that is everything there is!"
"Ik geloof dat dit alles is wat er is!"
"And what's the use of that?"
"En wat heeft dat voor zin?"
"For example; fasting. What is it good for?"
"Bijvoorbeeld; vasten. Waar is dat goed voor?"
"It is very good, sir"
"Het is heel goed, meneer"
"there are times a person has nothing to eat"
"Er zijn tijden dat een persoon niets te eten heeft"
"then fasting is the smartest thing he can do"
"dan is vasten het slimste wat hij kan doen"
"there was a time where Siddhartha hadn't learned to fast"
"Er was een tijd dat Siddhartha niet had geleerd te vasten"
"in this time he had to accept any kind of service"
"in deze tijd moest hij elke vorm van dienst aanvaarden"
"because hunger would force him to accept the service"
"omdat de honger hem zou dwingen de dienst te aanvaarden"
"But like this, Siddhartha can wait calmly"
"Maar zo kan Siddhartha rustig wachten"
"he knows no impatience, he knows no emergency"
"hij kent geen ongeduld, hij kent geen noodgeval"
"for a long time he can allow hunger to besiege him"
"Hij kan lange tijd honger toelaten"
"and he can laugh about the hunger"
"en hij kan lachen om de honger"
"This, sir, is what fasting is good for"
"Dit, mijnheer, is waar vasten goed voor is"
"You're right, Samana" acknowledged Kamaswami
"Je hebt gelijk, Samana", erkende Kamaswami

"Wait for a moment" he asked of his guest
"Wacht even", vroeg hij aan zijn gast
Kamaswami left the room and returned with a scroll
Kamaswami verliet de kamer en kwam terug met een rol
he handed Siddhartha the scroll and asked him to read it
Hij gaf Siddhartha de rol en vroeg hem deze te lezen
Siddhartha looked at the scroll handed to him
Siddhartha keek naar de rol die hem werd overhandigd
on the scroll a sales-contract had been written
op de rol was een koopcontract geschreven
he began to read out the scroll's contents
hij begon de inhoud van de rol voor te lezen
Kamaswami was very pleased with Siddhartha
Kamaswami was erg blij met Siddhartha
"would you write something for me on this piece of paper?"
"Zou je iets voor mij op dit stukje papier willen schrijven?"
He handed him a piece of paper and a pen
Hij gaf hem een stuk papier en een pen
Siddhartha wrote, and returned the paper
Siddhartha schreef en stuurde het papier terug
Kamaswami read, "Writing is good, thinking is better"
Kamaswami las: "Schrijven is goed, denken is beter"
"Being smart is good, being patient is better"
"Slim zijn is goed, geduldig zijn is beter"
"It is excellent how you're able to write" the merchant praised him
"Het is uitstekend hoe je kunt schrijven", prees de koopman hem
"Many a thing we will still have to discuss with one another"
"Er is nog veel dat we met elkaar moeten bespreken"
"For today, I'm asking you to be my guest"
"Vandaag vraag ik je om mijn gast te zijn"
"please come to live in this house"
"Kom alsjeblieft in dit huis wonen"
Siddhartha thanked Kamaswami and accepted his offer
Siddhartha bedankte Kamaswami en accepteerde zijn aanbod

he lived in the dealer's house from now on
hij woonde voortaan in het huis van de dealer
Clothes were brought to him, and shoes
Er werden kleren naar hem toe gebracht, en schoenen
and every day, a servant prepared a bath for him
en elke dag bereidde een dienaar een bad voor hem

Twice a day, a plentiful meal was served
Tweemaal per dag werd er een uitgebreide maaltijd geserveerd
but Siddhartha only ate once a day
maar Siddhartha at maar één keer per dag
and he ate neither meat, nor did he drink wine
en hij at geen vlees, noch dronk hij wijn
Kamaswami told him about his trade
Kamaswami vertelde hem over zijn vak
he showed him the merchandise and storage-rooms
hij liet hem de koopwaar en de opslagruimtes zien
he showed him how the calculations were done
hij liet hem zien hoe de berekeningen werden gedaan
Siddhartha got to know many new things
Siddhartha leerde veel nieuwe dingen kennen
he heard a lot and spoke little
hij hoorde veel en sprak weinig
but he did not forget Kamala's words
maar hij vergat Kamala's woorden niet
so he was never subservient to the merchant
dus hij was nooit ondergeschikt aan de koopman
he forced him to treat him as an equal
hij dwong hem om hem als een gelijke te behandelen
perhaps he forced him to treat him as even more than an equal
misschien dwong hij hem om hem als nog meer dan een gelijke te behandelen
Kamaswami conducted his business with care
Kamaswami voerde zijn zaken met zorg uit

and he was very passionate about his business
en hij was erg gepassioneerd over zijn bedrijf
but Siddhartha looked upon all of this as if it was a game
maar Siddhartha beschouwde dit alles alsof het een spel was
he tried hard to learn the rules of the game precisely
hij deed zijn best om de spelregels precies te leren
but the contents of the game did not touch his heart
maar de inhoud van het spel raakte zijn hart niet
He had not been in Kamaswami's house for long
Hij was nog niet lang in Kamaswami's huis
but soon he took part in his landlord's business
maar al snel nam hij deel aan de zaken van zijn verhuurder

every day he visited beautiful Kamala
elke dag bezocht hij het mooie Kamala
Kamala had an hour appointed for their meetings
Kamala had een uur gereserveerd voor hun vergaderingen
she was wearing pretty clothes and fine shoes
Ze droeg mooie kleren en mooie schoenen
and soon he brought her gifts as well
en al snel bracht hij haar ook geschenken
Much he learned from her red, smart mouth
Veel leerde hij van haar rode, slimme mond
Much he learned from her tender, supple hand
Veel leerde hij van haar tedere, soepele hand
regarding love, Siddhartha was still a boy
wat betreft de liefde was Siddhartha nog een jongen
and he had a tendency to plunge into love blindly
en hij had de neiging om zich blindelings in de liefde te storten
he fell into lust like into a bottomless pit
hij viel in lust als in een bodemloze put
she taught him thoroughly, starting with the basics
Ze leerde hem grondig, beginnend met de basis
pleasure cannot be taken without giving pleasure
plezier kan niet worden genomen zonder plezier te geven

every gesture, every caress, every touch, every look
elk gebaar, elke liefkozing, elke aanraking, elke blik
every spot of the body, however small it was, had its secret
elke plek op het lichaam, hoe klein ook, had zijn geheim
the secrets would bring happiness to those who know them
de geheimen zouden geluk brengen aan degenen die ze kennen
lovers must not part from one another after celebrating love
Geliefden mogen niet van elkaar scheiden na het vieren van de liefde
they must not part without one admiring the other
ze mogen niet uit elkaar gaan zonder dat de een de ander bewondert
they must be as defeated as they have been victorious
ze moeten net zo verslagen zijn als ze overwinnaars zijn geweest
neither lover should start feeling fed up or bored
geen van beide geliefden zou zich moe of verveeld moeten voelen
they should not get the evil feeling of having been abusive
ze mogen niet het slechte gevoel krijgen dat ze misbruik hebben gemaakt
and they should not feel like they have been abused
en ze mogen niet het gevoel hebben dat ze misbruikt zijn
Wonderful hours he spent with the beautiful and smart artist
Hij bracht prachtige uren door met de mooie en slimme kunstenaar
he became her student, her lover, her friend
hij werd haar student, haar minnaar, haar vriend
Here with Kamala was the worth and purpose of his present life
Hier bij Kamala was de waarde en het doel van zijn huidige leven
his purpose was not with the business of Kamaswami
zijn doel was niet de zaak van Kamaswami

Siddhartha received important letters and contracts
Siddhartha ontving belangrijke brieven en contracten
Kamaswami began discussing all important affairs with him
Kamaswami begon alle belangrijke zaken met hem te bespreken
He soon saw that Siddhartha knew little about rice and wool
Hij zag al snel dat Siddhartha weinig wist over rijst en wol
but he saw that he acted in a fortunate manner
maar hij zag dat hij op een gelukkige manier handelde
and Siddhartha surpassed him in calmness and equanimity
en Siddhartha overtrof hem in kalmte en gelijkmoedigheid
he surpassed him in the art of understanding previously unknown people
hij overtrof hem in de kunst van het begrijpen van voorheen onbekende mensen
Kamaswami spoke about Siddhartha to a friend
Kamaswami sprak over Siddhartha met een vriend
"This Brahman is no proper merchant"
"Deze Brahman is geen echte handelaar"
"he will never be a merchant"
"hij zal nooit een koopman worden"
"for business there is never any passion in his soul"
"voor zaken is er nooit enige passie in zijn ziel"
"But he has a mysterious quality about him"
"Maar hij heeft iets mysterieus over zich"
"this quality brings success about all by itself"
"Deze kwaliteit brengt op zichzelf succes"
"it could be from a good Star of his birth"
"het zou van een goede Ster van zijn geboorte kunnen zijn"
"or it could be something he has learned among Samanas"
"of het zou iets kunnen zijn dat hij onder Samana's heeft geleerd"
"He always seems to be merely playing with our business-affairs"
"Hij lijkt altijd maar met onze zaken te spelen"

"his business never fully becomes a part of him"
"Zijn bedrijf wordt nooit volledig een deel van hem"
"his business never rules over him"
"zijn bedrijf heerst nooit over hem"
"he is never afraid of failure"
"hij is nooit bang om te falen"
"he is never upset by a loss"
"hij is nooit van streek door een verlies"
The friend advised the merchant
De vriend adviseerde de handelaar
"Give him a third of the profits he makes for you"
"Geef hem een derde van de winst die hij voor je maakt"
"but let him also be liable when there are losses"
"maar laat hem ook aansprakelijk zijn als er verliezen zijn"
"Then, he'll become more zealous"
"Dan wordt hij ijveriger"
Kamaswami was curious, and followed the advice
Kamaswami was nieuwsgierig en volgde het advies op
But Siddhartha cared little about loses or profits
Maar Siddhartha gaf weinig om verlies of winst
When he made a profit, he accepted it with equanimity
Toen hij winst maakte, accepteerde hij die met kalmte
when he made losses, he laughed it off
toen hij verlies leed, lachte hij erom
It seemed indeed, as if he did not care about the business
Het leek er inderdaad op dat hij zich niet om de zaken bekommerde
At one time, he travelled to a village
Op een gegeven moment reisde hij naar een dorp
he went there to buy a large harvest of rice
hij ging daarheen om een grote oogst rijst te kopen
But when he got there, the rice had already been sold
Maar toen hij daar aankwam, was de rijst al verkocht
another merchant had gotten to the village before him
een andere koopman was vóór hem in het dorp aangekomen

Nevertheless, Siddhartha stayed for several days in that village
Niettemin bleef Siddhartha nog enkele dagen in dat dorp
he treated the farmers for a drink
hij trakteerde de boeren op een drankje
he gave copper-coins to their children
hij gaf koperen munten aan hun kinderen
he joined in the celebration of a wedding
hij nam deel aan de viering van een bruiloft
and he returned extremely satisfied from his trip
en hij keerde uiterst tevreden terug van zijn reis
Kamaswami was angry that Siddhartha had wasted time and money
Kamaswami was boos dat Siddhartha tijd en geld had verspild
Siddhartha answered "Stop scolding, dear friend!"
Siddhartha antwoordde: "Stop met schelden, beste vriend!"
"Nothing was ever achieved by scolding"
"Er is nooit iets bereikt door te schelden"
"If a loss has occurred, let me bear that loss"
"Als er een verlies is geleden, laat mij dat verlies dan dragen"
"I am very satisfied with this trip"
"Ik ben zeer tevreden over deze reis"
"I have gotten to know many kinds of people"
"Ik heb veel verschillende soorten mensen leren kennen"
"a Brahman has become my friend"
"een Brahman is mijn vriend geworden"
"children have sat on my knees"
"kinderen hebben op mijn knieën gezeten"
"farmers have shown me their fields"
"boeren hebben mij hun velden laten zien"
"nobody knew that I was a merchant"
"niemand wist dat ik een koopman was"
"That's all very nice," exclaimed Kamaswami indignantly
"Dat is allemaal heel mooi," riep Kamaswami verontwaardigd uit

"but in fact, you are a merchant after all"
"maar in feite ben je toch een handelaar"
"Or did you have only travel for your amusement?"
"Of reisde je alleen maar voor je plezier?"
"of course I have travelled for my amusement" Siddhartha laughed
"Natuurlijk heb ik voor mijn plezier gereisd", lachte Siddhartha
"For what else would I have travelled?"
"Waarvoor zou ik anders gereisd hebben?"
"I have gotten to know people and places"
"Ik heb mensen en plaatsen leren kennen"
"I have received kindness and trust"
"Ik heb vriendelijkheid en vertrouwen ontvangen"
"I have found friendships in this village"
"Ik heb vriendschappen gevonden in dit dorp"
"if I had been Kamaswami, I would have travelled back annoyed"
"als ik Kamaswami was geweest, was ik geïrriteerd teruggereisd"
"I would have been in hurry as soon as my purchase failed"
"Ik zou meteen gehaast zijn als mijn aankoop mislukte"
"and time and money would indeed have been lost"
"en er zou inderdaad tijd en geld verloren zijn gegaan"
"But like this, I've had a few good days"
"Maar zo heb ik ook een paar goede dagen gehad"
"I've learned from my time there"
"Ik heb geleerd van mijn tijd daar"
"and I have had joy from the experience"
"en ik heb vreugde gehad van de ervaring"
"I've neither harmed myself nor others by annoyance and hastiness"
"Ik heb noch mijzelf noch anderen schade berokkend door ergernis en overhaasting"
"if I ever return friendly people will welcome me"

shipments of merchandise seemed to have been lost
zendingen met goederen leken verloren te zijn gegaan
debtors seemed to be unable to pay
schuldenaren leken niet in staat te zijn om te betalen
Kamaswami could never convince Siddhartha to utter words of worry
Kamaswami kon Siddhartha er nooit van overtuigen om woorden van bezorgdheid te uiten
Kamaswami could not make Siddhartha feel anger towards business
Kamaswami kon Siddhartha niet boos maken op het bedrijf
he could not get him to to have wrinkles on the forehead
hij kon hem er niet toe krijgen om rimpels op zijn voorhoofd te krijgen
he could not make Siddhartha sleep badly
hij kon Siddhartha niet slecht laten slapen

one day, Kamaswami tried to speak with Siddhartha
op een dag probeerde Kamaswami met Siddhartha te praten
"Siddhartha, you have failed to learn anything new"
"Siddhartha, je hebt niets nieuws geleerd"
but again, Siddhartha laughed at this
maar nogmaals, Siddhartha lachte hierom
"Would you please not kid me with such jokes"
"Zou je me alsjeblieft niet voor de gek willen houden met zulke grappen?"
"What I've learned from you is how much a basket of fish costs"
"Wat ik van jou heb geleerd is hoeveel een mandje vis kost"
"and I learned how much interest may be charged on loaned money"
"en ik leerde hoeveel rente er over geleend geld gerekend kan worden"
"These are your areas of expertise"
"Dit zijn jouw expertisegebieden"
"I haven't learned to think from you, my dear Kamaswami"

"als ik ooit terugkom, zullen vriendelijke mensen mij verwelkomen"
"if I return to do business friendly people will welcome me too"
"Als ik terugkom om zaken te doen, zullen vriendelijke mensen mij ook verwelkomen"
"I praise myself for not showing any hurry or displeasure"
"Ik prijs mezelf omdat ik geen haast of ongenoegen heb getoond"
"So, leave it as it is, my friend"
"Laat het dus zoals het is, mijn vriend"
"and don't harm yourself by scolding"
"en doe jezelf geen kwaad door te schelden"
"If you see Siddhartha harming himself, then speak with me"
"Als je ziet dat Siddhartha zichzelf pijn doet, spreek dan met mij"
"and Siddhartha will go on his own path"
"en Siddhartha zal zijn eigen pad volgen"
"But until then, let's be satisfied with one another"
"Maar laten we tot die tijd tevreden zijn met elkaar"
the merchant's attempts to convince Siddhartha were futile
De pogingen van de koopman om Siddhartha te overtuigen waren vruchteloos
he could not make Siddhartha eat his bread
hij kon Siddhartha niet dwingen zijn brood te eten
Siddhartha ate his own bread
Siddhartha at zijn eigen brood
or rather, they both ate other people's bread
of beter gezegd, ze aten allebei andermans brood
Siddhartha never listened to Kamaswami's worries
Siddhartha luisterde nooit naar Kamaswami's zorgen
and Kamaswami had many worries he wanted to share
en Kamaswami had veel zorgen die hij wilde delen
there were business-deals going on in danger of failing
er waren zakendeals gaande die dreigden te mislukken

"Ik heb niet van jou geleerd hoe ik moet denken, mijn lieve Kamaswami"
"you ought to be the one seeking to learn from me"
"jij zou degene moeten zijn die van mij wil leren"
Indeed his soul was not with the trade
Zijn ziel lag inderdaad niet bij de handel
The business was good enough to provide him with money for Kamala
De zaak was goed genoeg om hem geld te verschaffen voor Kamala
and it earned him much more than he needed
en het leverde hem veel meer op dan hij nodig had
Besides Kamala, Siddhartha's curiosity was with the people
Naast Kamala was Siddhartha's nieuwsgierigheid gericht op de mensen
their businesses, crafts, worries, and pleasures
hun bedrijven, ambachten, zorgen en genoegens
all these things used to be alien to him
al deze dingen waren hem vroeger vreemd
their acts of foolishness used to be as distant as the moon
hun dwaze daden waren vroeger zo ver weg als de maan
he easily succeeded in talking to all of them
het lukte hem gemakkelijk om met hen allen te praten
he could live with all of them
hij zou met ze allemaal kunnen leven
and he could continue to learn from all of them
en hij kon van hen allemaal blijven leren
but there was something which separated him from them
maar er was iets dat hem van hen scheidde
he could feel a divide between him and the people
hij kon een kloof voelen tussen hem en de mensen
this separating factor was him being a Samana
Deze scheidende factor was dat hij een Samana was
He saw mankind going through life in a childlike manner
Hij zag de mensheid op een kinderlijke manier door het leven gaan

in many ways they were living the way animals live
in veel opzichten leefden ze op de manier waarop dieren leven
he loved and also despised their way of life
hij hield van hun manier van leven en verachtte ze ook
He saw them toiling and suffering
Hij zag ze zwoegen en lijden
they were becoming gray for things unworthy of this price
ze werden grijs voor dingen die deze prijs niet waard waren
they did things for money and little pleasures
ze deden dingen voor geld en kleine genoegens
they did things for being slightly honoured
ze deden dingen om enigszins geëerd te worden
he saw them scolding and insulting each other
hij zag ze elkaar uitschelden en beledigen
he saw them complaining about pain
hij zag ze klagen over pijn
pains at which a Samana would only smile
pijnen waar een Samana alleen maar om zou lachen
and he saw them suffering from deprivations
en hij zag hen lijden onder ontberingen
deprivations which a Samana would not feel
ontberingen die een Samana niet zou voelen
He was open to everything these people brought his way
Hij stond open voor alles wat deze mensen hem brachten
welcome was the merchant who offered him linen for sale
welkom was de koopman die hem linnen te koop aanbood
welcome was the debtor who sought another loan
welkom was de schuldenaar die een andere lening zocht
welcome was the beggar who told him the story of his poverty
welkom was de bedelaar die hem het verhaal van zijn armoede vertelde
the beggar who was not half as poor as any Samana
de bedelaar die niet half zo arm was als welke Samana dan ook
He did not treat the rich merchant and his servant different

Hij behandelde de rijke koopman en zijn dienaar niet anders
he let street-vendor cheat him when buying bananas
hij liet zich door een straatverkoper bedriegen bij het kopen van bananen
Kamaswami would often complain to him about his worries
Kamaswami klaagde vaak bij hem over zijn zorgen
or he would reproach him about his business
of hij zou hem verwijten maken over zijn zaken
he listened curiously and happily
hij luisterde nieuwsgierig en blij
but he was puzzled by his friend
maar hij was in de war door zijn vriend
he tried to understand him
hij probeerde hem te begrijpen
and he admitted he was right, up to a certain point
en hij gaf toe dat hij gelijk had, tot op zekere hoogte
there were many who asked for Siddhartha
er waren velen die om Siddhartha vroegen
many wanted to do business with him
velen wilden zaken met hem doen
there were many who wanted to cheat him
er waren er velen die hem wilden bedriegen
many wanted to draw some secret out of him
velen wilden een geheim uit hem ontfutselen
many wanted to appeal to his sympathy
velen wilden een beroep doen op zijn sympathie
many wanted to get his advice
velen wilden zijn advies inwinnen
He gave advice to those who wanted it
Hij gaf advies aan degenen die dat wilden
he pitied those who needed pity
Hij had medelijden met degenen die medelijden nodig hadden
he made gifts to those who liked presents
hij gaf geschenken aan degenen die van geschenken hielden
he let some cheat him a bit
hij liet zich een beetje bedriegen

this game which all people played occupied his thoughts
dit spel dat alle mensen speelden, hield zijn gedachten bezig
he thought about this game just as much as he had about the Gods
hij dacht net zoveel aan dit spel als aan de goden
deep in his chest he felt a dying voice
diep in zijn borst voelde hij een stervende stem
this voice admonished him quietly
deze stem vermaande hem zachtjes
and he hardly perceived the voice inside of himself
en hij hoorde nauwelijks de stem in zichzelf
And then, for an hour, he became aware of something
En toen werd hij zich een uur lang bewust van iets
he became aware of the strange life he was leading
hij werd zich bewust van het vreemde leven dat hij leidde
he realized this life was only a game
hij realiseerde zich dat dit leven slechts een spel was
at times he would feel happiness and joy
soms voelde hij geluk en vreugde
but real life was still passing him by
maar het echte leven ging nog steeds aan hem voorbij
and it was passing by without touching him
en het ging voorbij zonder hem aan te raken
Siddhartha played with his business-deals
Siddhartha speelde met zijn zakendeals
Siddhartha found amusement in the people around him
Siddhartha vond vermaak in de mensen om hem heen
but regarding his heart, he was not with them
maar wat zijn hart betreft, hij was niet bij hen
The source ran somewhere, far away from him
De bron liep ergens, ver weg van hem
it ran and ran invisibly
het rende en rende onzichtbaar
it had nothing to do with his life any more
het had niets meer met zijn leven te maken

at several times he became scared on account of such thoughts
meerdere malen werd hij bang door zulke gedachten
he wished he could participate in all of these childlike games
hij wenste dat hij aan al deze kinderlijke spelletjes kon deelnemen
he wanted to really live
hij wilde echt leven
he wanted to really act in their theatre
hij wilde echt acteren in hun theater
he wanted to really enjoy their pleasures
hij wilde echt genieten van hun genoegens
and he wanted to live, instead of just standing by as a spectator
en hij wilde leven, in plaats van alleen maar als toeschouwer te staan

But again and again, he came back to beautiful Kamala
Maar steeds weer kwam hij terug naar de mooie Kamala
he learned the art of love
hij leerde de kunst van de liefde
and he practised the cult of lust
en hij beoefende de cultus van lust
lust, in which giving and taking becomes one
lust, waarin geven en nemen één worden
he chatted with her and learned from her
hij praatte met haar en leerde van haar
he gave her advice, and he received her advice
hij gaf haar advies, en hij ontving haar advies
She understood him better than Govinda used to understand him
Ze begreep hem beter dan Govinda hem vroeger begreep
she was more similar to him than Govinda had been
ze leek meer op hem dan Govinda was geweest
"You are like me," he said to her

"Jij bent net als ik," zei hij tegen haar
"you are different from most people"
"jij bent anders dan de meeste mensen"
"You are Kamala, nothing else"
"Jij bent Kamala, niets anders"
"and inside of you, there is a peace and refuge"
"en in jou is er vrede en toevlucht"
"a refuge to which you can go at every hour of the day"
"een toevluchtsoord waar je op elk uur van de dag terecht kunt"
"you can be at home with yourself"
"je kunt thuis zijn bij jezelf"
"I can do this too"
"Ik kan dit ook"
"Few people have this place"
"Weinig mensen hebben deze plek"
"and yet all of them could have it"
"en toch konden ze het allemaal hebben"
"Not all people are smart" said Kamala
"Niet alle mensen zijn slim", zei Kamala
"No," said Siddhartha, "that's not the reason why"
"Nee," zei Siddhartha, "dat is niet de reden waarom"
"Kamaswami is just as smart as I am"
"Kamaswami is net zo slim als ik"
"but he has no refuge in himself"
"maar hij heeft geen toevlucht in zichzelf"
"Others have it, although they have the minds of children"
"Anderen hebben het, hoewel ze de geest van een kind hebben"
"Most people, Kamala, are like a falling leaf"
"De meeste mensen, Kamala, zijn als een vallend blad"
"a leaf which is blown and is turning around through the air"
"een blad dat wordt geblazen en door de lucht draait"
"a leaf which wavers, and tumbles to the ground"
"een blad dat wankelt en op de grond valt"

"**But others, a few, are like stars**"
"Maar anderen, een paar, zijn als sterren"
"**they go on a fixed course**"
"ze volgen een vaste koers"
"**no wind reaches them**"
"geen wind bereikt hen"
"**in themselves they have their law and their course**"
"in zichzelf hebben ze hun wet en hun loop"
"**Among all the learned men I have met, there was one of this kind**"
"Onder alle geleerde mannen die ik heb ontmoet, was er één van dit soort"
"**he was a truly perfected one**"
"hij was een waarlijk volmaakt iemand"
"**I'll never be able to forget him**"
"Ik zal hem nooit kunnen vergeten"
"**It is that Gotama, the exalted one**"
"Het is die Gotama, de verhevene"
"**Thousands of followers are listening to his teachings every day**"
"Duizenden volgelingen luisteren elke dag naar zijn leringen"
"**they follow his instructions every hour**"
"ze volgen elk uur zijn instructies op"
"**but they are all falling leaves**"
"maar het zijn allemaal vallende bladeren"
"**not in themselves they have teachings and a law**"
"Ze hebben geen leringen en wetten in zichzelf"
Kamala looked at him with a smile
Kamala keek hem met een glimlach aan
"**Again, you're talking about him,**" she said
"Weer heb je het over hem," zei ze
"**again, you're having a Samana's thoughts**"
"opnieuw heb je de gedachten van een Samana"
Siddhartha said nothing, and they played the game of love
Siddhartha zei niets en ze speelden het spel van de liefde
one of the thirty or forty different games Kamala knew

een van de dertig of veertig verschillende spellen die Kamala
kende
Her body was flexible like that of a jaguar
Haar lichaam was flexibel als dat van een jaguar
flexible like the bow of a hunter
flexibel als de boog van een jager
he who had learned from her how to make love
hij die van haar had geleerd hoe hij de liefde moest bedrijven
he was knowledgeable of many forms of lust
hij kende vele vormen van lust
he that learned from her knew many secrets
hij die van haar leerde kende veel geheimen
For a long time, she played with Siddhartha
Ze speelde lange tijd met Siddhartha
she enticed him and rejected him
ze verleidde hem en wees hem af
she forced him and embraced him
ze dwong hem en omhelsde hem
she enjoyed his masterful skills
ze genoot van zijn meesterlijke vaardigheden
until he was defeated and rested exhausted by her side
totdat hij verslagen was en uitgeput aan haar zijde lag
The courtesan bent over him
De courtisane boog zich over hem heen
she took a long look at his face
ze keek lang naar zijn gezicht
she looked at his eyes, which had grown tired
ze keek naar zijn ogen, die moe waren geworden
"You are the best lover I have ever seen" she said thoughtfully
"Jij bent de beste minnaar die ik ooit heb gezien", zei ze peinzend.
"You're stronger than others, more supple, more willing"
"Je bent sterker dan anderen, soepeler, bereidwilliger"
"You've learned my art well, Siddhartha"
"Je hebt mijn kunst goed geleerd, Siddhartha"

"At some time, when I'll be older, I'd want to bear your child"
"Op een dag, als ik ouder ben, wil ik jouw kind baren"
"And yet, my dear, you've remained a Samana"
"En toch, mijn liefste, ben je een Samana gebleven"
"and despite this, you do not love me"
"en ondanks dit, hou je niet van mij"
"there is nobody that you love"
"Er is niemand van wie je houdt"
"Isn't it so?" asked Kamala
"Is dat niet zo?" vroeg Kamala
"It might very well be so," Siddhartha said tiredly
"Dat zou heel goed kunnen", zei Siddhartha vermoeid.
"I am like you, because you also do not love"
"Ik ben net als jij, want jij houdt ook niet van"
"how else could you practise love as a craft?"
"Hoe kun je anders liefde als ambacht beoefenen?"
"Perhaps, people of our kind can't love"
"Misschien kunnen mensen van onze soort niet liefhebben"
"The childlike people can love, that's their secret"
"Kinderlijke mensen kunnen liefhebben, dat is hun geheim"

Sansara

For a long time, Siddhartha had lived in the world and lust
Siddhartha leefde lange tijd in de wereld en lust
he lived this way though, without being a part of it
hij leefde echter op deze manier, zonder er deel van uit te maken
he had killed this off when he had been a Samana
hij had dit gedood toen hij een Samana was
but now they had awoken again
maar nu waren ze weer wakker geworden
he had tasted riches, lust, and power
hij had rijkdom, lust en macht geproefd
for a long time he had remained a Samana in his heart
lange tijd was hij in zijn hart een Samana gebleven
Kamala, being smart, had realized this quite right
Kamala, slim als ze was, had dit heel goed begrepen
thinking, waiting, and fasting still guided his life
denken, wachten en vasten leidden nog steeds zijn leven
the childlike people remained alien to him
de kinderlijke mensen bleven hem vreemd
and he remained alien to the childlike people
en hij bleef vreemd voor de kinderlijke mensen
Years passed by; surrounded by the good life
Jaren gingen voorbij; omringd door het goede leven
Siddhartha hardly felt the years fading away
Siddhartha voelde nauwelijks dat de jaren verstreken
He had become rich and possessed a house of his own
Hij was rijk geworden en bezat een eigen huis
he even had his own servants
hij had zelfs zijn eigen dienaren
he had a garden before the city, by the river
hij had een tuin voor de stad, aan de rivier
The people liked him and came to him for money or advice
De mensen mochten hem graag en kwamen naar hem toe voor geld of advies

but there was nobody close to him, except Kamala
maar er was niemand dichtbij hem, behalve Kamala
the bright state of being awake
de heldere staat van wakker zijn
the feeling which he had experienced at the height of his youth
het gevoel dat hij op het hoogtepunt van zijn jeugd had ervaren
in those days after Gotama's sermon
in die dagen na de preek van Gotama
after the separation from Govinda
na de scheiding van Govinda
the tense expectation of life
de gespannen verwachting van het leven
the proud state of standing alone
de trotse staat van alleen staan
being without teachings or teachers
zonder leringen of leraren zijn
the supple willingness to listen to the divine voice in his own heart
de soepele bereidheid om te luisteren naar de goddelijke stem in zijn eigen hart
all these things had slowly become a memory
al deze dingen waren langzaam een herinnering geworden
the memory had been fleeting, distant, and quiet
de herinnering was vluchtig, ver weg en stil geweest
the holy source, which used to be near, now only murmured
de heilige bron, die vroeger dichtbij was, mompelde nu alleen nog maar
the holy source, which used to murmur within himself
de heilige bron, die vroeger in hemzelf murmelde
Nevertheless, many things he had learned from the Samanas
Niettemin had hij veel geleerd van de Samana's
he had learned from Gotama
hij had geleerd van Gotama
he had learned from his father the Brahman

hij had van zijn vader de Brahman geleerd
his father had remained within his being for a long time
zijn vader was nog lang in zijn wezen gebleven
moderate living, the joy of thinking, hours of meditation
gematigd leven, de vreugde van het denken, uren van meditatie
the secret knowledge of the self; his eternal entity
de geheime kennis van het zelf; zijn eeuwige wezen
the self which is neither body nor consciousness
het zelf dat noch lichaam noch bewustzijn is
Many a part of this he still had
Veel van dit alles had hij nog in zijn bezit
but one part after another had been submerged
maar het ene na het andere deel was ondergedompeld
and eventually each part gathered dust
en uiteindelijk verzamelde elk onderdeel stof
a potter's wheel, once in motion, will turn for a long time
een pottenbakkerswiel zal, als het eenmaal in beweging is, lang blijven draaien
it loses its vigour only slowly
het verliest zijn kracht slechts langzaam
and it comes to a stop only after time
en het stopt pas na verloop van tijd
Siddhartha's soul had kept on turning the wheel of asceticism
Siddhartha's ziel bleef het wiel van ascese draaien
the wheel of thinking had kept turning for a long time
het wiel van het denken draaide al een hele tijd door
the wheel of differentiation had still turned for a long time
het wiel van de differentiatie draaide nog lang
but it turned slowly and hesitantly
maar het draaide zich langzaam en aarzelend om
and it was close to coming to a standstill
en het was bijna tot stilstand gekomen
Slowly, like humidity entering the dying stem of a tree

Langzaam, als vocht dat de stervende stam van een boom binnendringt
filling the stem slowly and making it rot
de stengel langzaam vullen en laten rotten
the world and sloth had entered Siddhartha's soul
de wereld en de luiheid waren Siddhartha's ziel binnengedrongen
slowly it filled his soul and made it heavy
langzaam vulde het zijn ziel en maakte het zwaar
it made his soul tired and put it to sleep
het maakte zijn ziel moe en deed hem in slaap vallen
On the other hand, his senses had become alive
Aan de andere kant waren zijn zintuigen tot leven gekomen
there was much his senses had learned
er was veel dat zijn zintuigen hadden geleerd
there was much his senses had experienced
er was veel dat zijn zintuigen hadden ervaren
Siddhartha had learned to trade
Siddhartha had geleerd te handelen
he had learned how to use his power over people
hij had geleerd hoe hij zijn macht over mensen kon gebruiken
he had learned how to enjoy himself with a woman
hij had geleerd hoe hij plezier kon hebben met een vrouw
he had learned how to wear beautiful clothes
hij had geleerd hoe hij mooie kleren moest dragen
he had learned how to give orders to servants
hij had geleerd hoe hij bevelen moest geven aan dienaren
he had learned how to bathe in perfumed waters
hij had geleerd hoe hij in geparfumeerd water moest baden
He had learned how to eat tenderly and carefully prepared food
Hij had geleerd hoe hij zacht en zorgvuldig bereid voedsel kon eten
he even ate fish, meat, and poultry
hij at zelfs vis, vlees en gevogelte

spices and sweets and wine, which causes sloth and forgetfulness
specerijen en zoetigheden en wijn, die luiheid en vergeetachtigheid veroorzaken
He had learned to play with dice and on a chess-board
Hij had leren spelen met dobbelstenen en op een schaakbord
he had learned to watch dancing girls
hij had geleerd om naar dansende meisjes te kijken
he learned to have himself carried about in a sedan-chair
hij leerde zichzelf te laten ronddragen in een draagstoel
he learned to sleep on a soft bed
hij leerde slapen op een zacht bed
But still he felt different from others
Maar toch voelde hij zich anders dan anderen
he still felt superior to the others
hij voelde zich nog steeds superieur aan de anderen
he always watched them with some mockery
hij keek er altijd met enige spot naar
there was always some mocking disdain to how he felt about them
er was altijd een zekere spottende minachting voor hoe hij over hen dacht
the same disdain a Samana feels for the people of the world
dezelfde minachting die een Samana voelt voor de mensen van de wereld

Kamaswami was ailing and felt annoyed
Kamaswami was ziek en voelde zich geïrriteerd
he felt insulted by Siddhartha
hij voelde zich beledigd door Siddhartha
and he was vexed by his worries as a merchant
en hij werd gekweld door zijn zorgen als koopman
Siddhartha had always watched these things with mockery
Siddhartha heeft deze dingen altijd met spot bekeken
but his mockery had become more tired
maar zijn spot was steeds vermoeider geworden

his superiority had become more quiet
zijn superioriteit was stiller geworden
as slowly imperceptible as the rainy season passing by
zo langzaam onmerkbaar als het voorbijtrekkende regenseizoen
slowly, Siddhartha had assumed something of the childlike people's ways
Langzaamaan had Siddhartha iets van de kinderlijke manieren van mensen overgenomen
he had gained some of their childishness
hij had iets van hun kinderlijkheid overgenomen
and he had gained some of their fearfulness
en hij had iets van hun angst gewonnen
And yet, the more be become like them the more he envied them
En toch, hoe meer hij op hen ging lijken, hoe meer hij hen benijdde.
He envied them for the one thing that was missing from him
Hij benijdde hen om het enige dat hem ontbrak
the importance they were able to attach to their lives
het belang dat ze aan hun leven konden hechten
the amount of passion in their joys and fears
de hoeveelheid passie in hun vreugde en angsten
the fearful but sweet happiness of being constantly in love
het angstaanjagende maar zoete geluk van voortdurend verliefd zijn
These people were in love with themselves all of the time
Deze mensen waren de hele tijd verliefd op zichzelf
women loved their children, with honours or money
vrouwen hielden van hun kinderen, met eer of geld
the men loved themselves with plans or hopes
de mannen hielden van zichzelf met plannen of hoop
But he did not learn this from them
Maar hij heeft dit niet van hen geleerd
he did not learn the joy of children
hij heeft de vreugde van kinderen niet geleerd

and he did not learn their foolishness
en hij leerde hun dwaasheid niet
what he mostly learned were their unpleasant things
wat hij vooral leerde waren hun onaangename dingen
and he despised these things
en hij verachtte deze dingen
in the morning, after having had company
's morgens, na bezoek te hebben gehad
more and more he stayed in bed for a long time
hij bleef steeds langer in bed liggen
he felt unable to think, and was tired
hij voelde zich niet in staat om te denken en was moe
he became angry and impatient when Kamaswami bored him with his worries
hij werd boos en ongeduldig toen Kamaswami hem verveelde met zijn zorgen
he laughed just too loud when he lost a game of dice
hij lachte net iets te hard toen hij een dobbelspel verloor
His face was still smarter and more spiritual than others
Zijn gezicht was nog steeds slimmer en spiritueler dan dat van anderen
but his face rarely laughed anymore
maar zijn gezicht lachte zelden meer
slowly, his face assumed other features
Langzaam nam zijn gezicht andere trekken aan
the features often found in the faces of rich people
de kenmerken die vaak in de gezichten van rijke mensen voorkomen
features of discontent, of sickliness, of ill-humour
kenmerken van ontevredenheid, van ziekelijkheid, van slecht humeur
features of sloth, and of a lack of love
kenmerken van luiheid en gebrek aan liefde
the disease of the soul which rich people have
de ziekte van de ziel waaraan rijke mensen lijden
Slowly, this disease grabbed hold of him

Langzaam kreeg deze ziekte vat op hem
like a thin mist, tiredness came over Siddhartha
als een dunne mist kwam er vermoeidheid over Siddhartha
slowly, this mist got a bit denser every day
langzaam werd deze mist elke dag een beetje dichter
it got a bit murkier every month
het werd elke maand een beetje troebeler
and every year it got a bit heavier
en elk jaar werd het een beetje zwaarder
dresses become old with time
jurken worden oud met de tijd
clothes lose their beautiful colour over time
kleding verliest na verloop van tijd zijn mooie kleur
they get stains, wrinkles, worn off at the seams
ze krijgen vlekken, rimpels, slijtage aan de naden
they start to show threadbare spots here and there
ze beginnen hier en daar kale plekken te vertonen
this is how Siddhartha's new life was
zo verliep het nieuwe leven van Siddhartha
the life which he had started after his separation from Govinda
het leven dat hij begon na zijn scheiding van Govinda
his life had grown old and lost colour
zijn leven was oud geworden en zijn kleur verloren
there was less splendour to it as the years passed by
er was minder pracht aan naarmate de jaren verstreken
his life was gathering wrinkles and stains
zijn leven kreeg rimpels en vlekken
and hidden at bottom, disappointment and disgust were waiting
en verborgen in de bodem wachtten teleurstelling en walging
they were showing their ugliness
ze lieten hun lelijkheid zien
Siddhartha did not notice these things
Siddhartha merkte deze dingen niet op
he remembered the bright and reliable voice inside of him

hij herinnerde zich de heldere en betrouwbare stem in hem
he noticed the voice had become silent
hij merkte dat de stem stil was geworden
the voice which had awoken in him at that time
de stem die op dat moment in hem was ontwaakt
the voice that had guided him in his best times
de stem die hem in zijn beste tijden had geleid
he had been captured by the world
hij was gevangen genomen door de wereld
he had been captured by lust, covetousness, sloth
hij was gevangen door lust, hebzucht en luiheid
and finally he had been captured by his most despised vice
en uiteindelijk werd hij gevangen genomen door zijn meest verachte ondeugd
the vice which he mocked the most
de ondeugd waar hij het meest de spot mee dreef
the most foolish one of all vices
de meest dwaze van alle ondeugden
he had let greed into his heart
hij had hebzucht in zijn hart toegelaten
Property, possessions, and riches also had finally captured him
Eigendommen, bezittingen en rijkdommen hadden hem uiteindelijk ook in hun greep gekregen
having things was no longer a game to him
Dingen hebben was voor hem geen spel meer
his possessions had become a shackle and a burden
zijn bezittingen waren een belemmering en een last geworden
It had happened in a strange and devious way
Het was op een vreemde en sluwe manier gebeurd
Siddhartha had gotten this vice from the game of dice
Siddhartha had deze ondeugd gekregen van het dobbelspel
he had stopped being a Samana in his heart
hij was in zijn hart gestopt een Samana te zijn
and then he began to play the game for money
en toen begon hij het spel voor geld te spelen

first he joined the game with a smile
eerst deed hij met een glimlach mee aan het spel
at this time he only played casually
op dat moment speelde hij alleen maar af en toe
he wanted to join the customs of the childlike people
hij wilde zich aansluiten bij de gewoonten van de kinderlijke mensen
but now he played with an increasing rage and passion
maar nu speelde hij met een toenemende woede en passie
He was a feared gambler among the other merchants
Hij was een gevreesde gokker onder de andere handelaren
his stakes were so audacious that few dared to take him on
zijn inzet was zo gewaagd dat weinigen het aandurfden hem uit te dagen
He played the game due to a pain of his heart
Hij speelde het spel vanwege een pijn in zijn hart
losing and wasting his wretched money brought him an angry joy
het verliezen en verspillen van zijn ellendige geld bracht hem een boze vreugde
he could demonstrate his disdain for wealth in no other way
hij kon zijn minachting voor rijkdom op geen enkele andere manier demonstreren
he could not mock the merchants' false god in a better way
hij kon de valse god van de kooplieden niet op een betere manier bespotten
so he gambled with high stakes
dus hij gokte met hoge inzetten
he mercilessly hated himself and mocked himself
hij haatte zichzelf genadeloos en bespotte zichzelf
he won thousands, threw away thousands
hij won duizenden, gooide duizenden weg
he lost money, jewellery, a house in the country
hij verloor geld, juwelen, een huis op het platteland
he won it again, and then he lost again
hij won het opnieuw, en toen verloor hij opnieuw

he loved the fear he felt while he was rolling the dice
hij hield van de angst die hij voelde terwijl hij de dobbelstenen gooide
he loved feeling worried about losing what he gambled
hij hield ervan zich zorgen te maken over het verliezen van wat hij had gegokt
he always wanted to get this fear to a slightly higher level
hij wilde deze angst altijd naar een iets hoger niveau tillen
he only felt something like happiness when he felt this fear
hij voelde alleen iets als geluk toen hij deze angst voelde
it was something like an intoxication
het was zoiets als een dronkenschap
something like an elevated form of life
iets als een verheven levensvorm
something brighter in the midst of his dull life
iets vrolijkers te midden van zijn saaie leven
And after each big loss, his mind was set on new riches
En na elk groot verlies was zijn geest gericht op nieuwe rijkdom
he pursued the trade more zealously
hij zette de handel ijveriger voort
he forced his debtors more strictly to pay
hij dwong zijn schuldenaren strenger te betalen
because he wanted to continue gambling
omdat hij wilde blijven gokken
he wanted to continue squandering
hij wilde doorgaan met verspillen
he wanted to continue demonstrating his disdain of wealth
hij wilde zijn minachting voor rijkdom blijven tonen
Siddhartha lost his calmness when losses occurred
Siddhartha verloor zijn kalmte toen er verliezen optraden
he lost his patience when he was not paid on time
hij verloor zijn geduld toen hij niet op tijd werd betaald
he lost his kindness towards beggars
hij verloor zijn vriendelijkheid tegenover bedelaars
He gambled away tens of thousands at one roll of the dice

Hij vergokte tienduizenden dollars met één worp van de dobbelstenen
he became more strict and more petty in his business
hij werd strenger en kleinzieliger in zijn zaken
occasionally, he was dreaming at night about money!
af en toe droomde hij 's nachts over geld!
whenever he woke up from this ugly spell, he continued fleeing
telkens wanneer hij ontwaakte uit deze lelijke vloek, bleef hij vluchten
whenever he found his face in the mirror to have aged, he found a new game
telkens wanneer hij in de spiegel zag dat zijn gezicht ouder was geworden, vond hij een nieuw spel
whenever embarrassment and disgust came over him, he numbed his mind
telkens wanneer schaamte en walging hem overvielen, verdoofde hij zijn geest
he numbed his mind with sex and wine
hij verdoofde zijn geest met seks en wijn
and from there he fled back into the urge to pile up and obtain possessions
en vandaaruit vluchtte hij terug in de drang om bezittingen op te stapelen en te verkrijgen
In this pointless cycle he ran
In deze zinloze cyclus rende hij
from his life he grow tired, old, and ill
van zijn leven wordt hij moe, oud en ziek

Then the time came when a dream warned him
Toen kwam de tijd dat een droom hem waarschuwde
He had spent the hours of the evening with Kamala
Hij had de uren van de avond met Kamala doorgebracht
he had been in her beautiful pleasure-garden
hij was in haar prachtige lusttuin geweest
They had been sitting under the trees, talking

Ze zaten onder de bomen te praten
and Kamala had said thoughtful words
en Kamala had bedachtzame woorden gezegd
words behind which a sadness and tiredness lay hidden
woorden waarachter een verdriet en vermoeidheid schuilgaan
She had asked him to tell her about Gotama
Ze had hem gevraagd haar over Gotama te vertellen
she could not hear enough of him
ze kon niet genoeg van hem horen
she loved how clear his eyes were
ze hield ervan hoe helder zijn ogen waren
she loved how still and beautiful his mouth was
ze hield ervan hoe stil en mooi zijn mond was
she loved the kindness of his smile
ze hield van de vriendelijkheid van zijn glimlach
she loved how peaceful his walk had been
ze hield ervan hoe vredig zijn wandeling was geweest
For a long time, he had to tell her about the exalted Buddha
Hij moest haar lange tijd vertellen over de verheven Boeddha
and Kamala had sighed, and spoke
en Kamala had gezucht en gesproken
"One day, perhaps soon, I'll also follow that Buddha"
"Op een dag, misschien binnenkort, zal ik ook die Boeddha volgen"
"I'll give him my pleasure-garden for a gift"
"Ik zal hem mijn lusttuin cadeau doen"
"and I will take my refuge in his teachings"
"en ik zal mijn toevlucht nemen tot zijn leringen"
But after this, she had aroused him
Maar hierna had ze hem opgewonden
she had tied him to her in the act of making love
ze had hem aan haar vastgebonden tijdens het vrijen
with painful fervour, biting and in tears
met pijnlijke hartstocht, bijtend en in tranen
it was as if she wanted to squeeze the last sweet drop out of this wine

het was alsof ze de laatste zoete druppel uit deze wijn wilde persen
Never before had it become so strangely clear to Siddhartha
Nooit eerder was het Siddhartha zo vreemd duidelijk geworden
he felt how close lust was akin to death
hij voelde hoe dicht lust bij de dood lag
he laid by her side, and Kamala's face was close to him
hij lag naast haar, en Kamala's gezicht was dicht bij hem
under her eyes and next to the corners of her mouth
onder haar ogen en naast de hoeken van haar mond
it was as clear as never before
het was zo helder als nooit tevoren
there read a fearful inscription
daar stond een angstaanjagend opschrift
an inscription of small lines and slight grooves
een inscriptie van kleine lijnen en lichte groeven
an inscription reminiscent of autumn and old age
een inscriptie die doet denken aan de herfst en de ouderdom
here and there, gray hairs among his black ones
hier en daar, grijze haren tussen zijn zwarte
Siddhartha himself, who was only in his forties, noticed the same thing
Siddhartha zelf, die pas in de veertig was, merkte hetzelfde op
Tiredness was written on Kamala's beautiful face
Vermoeidheid was te lezen op Kamala's mooie gezicht
tiredness from walking a long path
vermoeidheid door het lopen van een lange weg
a path which has no happy destination
een pad dat geen gelukkige bestemming heeft
tiredness and the beginning of withering
vermoeidheid en het begin van verwelking
fear of old age, autumn, and having to die
angst voor ouderdom, de herfst en het moeten sterven
With a sigh, he had bid his farewell to her
Met een zucht had hij afscheid van haar genomen

the soul full of reluctance, and full of concealed anxiety
de ziel vol tegenzin en vol verborgen angst

Siddhartha had spent the night in his house with dancing girls
Siddhartha had de nacht doorgebracht in zijn huis met danseressen
he acted as if he was superior to them
hij deed alsof hij superieur was aan hen
he acted superior towards the fellow-members of his caste
hij gedroeg zich superieur tegenover de medeleden van zijn kaste
but this was no longer true
maar dit was niet langer waar
he had drunk much wine that night
hij had die nacht veel wijn gedronken
and he went to bed a long time after midnight
en hij ging lang na middernacht naar bed
tired and yet excited, close to weeping and despair
moe en toch opgewonden, bijna huilend en wanhopig
for a long time he sought to sleep, but it was in vain
hij probeerde lange tijd te slapen, maar het was tevergeefs
his heart was full of misery
zijn hart was vol ellende
he thought he could not bear any longer
hij dacht dat hij het niet langer kon verdragen
he was full of a disgust, which he felt penetrating his entire body
hij was vervuld van een afkeer, die hij door zijn hele lichaam voelde dringen
like the lukewarm repulsive taste of the wine
zoals de lauwe, weerzinwekkende smaak van de wijn
the dull music was a little too happy
de saaie muziek was een beetje te vrolijk
the smile of the dancing girls was a little too soft
de glimlach van de dansende meisjes was iets te zacht

the scent of their hair and breasts was a little too sweet
de geur van hun haar en borsten was een beetje te zoet
But more than by anything else, he was disgusted by himself
Maar meer dan om wat dan ook, walgde hij van zichzelf
he was disgusted by his perfumed hair
hij walgde van zijn geparfumeerde haar
he was disgusted by the smell of wine from his mouth
hij walgde van de geur van wijn uit zijn mond
he was disgusted by the listlessness of his skin
hij walgde van de lusteloosheid van zijn huid
Like when someone who has eaten and drunk far too much
Zoals wanneer iemand veel te veel heeft gegeten en gedronken
they vomit it back up again with agonising pain
ze spugen het weer uit met verschrikkelijke pijn
but they feel relieved by the vomiting
maar ze voelen zich opgelucht door het braken
this sleepless man wished to free himself of these pleasures
deze slapeloze man wilde zich bevrijden van deze genoegens
he wanted to be rid of these habits
hij wilde van deze gewoontes af
he wanted to escape all of this pointless life
hij wilde ontsnappen aan al dit zinloze leven
and he wanted to escape from himself
en hij wilde aan zichzelf ontsnappen
it wasn't until the light of the morning when he had slightly fallen sleep
het was pas bij het ochtendlicht dat hij een beetje in slaap was gevallen
the first activities in the street were already beginning
de eerste activiteiten in de straat begonnen al
for a few moments he had found a hint of sleep
een paar momenten lang had hij een zweem van slaap gevonden
In those moments, he had a dream

In die momenten had hij een droom
Kamala owned a small, rare singing bird in a golden cage
Kamala bezat een kleine, zeldzame zingende vogel in een gouden kooi
it always sung to him in the morning
het zong altijd 's ochtends voor hem
but then he dreamt this bird had become mute
maar toen droomde hij dat deze vogel stom was geworden
since this arose his attention, he stepped in front of the cage
toen dit zijn aandacht trok, stapte hij voor de kooi
he looked at the bird inside the cage
hij keek naar de vogel in de kooi
the small bird was dead, and lay stiff on the ground
het vogeltje was dood en lag stijf op de grond
He took the dead bird out of its cage
Hij haalde de dode vogel uit zijn kooi
he took a moment to weigh the dead bird in his hand
hij nam een moment om de dode vogel in zijn hand te wegen
and then threw it away, out in the street
en gooide het toen weg, op straat
in the same moment he felt terribly shocked
op hetzelfde moment voelde hij zich vreselijk geschokt
his heart hurt as if he had thrown away all value
zijn hart deed pijn alsof hij alle waarde had weggegooid
everything good had been inside of this dead bird
al het goede zat in deze dode vogel
Starting up from this dream, he felt encompassed by a deep sadness
Toen hij uit deze droom begon, voelde hij zich omgeven door een diepe droefheid
everything seemed worthless to him
alles leek hem waardeloos
worthless and pointless was the way he had been going through life
waardeloos en zinloos was de manier waarop hij door het leven ging

nothing which was alive was left in his hands
niets dat nog leefde bleef in zijn handen achter
nothing which was in some way delicious could be kept
niets dat op enigerlei wijze heerlijk was, kon bewaard worden
nothing worth keeping would stay
niets dat de moeite waard is om te behouden zou blijven
alone he stood there, empty like a castaway on the shore
alleen stond hij daar, leeg als een schipbreukeling op de kust

With a gloomy mind, Siddhartha went to his pleasure-garden
Met een sombere geest ging Siddhartha naar zijn lusttuin
he locked the gate and sat down under a mango-tree
hij sloot de poort en ging onder een mangoboom zitten
he felt death in his heart and horror in his chest
hij voelde de dood in zijn hart en de afschuw in zijn borst
he sensed how everything died and withered in him
hij voelde hoe alles in hem stierf en verwelkte
By and by, he gathered his thoughts in his mind
Langzamerhand verzamelde hij zijn gedachten in zijn hoofd
once again, he went through the entire path of his life
opnieuw doorliep hij het hele pad van zijn leven
he started with the first days he could remember
hij begon met de eerste dagen die hij zich kon herinneren
When was there ever a time when he had felt a true bliss?
Wanneer heeft hij ooit een echt geluksgevoel gehad?
Oh yes, several times he had experienced such a thing
Ja hoor, hij had zoiets al meerdere keren meegemaakt
In his years as a boy he had had a taste of bliss
In zijn jaren als jongen had hij een voorproefje van geluk gehad
he had felt happiness in his heart when he obtained praise from the Brahmans
hij voelde geluk in zijn hart toen hij lof ontving van de brahmanen

"There is a path in front of the one who has distinguished himself"
"Er is een pad voor degene die zichzelf heeft onderscheiden"
he had felt bliss reciting the holy verses
hij voelde gelukzaligheid bij het reciteren van de heilige verzen
he had felt bliss disputing with the learned ones
hij had gelukzaligheid gevoeld door te discussiëren met de geleerden
he had felt bliss when he was an assistant in the offerings
Hij had gelukzaligheid gevoeld toen hij assistent was bij de offerandes
Then, he had felt it in his heart
Toen voelde hij het in zijn hart
"There is a path in front of you"
"Er is een pad voor je"
"you are destined for this path"
"jij bent voorbestemd voor dit pad"
"the gods are awaiting you"
"de goden wachten op je"
And again, as a young man, he had felt bliss
En opnieuw, als jongeman, had hij gelukzaligheid gevoeld
when his thoughts separated him from those thinking on the same things
toen zijn gedachten hem scheidden van degenen die over dezelfde dingen dachten
when he wrestled in pain for the purpose of Brahman
toen hij in pijn worstelde voor het doel van Brahman
when every obtained knowledge only kindled new thirst in him
toen elke verkregen kennis alleen maar nieuwe dorst in hem aanwakkerde
in the midst of the pain he felt this very same thing
te midden van de pijn voelde hij precies hetzelfde
"Go on! You are called upon!"
"Ga door! Je bent geroepen!"

He had heard this voice when he had left his home
Hij had deze stem gehoord toen hij zijn huis verliet
he heard heard this voice when he had chosen the life of a Samana
hij hoorde deze stem toen hij het leven van een Samana had gekozen
and again he heard this voice when left the Samanas
en opnieuw hoorde hij deze stem toen hij de Samanas verliet
he had heard the voice when he went to see the perfected one
hij had de stem gehoord toen hij de volmaakte ging zien
and when he had gone away from the perfected one, he had heard the voice
en toen hij van de volmaakte was weggegaan, had hij de stem gehoord
he had heard the voice when he went into the uncertain
hij had de stem gehoord toen hij de onzekere wereld inging
For how long had he not heard this voice anymore?
Hoe lang had hij deze stem al niet meer gehoord?
for how long had he reached no height anymore?
hoe lang bereikte hij al geen hoogte meer?
how even and dull was the manner in which he went through life?
hoe gelijkmatig en saai was de manier waarop hij door het leven ging?
for many long years without a high goal
gedurende vele lange jaren zonder een hoog doel
he had been without thirst or elevation
hij had geen dorst of verheffing gehad
he had been content with small lustful pleasures
hij was tevreden geweest met kleine lustvolle genoegens
and yet he was never satisfied!
en toch was hij nooit tevreden!
For all of these years he had tried hard to become like the others

Al die jaren had hij hard geprobeerd om net als de anderen te worden
he longed to be one of the childlike people
hij verlangde ernaar een van de kinderlijke mensen te zijn
but he didn't know that that was what he really wanted
maar hij wist niet dat dat was wat hij echt wilde
his life had been much more miserable and poorer than theirs
zijn leven was veel ellendiger en armer geweest dan het hunne
because their goals and worries were not his
omdat hun doelen en zorgen niet de zijne waren
the entire world of the Kamaswami-people had only been a game to him
de hele wereld van het Kamaswami-volk was voor hem slechts een spel geweest
their lives were a dance he would watch
hun levens waren een dans die hij zou bekijken
they performed a comedy he could amuse himself with
ze voerden een komedie op waar hij zich mee kon vermaken
Only Kamala had been dear and valuable to him
Alleen Kamala was dierbaar en waardevol voor hem geweest
but was she still valuable to him?
Maar was ze nog steeds waardevol voor hem?
Did he still need her?
Had hij haar nog nodig?
Or did she still need him?
Of had ze hem nog steeds nodig?
Did they not play a game without an ending?
Speelden ze niet een spel zonder einde?
Was it necessary to live for this?
Was het nodig om hiervoor te leven?
No, it was not necessary!
Nee, dat was niet nodig!
The name of this game was Sansara
De naam van dit spel was Sansara

a game for children which was perhaps enjoyable to play once
een spel voor kinderen dat misschien leuk was om ooit te spelen
maybe it could be played twice
misschien kan het twee keer gespeeld worden
perhaps you could play it ten times
misschien kun je het tien keer spelen
but should you play it for ever and ever?
maar moet je het dan voor altijd blijven spelen?
Then, Siddhartha knew that the game was over
Toen wist Siddhartha dat het spel voorbij was
he knew that he could not play it any more
hij wist dat hij het niet meer kon spelen
Shivers ran over his body and inside of him
Rillingen liepen over zijn lichaam en in hem
he felt that something had died
hij voelde dat er iets was gestorven

That entire day, he sat under the mango-tree
Die hele dag zat hij onder de mangoboom
he was thinking of his father
hij dacht aan zijn vader
he was thinking of Govinda
hij dacht aan Govinda
and he was thinking of Gotama
en hij dacht aan Gotama
Did he have to leave them to become a Kamaswami?
Moest hij hen verlaten om Kamaswami te worden?
He was still sitting there when the night had fallen
Hij zat er nog steeds toen de nacht viel
he caught sight of the stars, and thought to himself
hij zag de sterren en dacht bij zichzelf
"Here I'm sitting under my mango-tree in my pleasure-garden"
"Hier zit ik onder mijn mangoboom in mijn lusttuin"

He smiled a little to himself
Hij glimlachte een beetje in zichzelf
was it really necessary to own a garden?
Was het echt nodig om een tuin te hebben?
was it not a foolish game?
was het geen dwaas spelletje?
did he need to own a mango-tree?
moest hij een mangoboom hebben?
He also put an end to this
Hij maakte ook een einde aan dit
this also died in him
dit stierf ook in hem
He rose and bid his farewell to the mango-tree
Hij stond op en nam afscheid van de mangoboom
he bid his farewell to the pleasure-garden
hij nam afscheid van de lusttuin
Since he had been without food this day, he felt strong hunger
Omdat hij die dag geen eten had gehad, voelde hij een sterke honger
and he thought of his house in the city
en hij dacht aan zijn huis in de stad
he thought of his chamber and bed
hij dacht aan zijn kamer en bed
he thought of the table with the meals on it
hij dacht aan de tafel met de maaltijden erop
He smiled tiredly, shook himself, and bid his farewell to these things
Hij glimlachte vermoeid, schudde zichzelf en nam afscheid van deze dingen.
In the same hour of the night, Siddhartha left his garden
Op hetzelfde uur van de nacht verliet Siddhartha zijn tuin
he left the city and never came back
hij verliet de stad en kwam nooit meer terug

For a long time, Kamaswami had people look for him

Kamaswami liet mensen lange tijd naar hem zoeken
they thought he had fallen into the hands of robbers
ze dachten dat hij in handen van rovers was gevallen
Kamala had no one look for him
Kamala had niemand die naar hem zocht
she was not astonished by his disappearance
ze was niet verbaasd over zijn verdwijning
Did she not always expect it?
Had ze dat niet altijd verwacht?
Was he not a Samana?
Was hij geen Samana?
a man who was at home nowhere, a pilgrim
een man die nergens thuis was, een pelgrim
she had felt this the last time they had been together
ze had dit gevoeld de laatste keer dat ze samen waren geweest
she was happy despite all the pain of the loss
ze was gelukkig ondanks alle pijn van het verlies
she was happy she had been with him one last time
ze was blij dat ze voor de laatste keer bij hem was geweest
she was happy she had pulled him so affectionately to her heart
Ze was blij dat ze hem zo liefdevol aan haar hart had getrokken
she was happy she had felt completely possessed and penetrated by him
ze was blij dat ze zich volledig door hem bezeten en doordrongen had gevoeld
When she received the news, she went to the window
Toen ze het nieuws ontving, ging ze naar het raam
at the window she held a rare singing bird
bij het raam hield ze een zeldzame zingende vogel vast
the bird was held captive in a golden cage
de vogel werd gevangen gehouden in een gouden kooi
She opened the door of the cage
Ze opende de deur van de kooi
she took the bird out and let it fly

ze haalde de vogel eruit en liet hem vliegen
For a long time, she gazed after it
Ze staarde er lange tijd naar
From this day on, she received no more visitors
Vanaf die dag kreeg ze geen bezoek meer
and she kept her house locked
en ze hield haar huis op slot
But after some time, she became aware that she was pregnant
Maar na enige tijd werd ze zich ervan bewust dat ze zwanger was
she was pregnant from the last time she was with Siddhartha
ze was zwanger van de laatste keer dat ze bij Siddhartha was

By the River
Aan de rivier

Siddhartha walked through the forest
Siddhartha liep door het bos
he was already far from the city
hij was al ver van de stad
and he knew nothing but one thing
en hij wist niets anders dan één ding
there was no going back for him
er was geen weg terug voor hem
the life that he had lived for many years was over
het leven dat hij vele jaren had geleefd was voorbij
he had tasted all of this life
hij had al dit leven geproefd
he had sucked everything out of this life
hij had alles uit dit leven gezogen
until he was disgusted with it
totdat hij er een hekel aan kreeg
the singing bird he had dreamt of was dead
de zingende vogel waarvan hij droomde was dood
and the bird in his heart was dead too
en de vogel in zijn hart was ook dood
he had been deeply entangled in Sansara
hij was diep verstrikt in Sansara
he had sucked up disgust and death into his body
hij had walging en dood in zijn lichaam gezogen
like a sponge sucks up water until it is full
zoals een spons water opzuigt tot hij vol is
he was full of misery and death
hij was vol ellende en dood
there was nothing left in this world which could have attracted him
er was niets meer in deze wereld dat hem had kunnen aantrekken
nothing could have given him joy or comfort

niets had hem vreugde of troost kunnen schenken
he passionately wished to know nothing about himself anymore
hij wenste hartstochtelijk niets meer over zichzelf te weten
he wanted to have rest and be dead
hij wilde rust hebben en dood zijn
he wished there was a lightning-bolt to strike him dead!
Hij wenste dat de bliksem hem zou doden!
If there only was a tiger to devour him!
Als er nou maar een tijger was die hem kon verslinden!
If there only was a poisonous wine which would numb his senses
Als er maar een giftige wijn was die zijn zintuigen zou verdoven
a wine which brought him forgetfulness and sleep
een wijn die hem vergeetachtigheid en slaap bracht
a wine from which he wouldn't awake from
een wijn waar hij niet meer uit zou ontwaken
Was there still any kind of filth he had not soiled himself with?
Was er nog iets vies waar hij zich niet mee had bevuild?
was there a sin or foolish act he had not committed?
Was er een zonde of dwaze daad die hij niet had begaan?
was there a dreariness of the soul he didn't know?
Was er een somberheid in de ziel die hij niet kende?
was there anything he had not brought upon himself?
Was er iets wat hij niet zelf had veroorzaakt?
Was it still at all possible to be alive?
Was het überhaupt nog mogelijk om te leven?
Was it possible to breathe in again and again?
Was het mogelijk om steeds opnieuw in te ademen?
Could he still breathe out?
Kon hij nog ademen?
was he able to bear hunger?
kon hij honger verdragen?
was there any way to eat again?

Was er een mogelijkheid om weer te eten?
was it possible to sleep again?
Kon ik weer slapen?
could he sleep with a woman again?
kon hij weer met een vrouw slapen?
had this cycle not exhausted itself?
was deze cyclus niet uitgeput?
were things not brought to their conclusion?
werden de zaken niet tot een conclusie gebracht?

Siddhartha reached the large river in the forest
Siddhartha bereikte de grote rivier in het bos
it was the same river he crossed when he had still been a young man
het was dezelfde rivier die hij overstak toen hij nog een jonge man was
it was the same river he crossed from the town of Gotama
het was dezelfde rivier die hij overstak vanuit de stad Gotama
he remembered a ferryman who had taken him over the river
hij herinnerde zich een veerman die hem over de rivier had gebracht
By this river he stopped, and hesitantly he stood at the bank
Bij deze rivier bleef hij staan en aarzelend stond hij aan de oever
Tiredness and hunger had weakened him
Vermoeidheid en honger hadden hem verzwakt
"what should I walk on for?"
"waarom zou ik moeten doorlopen?"
"to what goal was there left to go?"
"Wat was het doel nog?"
No, there were no more goals
Nee, er waren geen doelpunten meer
there was nothing left but a painful yearning to shake off this dream

er bleef niets anders over dan een pijnlijk verlangen om deze droom van me af te schudden
he yearned to spit out this stale wine
hij verlangde ernaar deze muffe wijn uit te spugen
he wanted to put an end to this miserable and shameful life
hij wilde een einde maken aan dit ellendige en schandelijke leven
a coconut-tree bent over the bank of the river
een kokosnootboom gebogen over de oever van de rivier
Siddhartha leaned against its trunk with his shoulder
Siddhartha leunde met zijn schouder tegen de stam
he embraced the trunk with one arm
hij omvatte de stam met één arm
and he looked down into the green water
en hij keek naar beneden in het groene water
the water ran under him
het water stroomde onder hem door
he looked down and found himself to be entirely filled with the wish to let go
Hij keek naar beneden en merkte dat hij volledig vervuld was van de wens om los te laten
he wanted to drown in these waters
hij wilde verdrinken in deze wateren
the water reflected a frightening emptiness back at him
het water weerkaatste een angstaanjagende leegte naar hem terug
the water answered to the terrible emptiness in his soul
het water beantwoordde aan de verschrikkelijke leegte in zijn ziel
Yes, he had reached the end
Ja, hij had het einde bereikt
There was nothing left for him, except to annihilate himself
Er bleef hem niets anders over dan zichzelf te vernietigen
he wanted to smash the failure into which he had shaped his life

hij wilde de mislukking waarin hij zijn leven had gevormd, tenietdoen
he wanted to throw his life before the feet of mockingly laughing gods
hij wilde zijn leven voor de voeten van spottend lachende goden gooien
This was the great vomiting he had longed for; death
Dit was het grote braken waar hij naar had verlangd; de dood
the smashing to bits of the form he hated
het in stukken slaan van de vorm die hij haatte
Let him be food for fishes and crocodiles
Laat hem voedsel zijn voor vissen en krokodillen
Siddhartha the dog, a lunatic
Siddhartha de hond, een krankzinnige
a depraved and rotten body; a weakened and abused soul!
een verdorven en verrot lichaam; een verzwakte en mishandelde ziel!
let him be chopped to bits by the daemons
laat hem in stukken gehakt worden door de demonen
With a distorted face, he stared into the water
Met een vertrokken gezicht staarde hij in het water
he saw the reflection of his face and spat at it
hij zag de weerspiegeling van zijn gezicht en spuugde ernaar
In deep tiredness, he took his arm away from the trunk of the tree
In diepe vermoeidheid haalde hij zijn arm van de boomstam
he turned a bit, in order to let himself fall straight down
hij draaide zich een beetje om, om zichzelf recht naar beneden te laten vallen
in order to finally drown in the river
om uiteindelijk in de rivier te verdrinken
With his eyes closed, he slipped towards death
Met zijn ogen gesloten gleed hij richting de dood
Then, out of remote areas of his soul, a sound stirred up
Toen klonk er uit de verste uithoeken van zijn ziel een geluid
a sound stirred up out of past times of his now weary life

een geluid dat voortkwam uit de vroegere tijden van zijn nu vermoeiende leven
It was a singular word, a single syllable
Het was een enkel woord, een enkele lettergreep
without thinking he spoke the voice to himself
zonder na te denken sprak hij de stem tegen zichzelf
he slurred the beginning and the end of all prayers of the Brahmans
hij sprak het begin en het einde van alle gebeden van de brahmanen onduidelijk uit
he spoke the holy Om
hij sprak de heilige Om
"that what is perfect" or "the completion"
"dat wat volmaakt is" of "de voltooiing"
And in the moment he realized the foolishness of his actions
En op het moment dat hij zich realiseerde hoe dwaas zijn daden waren
the sound of Om touched Siddhartha's ear
het geluid van Om raakte Siddhartha's oor
his dormant spirit suddenly woke up
zijn slapende geest werd plotseling wakker
Siddhartha was deeply shocked
Siddhartha was diep geschokt
he saw this was how things were with him
hij zag dat dit was hoe de dingen met hem waren
he was so doomed that he had been able to seek death
hij was zo gedoemd dat hij de dood had kunnen zoeken
he had lost his way so much that he wished the end
hij was zo verdwaald dat hij het einde wenste
the wish of a child had been able to grow in him
de wens van een kind had in hem kunnen groeien
he had wished to find rest by annihilating his body!
Hij had rust willen vinden door zijn lichaam te vernietigen!
all the agony of recent times
alle kwellingen van de laatste tijd
all sobering realizations that his life had created

alle ontnuchterende realisaties die zijn leven had gecreëerd
all the desperation that he had felt
alle wanhoop die hij had gevoeld
these things did not bring about this moment
Deze dingen hebben dit moment niet teweeggebracht
when the Om entered his consciousness he became aware of himself
toen de Om zijn bewustzijn binnenkwam, werd hij zich bewust van zichzelf
he realized his misery and his error
hij besefte zijn ellende en zijn fout
Om! he spoke to himself
Om! sprak hij tegen zichzelf
Om! and again he knew about Brahman
Om! en opnieuw wist hij over Brahman
Om! he knew about the indestructibility of life
Om! Hij wist van de onverwoestbaarheid van het leven
Om! he knew about all that is divine, which he had forgotten
Om! Hij wist alles over het goddelijke, wat hij vergeten was
But this was only a moment that flashed before him
Maar dit was slechts een moment dat aan hem voorbij flitste
By the foot of the coconut-tree, Siddhartha collapsed
Aan de voet van de kokospalm stortte Siddhartha neer
he was struck down by tiredness
hij werd getroffen door vermoeidheid
mumbling "Om", he placed his head on the root of the tree
mompelend "Om", legde hij zijn hoofd op de wortel van de boom
and he fell into a deep sleep
en hij viel in een diepe slaap
Deep was his sleep, and without dreams
Diep was zijn slaap, en zonder dromen
for a long time he had not known such a sleep any more
hij had zo'n slaap al lang niet meer gekend

When he woke up after many hours, he felt as if ten years had passed
Toen hij na vele uren wakker werd, voelde hij zich alsof er tien jaar waren verstreken
he heard the water quietly flowing
hij hoorde het water rustig stromen
he did not know where he was
hij wist niet waar hij was
and he did not know who had brought him here
en hij wist niet wie hem hierheen had gebracht
he opened his eyes and looked with astonishment
hij opende zijn ogen en keek met verbazing
there were trees and the sky above him
er waren bomen en de lucht boven hem
he remembered where he was and how he got here
hij herinnerde zich waar hij was en hoe hij hier was gekomen
But it took him a long while for this
Maar het duurde lang voordat hij dit doorhad
the past seemed to him as if it had been covered by a veil
het verleden leek hem alsof het door een sluier was bedekt
infinitely distant, infinitely far away, infinitely meaningless
oneindig ver weg, oneindig ver weg, oneindig betekenisloos
He only knew that his previous life had been abandoned
Hij wist alleen dat zijn vorige leven verlaten was
this past life seemed to him like a very old, previous incarnation
dit vorige leven leek hem een heel oude, vorige incarnatie
this past life felt like a pre-birth of his present self
dit vorige leven voelde als een voorgeboorte van zijn huidige zelf
full of disgust and wretchedness, he had intended to throw his life away
vol walging en ellende, had hij van plan zijn leven weg te gooien
he had come to his senses by a river, under a coconut-tree

hij was tot bezinning gekomen bij een rivier, onder een kokospalm
the holy word "Om" was on his lips
het heilige woord "Om" was op zijn lippen
he had fallen asleep and had now woken up
hij was in slaap gevallen en was nu wakker geworden
he was looking at the world as a new man
hij keek naar de wereld als een nieuwe man
Quietly, he spoke the word "Om" to himself
Zachtjes sprak hij het woord "Om" tegen zichzelf
the "Om" he was speaking when he had fallen asleep
de "Om" die hij sprak toen hij in slaap was gevallen
his sleep felt like nothing more than a long meditative recitation of "Om"
zijn slaap voelde als niets meer dan een lange meditatieve recitatie van "Om"
all his sleep had been a thinking of "Om"
al zijn slaap was een denken aan "Om"
a submergence and complete entering into "Om"
een onderdompeling en volledige intrede in "Om"
a going into the perfected and completed
een ingaan op het volmaakte en voltooide
What a wonderful sleep this had been!
Wat een heerlijke nachtrust was dit!
he had never before been so refreshed by sleep
hij was nog nooit eerder zo verfrist door de slaap
Perhaps, he really had died
Misschien was hij echt gestorven
maybe he had drowned and was reborn in a new body?
Misschien was hij verdronken en werd hij herboren in een nieuw lichaam?
But no, he knew himself and who he was
Maar nee, hij kende zichzelf en wie hij was
he knew his hands and his feet
hij kende zijn handen en zijn voeten
he knew the place where he lay

hij kende de plaats waar hij lag
he knew this self in his chest
hij kende dit zelf in zijn borst
Siddhartha the eccentric, the weird one
Siddhartha de excentriekeling, de vreemde
but this Siddhartha was nevertheless transformed
maar deze Siddhartha werd niettemin getransformeerd
he was strangely well rested and awake
hij was vreemd genoeg goed uitgerust en wakker
and he was joyful and curious
en hij was vrolijk en nieuwsgierig

Siddhartha straightened up and looked around
Siddhartha richtte zich op en keek om zich heen
then he saw a person sitting opposite to him
toen zag hij een persoon tegenover hem zitten
a monk in a yellow robe with a shaven head
een monnik in een geel gewaad met een geschoren hoofd
he was sitting in the position of pondering
hij zat in de positie van nadenken
He observed the man, who had neither hair on his head nor a beard
Hij observeerde de man, die noch haar op zijn hoofd, noch een baard had
he had not observed him for long when he recognised this monk
hij had hem niet lang opgemerkt toen hij deze monnik herkende
it was Govinda, the friend of his youth
het was Govinda, de vriend van zijn jeugd
Govinda, who had taken his refuge with the exalted Buddha
Govinda, die zijn toevlucht had genomen tot de verheven Boeddha
Like Siddhartha, Govinda had also aged
Net als Siddhartha was ook Govinda ouder geworden
but his face still bore the same features

maar zijn gezicht vertoonde nog steeds dezelfde trekken
his face still expressed zeal and faithfulness
zijn gezicht drukte nog steeds ijver en trouw uit
you could see he was still searching, but timidly
je kon zien dat hij nog steeds zocht, maar verlegen
Govinda sensed his gaze, opened his eyes, and looked at him
Govinda voelde zijn blik, opende zijn ogen en keek naar hem
Siddhartha saw that Govinda did not recognise him
Siddhartha zag dat Govinda hem niet herkende
Govinda was happy to find him awake
Govinda was blij hem wakker te vinden
apparently, he had been sitting here for a long time
blijkbaar zat hij hier al een hele tijd
he had been waiting for him to wake up
hij had gewacht tot hij wakker zou worden
he waited, although he did not know him
hij wachtte, hoewel hij hem niet kende
"I have been sleeping" said Siddhartha
"Ik heb geslapen", zei Siddhartha
"How did you get here?"
"Hoe ben je hier gekomen?"
"You have been sleeping" answered Govinda
"Je hebt geslapen", antwoordde Govinda
"It is not good to be sleeping in such places"
"Het is niet goed om op zulke plekken te slapen"
"snakes and the animals of the forest have their paths here"
"slangen en de dieren van het bos hebben hier hun paden"
"I, oh sir, am a follower of the exalted Gotama"
"Ik, oh meneer, ben een volgeling van de verheven Gotama"
"I was on a pilgrimage on this path"
"Ik was op pelgrimstocht op dit pad"
"I saw you lying and sleeping in a place where it is dangerous to sleep"
"Ik zag je liggen en slapen op een plek waar het gevaarlijk is om te slapen"

"**Therefore, I sought to wake you up**"
"Daarom heb ik geprobeerd je wakker te maken"
"**but I saw that your sleep was very deep**"
"maar ik zag dat je heel diep sliep"
"**so I stayed behind from my group**"
"dus bleef ik achter bij mijn groep"
"**and I sat with you until you woke up**"
"en ik zat bij je totdat je wakker werd"
"**And then, so it seems, I have fallen asleep myself**"
"En toen, zo lijkt het, ben ik zelf in slaap gevallen"
"**I, who wanted to guard your sleep, fell asleep**"
"Ik, die jouw slaap wilde bewaken, viel in slaap"
"**Badly, I have served you**"
"Slecht, ik heb je gediend"
"**tiredness had overwhelmed me**"
"vermoeidheid had mij overweldigd"
"**But since you're awake, let me go to catch up with my brothers**"
"Maar nu je wakker bent, laat mij dan maar even mijn broers inhalen"
"**I thank you, Samana, for watching out over my sleep**" spoke Siddhartha
"Ik dank je, Samana, dat je over mijn slaap waakt", sprak Siddhartha
"**You're friendly, you followers of the exalted one**"
"Jullie zijn vriendelijk, jullie volgelingen van de Verhevene"
"**Now you may go to them**"
"Nu mag je naar hen toe gaan"
"**I'm going, sir. May you always be in good health**"
"Ik ga, meneer. Moge u altijd in goede gezondheid zijn"
"**I thank you, Samana**"
"Ik dank je, Samana"
Govinda made the gesture of a salutation and said "Farewell"
Govinda maakte een groetgebaar en zei: "Vaarwel"
"**Farewell, Govinda**" **said Siddhartha**

"Vaarwel, Govinda", zei Siddhartha

The monk stopped as if struck by lightning

De monnik bleef staan alsof hij door de bliksem was getroffen

"Permit me to ask, sir, from where do you know my name?"

"Mag ik vragen, meneer, waar kent u mijn naam vandaan?"

Siddhartha smiled, "I know you, oh Govinda, from your father's hut"

Siddhartha glimlachte: "Ik ken je, oh Govinda, van de hut van je vader."

"and I know you from the school of the Brahmans"

"en ik ken jou uit de school van de Brahmanen"

"and I know you from the offerings"

"en ik ken je van de offers"

"and I know you from our walk to the Samanas"

"en ik ken je van onze wandeling naar de Samanas"

"and I know you from when you took refuge with the exalted one"

"en ik ken u van toen u uw toevlucht nam tot de Verhevene"

"You're Siddhartha," Govinda exclaimed loudly, "Now, I recognise you"

"Jij bent Siddhartha," riep Govinda luid uit, "Nu herken ik je"

"I don't comprehend how I couldn't recognise you right away"

"Ik begrijp niet hoe ik je niet meteen herkende"

"Siddhartha, my joy is great to see you again"

"Siddhartha, ik ben zo blij je weer te zien"

"It also gives me joy, to see you again" spoke Siddhartha

"Het geeft mij ook vreugde om je weer te zien", sprak Siddhartha

"You've been the guard of my sleep"

"Jij bent de bewaker van mijn slaap"

"again, I thank you for this"

"Nogmaals, ik dank u hiervoor"

"but I wouldn't have required any guard"

"maar ik had geen bewaker nodig gehad"

"Where are you going to, oh friend?"

"Waar ga je heen, vriend?"
"I'm going nowhere," answered Govinda
"Ik ga nergens heen," antwoordde Govinda
"We monks are always travelling"
"Wij monniken zijn altijd op reis"
"whenever it is not the rainy season, we move from one place to another"
"wanneer het geen regenseizoen is, verhuizen we van de ene naar de andere plaats"
"we live according to the rules of the teachings passed on to us"
"Wij leven volgens de regels van de leringen die aan ons zijn doorgegeven"
"we accept alms, and then we move on"
"we accepteren aalmoezen, en dan gaan we verder"
"It is always like this"
"Het is altijd zo"
"But you, Siddhartha, where are you going to?"
"Maar jij, Siddhartha, waar ga jij heen?"
"for me it is as it is with you"
"Voor mij is het zoals het met jou is"
"I'm going nowhere; I'm just travelling"
"Ik ga nergens heen; ik reis alleen maar"
"I'm also on a pilgrimage"
"Ik ben ook op bedevaart"
Govinda spoke "You say you're on a pilgrimage, and I believe you"
Govinda sprak: "Je zegt dat je op bedevaart bent, en ik geloof je"
"But, forgive me, oh Siddhartha, you do not look like a pilgrim"
"Maar vergeef me, oh Siddhartha, je ziet er niet uit als een pelgrim"
"You're wearing a rich man's garments"
"Je draagt de kleding van een rijke man"
"you're wearing the shoes of a distinguished gentleman"

"Je draagt de schoenen van een voorname heer"
"and your hair, with the fragrance of perfume, is not a pilgrim's hair"
"en jouw haar, met de geur van parfum, is geen pelgrimshaar"
"you do not have the hair of a Samana"
"jij hebt niet het haar van een Samana"
"you are right, my dear"
"Je hebt gelijk, mijn liefste"
"you have observed things well"
"je hebt de zaken goed waargenomen"
"your keen eyes see everything"
"jouw scherpe ogen zien alles"
"But I haven't said to you that I was a Samana"
"Maar ik heb je niet verteld dat ik een Samana was"
"I said I'm on a pilgrimage"
"Ik zei dat ik op bedevaart ben"
"And so it is, I'm on a pilgrimage"
"En zo is het, ik ben op bedevaart"
"You're on a pilgrimage" said Govinda
"Je bent op bedevaart", zei Govinda
"But few would go on a pilgrimage in such clothes"
"Maar weinigen zouden in zulke kleding op bedevaart gaan"
"few would pilger in such shoes"
"weinigen zouden in zulke schoenen rondlopen"
"and few pilgrims have such hair"
"en weinig pelgrims hebben zulk haar"
"I have never met such a pilgrim"
"Ik heb nog nooit zo'n pelgrim ontmoet"
"and I have been a pilgrim for many years"
"en ik ben al vele jaren pelgrim"
"I believe you, my dear Govinda"
"Ik geloof je, mijn lieve Govinda"
"But now, today, you've met a pilgrim just like this"
"Maar nu, vandaag, heb je een pelgrim ontmoet die net zo is"
"a pilgrim wearing these kinds of shoes and garment"
"een pelgrim die dit soort schoenen en kleding draagt"

"Remember, my dear, the world of appearances is not eternal"
"Onthoud, mijn liefste, de wereld van de schijn is niet eeuwig"
"our shoes and garments are anything but eternal"
"onze schoenen en kleding zijn allesbehalve eeuwig"
"our hair and bodies are not eternal either"
"Ons haar en lichaam zijn ook niet eeuwig"
I'm wearing a rich man's clothes"
Ik draag de kleren van een rijke man"
"you've seen this quite right"
"Je hebt het goed gezien"
"I'm wearing them, because I have been a rich man"
"Ik draag ze, omdat ik een rijk man ben geweest"
"and I'm wearing my hair like the worldly and lustful people"
"en ik draag mijn haar zoals de wereldse en wellustige mensen"
"because I have been one of them"
"omdat ik er een van hen ben geweest"
"And what are you now, Siddhartha?" Govinda asked
"En wat ben je nu, Siddhartha?" vroeg Govinda
"I don't know it, just like you"
"Ik weet het niet, net als jij"
"I was a rich man, and now I am not a rich man anymore"
"Ik was een rijk man, en nu ben ik dat niet meer"
"and what I'll be tomorrow, I don't know"
"en wat ik morgen zal zijn, weet ik niet"
"You've lost your riches?" asked Govinda
"Je bent je rijkdommen kwijt?" vroeg Govinda
"I've lost my riches, or they have lost me"
"Ik ben mijn rijkdommen kwijt, of zij zijn mij kwijtgeraakt"
"My riches somehow happened to slip away from me"
"Mijn rijkdommen zijn op de een of andere manier van mij weggeglipt"
"The wheel of physical manifestations is turning quickly, Govinda"

"Het wiel van fysieke manifestaties draait snel, Govinda"
"Where is Siddhartha the Brahman?"
"Waar is Siddhartha de Brahman?"
"Where is Siddhartha the Samana?"
"Waar is Siddhartha de Samana?"
"Where is Siddhartha the rich man?"
"Waar is Siddhartha, de rijke man?"
"Non-eternal things change quickly, Govinda, you know it"
"Niet-eeuwige dingen veranderen snel, Govinda, dat weet je"
Govinda looked at the friend of his youth for a long time
Govinda keek lange tijd naar de vriend van zijn jeugd
he looked at him with doubt in his eyes
hij keek hem aan met twijfel in zijn ogen
After that, he gave him the salutation which one would use on a gentleman
Daarna gaf hij hem de begroeting die men voor een heer zou gebruiken
and he went on his way, and continued his pilgrimage
en hij ging op weg en zette zijn pelgrimstocht voort
With a smiling face, Siddhartha watched him leave
Met een lachend gezicht keek Siddhartha hem na toen hij vertrok
he loved him still, this faithful, fearful man
hij hield nog steeds van hem, deze trouwe, angstige man
how could he not have loved everybody and everything in this moment?
hoe kon hij op dat moment niet van iedereen en alles houden?
in the glorious hour after his wonderful sleep, filled with Om!
in het glorieuze uur na zijn wonderbaarlijke slaap, vervuld van Om!
The enchantment, which had happened inside of him in his sleep
De betovering die zich in zijn slaap in hem had voltrokken
this enchantment was everything that he loved
deze betovering was alles waar hij van hield

he was full of joyful love for everything he saw
hij was vol vreugdevolle liefde voor alles wat hij zag
exactly this had been his sickness before
precies dit was zijn ziekte geweest voordien
he had not been able to love anybody or anything
hij was niet in staat geweest om van iemand of iets te houden
With a smiling face, Siddhartha watched the leaving monk
Met een lachend gezicht keek Siddhartha naar de vertrekkende monnik

The sleep had strengthened him a lot
De slaap had hem veel sterker gemaakt
but hunger gave him great pain
maar de honger bezorgde hem veel pijn
by now he had not eaten for two days
inmiddels had hij al twee dagen niets gegeten
the times were long past when he could resist such hunger
de tijden dat hij zo'n honger kon weerstaan, waren allang voorbij
With sadness, and yet also with a smile, he thought of that time
Met verdriet, maar ook met een glimlach, dacht hij terug aan die tijd
In those days, so he remembered, he had boasted of three things to Kamala
In die dagen, zo herinnerde hij zich, had hij tegen Kamala over drie dingen opgeschept
he had been able to do three noble and undefeatable feats
hij was in staat geweest drie nobele en onverslaanbare prestaties te leveren
he was able to fast, wait, and think
hij kon vasten, wachten en denken
These had been his possessions; his power and strength
Dit waren zijn bezittingen; zijn macht en kracht
in the busy, laborious years of his youth, he had learned these three feats

in de drukke, arbeidsintensieve jaren van zijn jeugd had hij deze drie vaardigheden geleerd
And now, his feats had abandoned him
En nu hadden zijn prestaties hem in de steek gelaten
none of his feats were his any more
geen van zijn prestaties waren meer van hem
neither fasting, nor waiting, nor thinking
noch vasten, noch wachten, noch denken
he had given them up for the most wretched things
hij had ze opgegeven voor de meest ellendige dingen
what is it that fades most quickly?
Wat vervaagt het snelst?
sensual lust, the good life, and riches!
zinnelijke lust, het goede leven en rijkdom!
His life had indeed been strange
Zijn leven was inderdaad vreemd geweest
And now, so it seemed, he had really become a childlike person
En nu leek het erop dat hij werkelijk een kinderlijk persoon was geworden
Siddhartha thought about his situation
Siddhartha dacht na over zijn situatie
Thinking was hard for him now
Het denken was nu moeilijk voor hem
he did not really feel like thinking
hij had niet echt zin om na te denken
but he forced himself to think
maar hij dwong zichzelf om na te denken
"all these most easily perishing things have slipped from me"
"al deze zo gemakkelijk vergankelijke dingen zijn mij ontglipt"
"again, now I'm standing here under the sun"
"opnieuw sta ik hier onder de zon"
"I am standing here just like a little child"
"Ik sta hier net als een klein kind"
"nothing is mine, I have no abilities"

"niets is van mij, ik heb geen vaardigheden"
"there is nothing I could bring about"
"er is niets dat ik kan bewerkstelligen"
"I have learned nothing from my life"
"Ik heb niets geleerd van mijn leven"
"How wondrous all of this is!"
"Wat is dit toch wonderbaarlijk!"
"it's wondrous that I'm no longer young"
"Het is wonderbaarlijk dat ik niet langer jong ben"
"my hair is already half gray and my strength is fading"
"Mijn haar is al half grijs en mijn kracht neemt af"
"and now I'm starting again at the beginning, as a child!"
"en nu begin ik weer opnieuw, als kind!"
Again, he had to smile to himself
Opnieuw moest hij in zichzelf glimlachen
Yes, his fate had been strange!
Ja, zijn lot was vreemd!
Things were going downhill with him
Het ging bergafwaarts met hem
and now he was again facing the world naked and stupid
en nu stond hij weer naakt en dom tegenover de wereld
But he could not feel sad about this
Maar hij kon hier niet verdrietig over zijn
no, he even felt a great urge to laugh
nee, hij voelde zelfs een grote drang om te lachen
he felt an urge to laugh about himself
hij voelde de drang om om zichzelf te lachen
he felt an urge to laugh about this strange, foolish world
hij voelde de drang om te lachen om deze vreemde, dwaze wereld
"Things are going downhill with you!" he said to himself
"Het gaat bergafwaarts met je!" zei hij tegen zichzelf
and he laughed about his situation
en hij lachte om zijn situatie
as he was saying it he happened to glance at the river
terwijl hij dat zei, keek hij toevallig naar de rivier

and he also saw the river going downhill
en hij zag ook de rivier bergafwaarts gaan
it was singing and being happy about everything
het was zingen en blij zijn over alles
He liked this, and kindly he smiled at the river
Hij vond dit leuk en glimlachte vriendelijk naar de rivier
Was this not the river in which he had intended to drown himself?
Was dit niet de rivier waarin hij zichzelf wilde verdrinken?
in past times, a hundred years ago
in het verleden, honderd jaar geleden
or had he dreamed this?
of had hij dit gedroomd?
"Wondrous indeed was my life" he thought
"Mijn leven was werkelijk wonderbaarlijk", dacht hij
"my life has taken wondrous detours"
"mijn leven heeft wonderlijke omwegen genomen"
"As a boy, I only dealt with gods and offerings"
"Als jongen had ik alleen te maken met goden en offers"
"As a youth, I only dealt with asceticism"
"Als jongere hield ik mij alleen bezig met ascese"
"I spent my time in thinking and meditation"
"Ik bracht mijn tijd door met nadenken en mediteren"
"I was searching for Brahman
"Ik was op zoek naar Brahman
"and I worshipped the eternal in the Atman"
"en ik aanbad het eeuwige in de Atman"
"But as a young man, I followed the penitents"
"Maar als jongeman volgde ik de boetelingen"
"I lived in the forest and suffered heat and frost"
"Ik woonde in het bos en had last van hitte en vorst"
"there I learned how to overcome hunger"
"daar leerde ik hoe ik honger kon overwinnen"
"and I taught my body to become dead"
"en ik leerde mijn lichaam om dood te worden"
"Wonderfully, soon afterwards, insight came towards me"

"Op wonderbaarlijke wijze kwam er kort daarna een inzicht tot mij"
"insight in the form of the great Buddha's teachings"
"inzicht in de vorm van de leringen van de grote Boeddha"
"I felt the knowledge of the oneness of the world"
"Ik voelde de kennis van de eenheid van de wereld"
"I felt it circling in me like my own blood"
"Ik voelde het in mij rondcirkelen als mijn eigen bloed"
"But I also had to leave Buddha and the great knowledge"
"Maar ik moest ook Boeddha en de grote kennis achterlaten"
"I went and learned the art of love with Kamala"
"Ik ging de kunst van de liefde leren van Kamala"
"I learned trading and business with Kamaswami"
"Ik heb handel en zakendoen geleerd van Kamaswami"
"I piled up money, and wasted it again"
"Ik heb geld verzameld en het weer verspild"
"I learned to love my stomach and please my senses"
"Ik heb geleerd van mijn maag te houden en mijn zintuigen te behagen"
"I had to spend many years losing my spirit"
"Ik heb vele jaren moeten besteden aan het verliezen van mijn geest"
"and I had to unlearn thinking again"
"en ik moest het denken weer afleren"
"there I had forgotten the oneness"
"daar was ik de eenheid vergeten"
"Isn't it just as if I had turned slowly from a man into a child"?
"Is het niet net alsof ik langzaam van een man in een kind verander"?
"from a thinker into a childlike person"
"van een denker tot een kinderlijk mens"
"And yet, this path has been very good"
"En toch is dit pad heel goed geweest"
"and yet, the bird in my chest has not died"
"en toch is de vogel in mijn borst niet gestorven"

"what a path has this been!"
"Wat een pad is dit geweest!"
"I had to pass through so much stupidity"
"Ik heb zoveel domheid moeten doorstaan"
"I had to pass through so much vice"
"Ik heb zoveel ondeugd moeten doorstaan"
"I had to make so many errors"
"Ik heb zoveel fouten moeten maken"
"I had to feel so much disgust and disappointment"
"Ik voelde zoveel walging en teleurstelling"
"I had to do all this to become a child again"
"Ik moest dit allemaal doen om weer een kind te worden"
"and then I could start over again"
"en dan kon ik opnieuw beginnen"
"But it was the right way to do it"
"Maar het was de juiste manier om het te doen"
"my heart says yes to it and my eyes smile to it"
"mijn hart zegt er ja tegen en mijn ogen lachen ernaar"
"I've had to experience despair"
"Ik heb wanhoop moeten ervaren"
"I've had to sink down to the most foolish of all thoughts"
"Ik moest afdalen tot de meest dwaze van alle gedachten"
"I've had to think to the thoughts of suicide"
"Ik heb aan zelfmoordgedachten moeten denken"
"only then would I be able to experience divine grace"
"Alleen dan zou ik de goddelijke genade kunnen ervaren"
"only then could I hear Om again"
"Pas toen kon ik Om weer horen"
"only then would I be able to sleep properly and awake again"
"Alleen dan zou ik weer goed kunnen slapen en wakker worden"
"I had to become a fool, to find Atman in me again"
"Ik moest een dwaas worden, om Atman in mij weer te vinden"
"I had to sin, to be able to live again"

"Ik moest zondigen om weer te kunnen leven"
"Where else might my path lead me to?"
"Waar anders zou mijn pad mij naartoe leiden?"
"It is foolish, this path, it moves in loops"
"Het is dwaas, dit pad, het beweegt zich in lussen"
"perhaps it is going around in a circle"
"misschien draait het in een cirkel"
"Let this path go where it likes"
"Laat dit pad gaan waar het wil"
"where ever this path goes, I want to follow it"
"waar dit pad ook heen gaat, ik wil het volgen"
he felt joy rolling like waves in his chest
hij voelde vreugde als golven in zijn borst rollen
he asked his heart, "from where did you get this happiness?"
Hij vroeg aan zijn hart: "Waar haal je dit geluk vandaan?"
"does it perhaps come from that long, good sleep?"
"Komt dat misschien door die lange, goede slaap?"
"the sleep which has done me so much good"
"de slaap die mij zoveel goed heeft gedaan"
"or does it come from the word Om, which I said?"
"Of komt het van het woord Om, dat ik zei?"
"Or does it come from the fact that I have escaped?"
"Of komt het doordat ik ontsnapt ben?"
"does this happiness come from standing like a child under the sky?"
"Komt dit geluk voort uit het feit dat je als een kind onder de hemel staat?"
"Oh how good is it to have fled"
"Oh, hoe goed is het om gevlucht te zijn"
"it is great to have become free!"
"Het is geweldig om vrij te zijn!"
"How clean and beautiful the air here is"
"Wat is de lucht hier schoon en mooi"
"the air is good to breath"
"de lucht is goed om te ademen"
"where I ran away from everything smelled of ointments"

"waar ik wegliep van alles wat naar zalven rook"
"spices, wine, excess, sloth"
"specerijen, wijn, overdaad, luiheid"
"How I hated this world of the rich"
"Wat haatte ik deze wereld van de rijken"
"I hated those who revel in fine food and the gamblers!"
"Ik haatte de mensen die van lekker eten hielden en de gokkers!"
"I hated myself for staying in this terrible world for so long!
"Ik haatte mezelf omdat ik zo lang in deze vreselijke wereld was gebleven!
"I have deprived, poisoned, and tortured myself"
"Ik heb mezelf beroofd, vergiftigd en gemarteld"
"I have made myself old and evil!"
"Ik heb mezelf oud en slecht gemaakt!"
"No, I will never again do the things I liked doing so much"
"Nee, ik zal nooit meer de dingen doen die ik zo graag deed"
"I won't delude myself into thinking that Siddhartha was wise!"
"Ik zal mezelf niet wijsmaken dat Siddhartha wijs was!"
"But this one thing I have done well"
"Maar dit ene ding heb ik goed gedaan"
"this I like, this I must praise"
"dit vind ik leuk, dit moet ik prijzen"
"I like that there is now an end to that hatred against myself"
"Ik vind het fijn dat er nu een einde is aan de haat tegen mezelf"
"there is an end to that foolish and dreary life!"
"Er is een einde aan dat dwaze en sombere leven!"
"I praise you, Siddhartha, after so many years of foolishness"
"Ik prijs u, Siddhartha, na zoveel jaren van dwaasheid"
"you have once again had an idea"
"je hebt weer eens een idee gehad"
"you have heard the bird in your chest singing"
"Je hebt de vogel in je borst horen zingen"
"and you followed the song of the bird!"

"en jij volgde het lied van de vogel!"
with these thoughts he praised himself
met deze gedachten prees hij zichzelf
he had found joy in himself again
hij had weer vreugde in zichzelf gevonden
he listened curiously to his stomach rumbling with hunger
Hij luisterde nieuwsgierig naar zijn hongerige maag die rommelde
he had tasted and spat out a piece of suffering and misery
hij had een stuk lijden en ellende geproefd en uitgespuugd
in these recent times and days, this is how he felt
in deze recente tijden en dagen voelde hij zich zo
he had devoured it up to the point of desperation and death
hij had het tot het punt van wanhoop en dood verslonden
how everything had happened was good
hoe alles was gebeurd was goed
he could have stayed with Kamaswami for much longer
hij had veel langer bij Kamaswami kunnen blijven
he could have made more money, and then wasted it
hij had meer geld kunnen verdienen, maar het vervolgens verspillen
he could have filled his stomach and let his soul die of thirst
hij had zijn maag kunnen vullen en zijn ziel van dorst kunnen laten sterven
he could have lived in this soft upholstered hell much longer
hij had veel langer in deze zachte, beklede hel kunnen leven
if this had not happened, he would have continued this life
als dit niet was gebeurd, zou hij dit leven hebben voortgezet
the moment of complete hopelessness and despair
het moment van volledige hopeloosheid en wanhoop
the most extreme moment when he hung over the rushing waters
het meest extreme moment toen hij boven het kolkende water hing
the moment he was ready to destroy himself

het moment dat hij klaar was om zichzelf te vernietigen
the moment he had felt this despair and deep disgust
het moment dat hij deze wanhoop en diepe afkeer voelde
he had not succumbed to it
hij was er niet aan bezweken
the bird was still alive after all
de vogel leefde tenslotte nog
this was why he felt joy and laughed
dit was de reden dat hij vreugde voelde en lachte
this was why his face was smiling brightly under his hair
daarom lachte zijn gezicht stralend onder zijn haar
his hair which had now turned gray
zijn haar dat nu grijs was geworden
"It is good," he thought, "to get a taste of everything for oneself"
"Het is goed", dacht hij, "om alles zelf te proeven"
"everything which one needs to know"
"alles wat men moet weten"
"lust for the world and riches do not belong to the good things"
"lust voor de wereld en rijkdom behoren niet tot de goede dingen"
"I have already learned this as a child"
"Ik heb dit als kind al geleerd"
"I have known it for a long time"
"Ik weet het al lang"
"but I hadn't experienced it until now"
"maar ik had het tot nu toe nog niet meegemaakt"
"And now that I I've experienced it I know it"
"En nu ik het heb meegemaakt, weet ik het"
"I don't just know it in my memory, but in my eyes, heart, and stomach"
"Ik weet het niet alleen in mijn geheugen, maar ook in mijn ogen, hart en maag"
"it is good for me to know this!"
"Het is goed dat ik dit weet!"

For a long time, he pondered his transformation
Hij dacht lang na over zijn transformatie
he listened to the bird, as it sang for joy
hij luisterde naar de vogel, terwijl hij van vreugde zong
Had this bird not died in him?
Was deze vogel niet in hem gestorven?
had he not felt this bird's death?
Had hij de dood van deze vogel niet gevoeld?
No, something else from within him had died
Nee, er was iets anders in hem gestorven
something which yearned to die had died
iets dat verlangde om te sterven was gestorven
Was it not this that he used to intend to kill?
Was dit niet hetgeen hij van plan was te doden?
Was it not his his small, frightened, and proud self that had died?
Was het niet zijn kleine, angstige en trotse zelf die gestorven was?
he had wrestled with his self for so many years
hij had zoveel jaren met zichzelf geworsteld
the self which had defeated him again and again
het zelf dat hem keer op keer had verslagen
the self which was back again after every killing
het zelf dat na elke moord weer terug was
the self which prohibited joy and felt fear?
het zelf dat vreugde verbood en angst voelde?
Was it not this self which today had finally come to its death?
Was het niet dit zelf dat vandaag definitief stierf?
here in the forest, by this lovely river
hier in het bos, bij deze mooie rivier
Was it not due to this death, that he was now like a child?
Was het niet door deze dood dat hij nu als een kind was?
so full of trust and joy, without fear
zo vol vertrouwen en vreugde, zonder angst

Now Siddhartha also got some idea of why he had fought this self in vain
Nu kreeg Siddhartha ook enig idee waarom hij tevergeefs tegen dit zelf had gevochten
he knew why he couldn't fight his self as a Brahman
hij wist waarom hij zichzelf niet als Brahman kon bevechten
Too much knowledge had held him back
Te veel kennis had hem tegengehouden
too many holy verses, sacrificial rules, and self-castigation
te veel heilige verzen, offerregels en zelfkastijding
all these things held him back
al deze dingen hielden hem tegen
so much doing and striving for that goal!
zoveel doen en streven naar dat doel!
he had been full of arrogance
hij was vol arrogantie
he was always the smartest
hij was altijd de slimste
he was always working the most
hij werkte altijd het meest
he had always been one step ahead of all others
hij was altijd een stap voor op alle anderen
he was always the knowing and spiritual one
hij was altijd de wetende en spirituele
he was always considered the priest or wise one
hij werd altijd beschouwd als de priester of wijze
his self had retreated into being a priest, arrogance, and spirituality
zijn zelf was teruggetrokken in het priesterschap, arrogantie en spiritualiteit
there it sat firmly and grew all this time
daar zat het stevig en groeide het al die tijd
and he had thought he could kill it by fasting
en hij dacht dat hij het kon doden door te vasten
Now he saw his life as it had become
Nu zag hij zijn leven zoals het was geworden

he saw that the secret voice had been right
hij zag dat de geheime stem gelijk had gehad
no teacher would ever have been able to bring about his salvation
geen enkele leraar zou ooit in staat zijn geweest zijn redding te bewerkstelligen
Therefore, he had to go out into the world
Daarom moest hij de wereld intrekken
he had to lose himself to lust and power
hij moest zichzelf verliezen aan lust en macht
he had to lose himself to women and money
hij moest zichzelf verliezen aan vrouwen en geld
he had to become a merchant, a dice-gambler, a drinker
hij moest een koopman worden, een dobbelspeler, een drinker
and he had to become a greedy person
en hij moest een hebzuchtig persoon worden
he had to do this until the priest and Samana in him was dead
hij moest dit doen totdat de priester en Samana in hem dood waren
Therefore, he had to continue bearing these ugly years
Daarom moest hij deze lelijke jaren blijven dragen
he had to bear the disgust and the teachings
hij moest de afkeer en de leringen verdragen
he had to bear the pointlessness of a dreary and wasted life
hij moest de zinloosheid van een somber en verspild leven verdragen
he had to conclude it up to its bitter end
hij moest het tot het bittere einde volhouden
he had to do this until Siddhartha the lustful could also die
hij moest dit doen totdat Siddhartha de wellustige ook kon sterven
He had died and a new Siddhartha had woken up from the sleep
Hij was gestorven en een nieuwe Siddhartha was uit zijn slaap ontwaakt

this new Siddhartha would also grow old
deze nieuwe Siddhartha zou ook oud worden
he would also have to die eventually
hij zou uiteindelijk ook moeten sterven
Siddhartha was still mortal, as is every physical form
Siddhartha was nog steeds sterfelijk, net als elke fysieke vorm
But today he was young and a child and full of joy
Maar vandaag was hij jong en een kind en vol vreugde
He thought these thoughts to himself
Hij dacht deze gedachten bij zichzelf
he listened with a smile to his stomach
hij luisterde met een glimlach naar zijn buik
he listened gratefully to a buzzing bee
hij luisterde dankbaar naar een zoemende bij
Cheerfully, he looked into the rushing river
Vrolijk keek hij in de snelstromende rivier
he had never before liked a water as much as this one
hij had nog nooit eerder zo van een water gehouden als dit
he had never before perceived the voice so stronger
hij had de stem nog nooit zo sterk gehoord
he had never understood the parable of the moving water so strongly
hij had de gelijkenis van het bewegende water nog nooit zo goed begrepen
he had never before noticed how beautifully the river moved
hij had nog nooit eerder opgemerkt hoe mooi de rivier bewoog
It seemed to him, as if the river had something special to tell him
Het leek hem alsof de rivier hem iets bijzonders te vertellen had
something he did not know yet, which was still awaiting him
iets wat hij nog niet wist, wat hem nog te wachten stond
In this river, Siddhartha had intended to drown himself

In deze rivier had Siddhartha de bedoeling om zichzelf te verdrinken
in this river the old, tired, desperate Siddhartha had drowned today
in deze rivier was de oude, vermoeide, wanhopige Siddhartha vandaag verdronken
But the new Siddhartha felt a deep love for this rushing water
Maar de nieuwe Siddhartha voelde een diepe liefde voor dit stromende water
and he decided for himself, not to leave it very soon
en hij besloot voor zichzelf om het niet al te snel te verlaten

The Ferryman
De Veerman

"By this river I want to stay," thought Siddhartha
"Ik wil bij deze rivier blijven", dacht Siddhartha
"it is the same river which I have crossed a long time ago"
"het is dezelfde rivier die ik lang geleden heb overgestoken"
"I was on my way to the childlike people"
"Ik was op weg naar de kinderlijke mensen"
"a friendly ferryman had guided me across the river"
"een vriendelijke veerman had mij over de rivier geleid"
"he is the one I want to go to"
"hij is degene naar wie ik wil gaan"
"starting out from his hut, my path led me to a new life"
"Vanuit zijn hut leidde mijn pad mij naar een nieuw leven"
"a path which had grown old and is now dead"
"een pad dat oud was geworden en nu dood is"
"my present path shall also take its start there!"
"Ook mijn huidige pad zal daar beginnen!"
Tenderly, he looked into the rushing water
Teder keek hij in het stromende water
he looked into the transparent green lines the water drew
hij keek naar de transparante groene lijnen die het water trok
the crystal lines of water were rich in secrets
de kristalheldere waterlijnen waren rijk aan geheimen
he saw bright pearls rising from the deep
hij zag heldere parels uit de diepte opstijgen
quiet bubbles of air floating on the reflecting surface
stille luchtbellen die op het reflecterende oppervlak zweven
the blue of the sky depicted in the bubbles
het blauw van de lucht afgebeeld in de bellen
the river looked at him with a thousand eyes
de rivier keek hem met duizend ogen aan
the river had green eyes and white eyes
de rivier had groene ogen en witte ogen
the river had crystal eyes and sky-blue eyes

de rivier had kristallen ogen en hemelsblauwe ogen
he loved this water very much, it delighted him
hij hield erg van dit water, het verheugde hem
he was grateful to the water
hij was dankbaar voor het water
In his heart he heard the voice talking
In zijn hart hoorde hij de stem die sprak
"Love this water! Stay near it!"
"Ik hou van dit water! Blijf erbij!"
"Learn from the water!" his voice commanded him
"Leer van het water!" beval zijn stem hem
Oh yes, he wanted to learn from it
Oh ja, hij wilde er van leren
he wanted to listen to the water
hij wilde naar het water luisteren
He who would understand this water's secrets
Wie de geheimen van dit water wil begrijpen
he would also understand many other things
hij zou ook veel andere dingen begrijpen
this is how it seemed to him
zo leek het hem
But out of all secrets of the river, today he only saw one
Maar van alle geheimen van de rivier zag hij er vandaag maar één
this secret touched his soul
dit geheim raakte zijn ziel
this water ran and ran, incessantly
dit water stroomde en stroomde, onophoudelijk
the water ran, but nevertheless it was always there
het water liep, maar toch was het er altijd
the water always, at all times, was the same
het water was altijd, te allen tijde, hetzelfde
and at the same time it was new in every moment
en tegelijkertijd was het elk moment nieuw
he who could grasp this would be great
hij die dit zou kunnen begrijpen zou geweldig zijn

but he didn't understand or grasp it
maar hij begreep het niet en begreep het niet
he only felt some idea of it stirring
hij voelde alleen een idee dat het zich roerde
it was like a distant memory, a divine voices
het was als een verre herinnering, een goddelijke stem

Siddhartha rose as the workings of hunger in his body became unbearable
Siddhartha stond op toen de honger in zijn lichaam ondraaglijk werd
In a daze he walked further away from the city
In een roes liep hij verder weg van de stad
he walked up the river along the path by the bank
hij liep de rivier op langs het pad langs de oever
he listened to the current of the water
hij luisterde naar de stroming van het water
he listened to the rumbling hunger in his body
hij luisterde naar de rommelende honger in zijn lichaam
When he reached the ferry, the boat was just arriving
Toen hij bij de veerboot aankwam, kwam de boot net aan
the same ferryman who had once transported the young Samana across the river
dezelfde veerman die ooit de jonge Samana over de rivier had vervoerd
he stood in the boat and Siddhartha recognised him
hij stond in de boot en Siddhartha herkende hem
he had also aged very much
hij was ook erg oud geworden
the ferryman was astonished to see such an elegant man walking on foot
de veerman was verbaasd om zo'n elegante man te zien lopen
"Would you like to ferry me over?" he asked
"Wil je mij overzetten?" vroeg hij
he took him into his boat and pushed it off the bank
hij nam hem mee in zijn boot en duwde hem van de oever

"**It's a beautiful life you have chosen for yourself**" **the passenger spoke**
"Het is een prachtig leven dat je voor jezelf hebt gekozen", sprak de passagier
"**It must be beautiful to live by this water every day**"
"Het moet prachtig zijn om elke dag aan dit water te leven"
"**and it must be beautiful to cruise on it on the river**"
"en het moet prachtig zijn om ermee over de rivier te varen"
With a smile, the man at the oar moved from side to side
Met een glimlach bewoog de man aan de roeispaan van de ene kant naar de andere
"**It is as beautiful as you say, sir**"
"Het is net zo mooi als u zegt, meneer"
"**But isn't every life and all work beautiful?**"
"Maar is niet elk leven en elk werk prachtig?"
"**This may be true**" **replied Siddhartha**
"Dat kan waar zijn", antwoordde Siddhartha
"**But I envy you for your life**"
"Maar ik benijd je om je leven"
"**Ah, you would soon stop enjoying it**"
"Ah, je zou er snel niet meer van genieten"
"**This is no work for people wearing fine clothes**"
"Dit is geen werk voor mensen die mooie kleren dragen"
Siddhartha laughed at the observation
Siddhartha lachte om deze opmerking
"**Once before, I have been looked upon today because of my clothes**"
"Vandaag ben ik al eerder aangekeken vanwege mijn kleding"
"**I have been looked upon with distrust**"
"Ik ben met wantrouwen bekeken"
"**they are a nuisance to me**"
"Ze zijn een plaag voor mij"
"**Wouldn't you, ferryman, like to accept these clothes**"
"Zou u, veerman, deze kleren niet willen aannemen?"
"**because you must know, I have no money to pay your fare**"

"omdat je het moet weten, ik heb geen geld om jouw reis te betalen"
"You're joking, sir," the ferryman laughed
"U maakt een grapje, meneer," lachte de veerman
"I'm not joking, friend"
"Ik maak geen grapje, vriend"
"once before you have ferried me across this water in your boat"
"Eerder heb je mij in je boot over dit water gebracht"
"you did it for the immaterial reward of a good deed"
"je deed het voor de immateriële beloning van een goede daad"
"ferry me across the river and accept my clothes for it"
"breng mij over de rivier en accepteer mijn kleren ervoor"
"And do you, sir, intent to continue travelling without clothes?"
"En bent u van plan om zonder kleren verder te reizen, meneer?"
"Ah, most of all I wouldn't want to continue travelling at all"
"Ah, het allerbelangrijkste is dat ik helemaal niet meer wil reizen"
"I would rather you gave me an old loincloth"
"Ik zou liever hebben dat je me een oude lendendoek gaf"
"I would like it if you kept me with you as your assistant"
"Ik zou het fijn vinden als je mij als assistent bij je zou houden"
"or rather, I would like if you accepted me as your trainee"
"of liever gezegd, ik zou het fijn vinden als u mij als uw stagiair zou accepteren"
"because first I'll have to learn how to handle the boat"
"omdat ik eerst moet leren hoe ik met de boot moet omgaan"
For a long time, the ferryman looked at the stranger
De veerman keek de vreemdeling lange tijd aan
he was searching in his memory for this strange man
hij zocht in zijn geheugen naar deze vreemde man
"Now I recognise you," he finally said
"Nu herken ik je", zei hij uiteindelijk

"At one time, you've slept in my hut"
"Je hebt ooit in mijn hut geslapen"
"this was a long time ago, possibly more than twenty years"
"dit is lang geleden, mogelijk meer dan twintig jaar"
"and you've been ferried across the river by me"
"en jij bent door mij over de rivier gebracht"
"that day we parted like good friends"
"die dag gingen we als goede vrienden uit elkaar"
"Haven't you been a Samana?"
"Ben jij dan geen Samana?"
"I can't think of your name anymore"
"Ik kan niet meer op je naam komen"
"My name is Siddhartha, and I was a Samana"
"Mijn naam is Siddhartha, en ik was een Samana"
"I had still been a Samana when you last saw me"
"Toen je me voor het laatst zag, was ik nog een Samana"
"So be welcome, Siddhartha. My name is Vasudeva"
"Wees dus welkom, Siddhartha. Mijn naam is Vasudeva"
"You will, so I hope, be my guest today as well"
"Ik hoop dat u vandaag ook mijn gast bent"
"and you may sleep in my hut"
"en je mag in mijn hut slapen"
"and you may tell me, where you're coming from"
"en je mag me vertellen waar je vandaan komt"
"and you may tell me why these beautiful clothes are such a nuisance to you"
"en je mag me vertellen waarom deze mooie kleren zo'n last voor je zijn"
They had reached the middle of the river
Ze hadden het midden van de rivier bereikt
Vasudeva pushed the oar with more strength
Vasudeva duwde de riem met meer kracht
in order to overcome the current
om de huidige situatie te overwinnen
He worked calmly, with brawny arms
Hij werkte kalm, met gespierde armen

his eyes were fixed in on the front of the boat
zijn ogen waren gericht op de voorkant van de boot
Siddhartha sat and watched him
Siddhartha zat en keek naar hem
he remembered his time as a Samana
hij herinnerde zich zijn tijd als Samana
he remembered how love for this man had stirred in his heart
hij herinnerde zich hoe de liefde voor deze man in zijn hart was ontwaakt
Gratefully, he accepted Vasudeva's invitation
Dankbaar aanvaardde hij Vasudeva's uitnodiging
When they had reached the bank, he helped him to tie the boat to the stakes
Toen ze de oever bereikt hadden, hielp hij hem de boot aan de palen vast te maken
after this, the ferryman asked him to enter the hut
hierna vroeg de veerman hem om de hut binnen te gaan
he offered him bread and water, and Siddhartha ate with eager pleasure
Hij bood hem brood en water aan, en Siddhartha at met gretig genoegen
and he also ate with eager pleasure of the mango fruits Vasudeva offered him
en hij at ook met gretig genoegen van de mangovruchten die Vasudeva hem aanbood

Afterwards, it was almost the time of the sunset
Daarna was het bijna tijd voor zonsondergang
they sat on a log by the bank
ze zaten op een boomstam bij de oever
Siddhartha told the ferryman about where he originally came from
Siddhartha vertelde de veerman waar hij oorspronkelijk vandaan kwam
he told him about his life as he had seen it today

hij vertelde hem over zijn leven zoals hij het vandaag had gezien
the way he had seen it in that hour of despair
de manier waarop hij het in dat uur van wanhoop had gezien
the tale of his life lasted late into the night
het verhaal van zijn leven duurde tot laat in de nacht
Vasudeva listened with great attention
Vasudeva luisterde met grote aandacht
Listening carefully, he let everything enter his mind
Hij luisterde aandachtig en liet alles in zijn gedachten opkomen
birthplace and childhood, all that learning
geboorteplaats en jeugd, al dat leren
all that searching, all joy, all distress
al dat zoeken, al dat vreugde, al dat leed
This was one of the greatest virtues of the ferryman
Dit was een van de grootste deugden van de veerman
like only a few, he knew how to listen
zoals slechts weinigen wist hij hoe hij moest luisteren
he did not have to speak a word
hij hoefde geen woord te spreken
but the speaker sensed how Vasudeva let his words enter his mind
maar de spreker voelde hoe Vasudeva zijn woorden in zijn geest liet komen
his mind was quiet, open, and waiting
zijn geest was stil, open en wachtend
he did not lose a single word
hij verloor geen enkel woord
he did not await a single word with impatience
hij wachtte niet met ongeduld op een enkel woord
he did not add his praise or rebuke
hij voegde er geen lof of berisping aan toe
he was just listening, and nothing else
hij luisterde alleen maar, en verder niets

Siddhartha felt what a happy fortune it is to confess to such a listener
Siddhartha voelde wat een gelukzalig geluk het was om aan zo'n luisteraar te bekennen
he felt fortunate to bury in his heart his own life
hij voelde zich gelukkig dat hij zijn eigen leven in zijn hart kon begraven
he buried his own search and suffering
hij begroef zijn eigen zoektocht en lijden
he told the tale of Siddhartha's life
hij vertelde het verhaal van Siddhartha's leven
when he spoke of the tree by the river
toen hij sprak over de boom bij de rivier
when he spoke of his deep fall
toen hij sprak over zijn diepe val
when he spoke of the holy Om
toen hij sprak over de heilige Om
when he spoke of how he had felt such a love for the river
toen hij vertelde hoe hij zoveel liefde voor de rivier had gevoeld
the ferryman listened to these things with twice as much attention
de veerman luisterde met twee keer zoveel aandacht naar deze dingen
he was entirely and completely absorbed by it
hij was er volledig en volledig door geabsorbeerd
he was listening with his eyes closed
hij luisterde met zijn ogen dicht
when Siddhartha fell silent a long silence occurred
toen Siddhartha stil werd, volgde er een lange stilte
then Vasudeva spoke "It is as I thought"
Toen sprak Vasudeva: "Het is zoals ik dacht"
"The river has spoken to you"
"De rivier heeft tot je gesproken"
"the river is your friend as well"
"de rivier is ook jouw vriend"

"the river speaks to you as well"
"de rivier spreekt ook tot jou"
"That is good, that is very good"
"Dat is goed, dat is heel goed"
"Stay with me, Siddhartha, my friend"
"Blijf bij mij, Siddhartha, mijn vriend"
"I used to have a wife"
"Ik had vroeger een vrouw"
"her bed was next to mine"
"haar bed stond naast het mijne"
"but she has died a long time ago"
"maar ze is al lang geleden gestorven"
"for a long time, I have lived alone"
"ik woon al een lange tijd alleen"
"Now, you shall live with me"
"Nu zul je bij mij wonen"
"there is enough space and food for both of us"
"er is genoeg ruimte en eten voor ons beiden"
"I thank you," said Siddhartha
"Ik dank u," zei Siddhartha
"I thank you and accept"
"Ik dank u en accepteer"
"And I also thank you for this, Vasudeva"
"En ik dank jou ook hiervoor, Vasudeva"
"I thank you for listening to me so well"
"Ik dank je dat je zo goed naar me hebt geluisterd"
"people who know how to listen are rare"
"mensen die kunnen luisteren zijn zeldzaam"
"I have not met a single person who knew it as well as you do"
"Ik heb nog nooit iemand ontmoet die het zo goed wist als jij"
"I will also learn in this respect from you"
"Ook in dit opzicht zal ik van jou leren"
"You will learn it," spoke Vasudeva
"Je zult het leren," sprak Vasudeva
"but you will not learn it from me"

"maar van mij leer je het niet"
"The river has taught me to listen"
"De rivier heeft mij geleerd te luisteren"
"you will learn to listen from the river as well"
"Je leert ook luisteren vanuit de rivier"
"It knows everything, the river"
"Het weet alles, de rivier"
"everything can be learned from the river"
"alles kan van de rivier geleerd worden"
"See, you've already learned this from the water too"
"Zie je wel, dat heb je ook al van het water geleerd"
"you have learned that it is good to strive downwards"
"je hebt geleerd dat het goed is om naar beneden te streven"
"you have learned to sink and to seek depth"
"je hebt geleerd te zinken en diepte te zoeken"
"The rich and elegant Siddhartha is becoming an oarsman's servant"
"De rijke en elegante Siddhartha wordt de dienaar van een roeier"
"the learned Brahman Siddhartha becomes a ferryman"
"de geleerde Brahman Siddhartha wordt een veerman"
"this has also been told to you by the river"
"dit is u ook door de rivier verteld"
"You'll learn the other thing from it as well"
"Je leert er ook nog wat anders van"
Siddhartha spoke after a long pause
Siddhartha sprak na een lange pauze
"What other things will I learn, Vasudeva?"
"Wat zal ik nog meer leren, Vasudeva?"
Vasudeva rose. "It is late," he said
Vasudeva stond op. "Het is laat," zei hij
and Vasudeva proposed going to sleep
en Vasudeva stelde voor om te gaan slapen
"I can't tell you that other thing, oh friend"
"Ik kan je dat andere niet vertellen, oh vriend"

"You'll learn the other thing, or perhaps you know it already"
"Je leert het andere, of misschien weet je het al"
"See, I'm no learned man"
"Kijk, ik ben geen geleerd man"
"I have no special skill in speaking"
"Ik heb geen speciale vaardigheid in spreken"
"I also have no special skill in thinking"
"Ik heb ook geen speciale vaardigheid in denken"
"All I'm able to do is to listen and to be godly"
"Het enige wat ik kan doen is luisteren en godvruchtig zijn"
"I have learned nothing else"
"Ik heb niets anders geleerd"
"If I was able to say and teach it, I might be a wise man"
"Als ik het kon zeggen en onderwijzen, zou ik een wijs man kunnen zijn"
"but like this I am only a ferryman"
"maar zo ben ik slechts een veerman"
"and it is my task to ferry people across the river"
"en het is mijn taak om mensen over de rivier te brengen"
"I have transported many thousands of people"
"Ik heb vele duizenden mensen vervoerd"
"and to all of them, my river has been nothing but an obstacle"
"en voor hen allen is mijn rivier niets meer dan een obstakel"
"it was something that got in the way of their travels"
"het was iets dat hun reizen in de weg zat"
"they travelled to seek money and business"
"Ze reisden op zoek naar geld en zaken"
"they travelled for weddings and pilgrimages"
"ze reisden voor bruiloften en pelgrimstochten"
"and the river was obstructing their path"
"en de rivier versperde hun pad"
"the ferryman's job was to get them quickly across that obstacle"

"de taak van de veerman was om ze snel over dat obstakel heen te krijgen"
"But for some among thousands, a few, the river has stopped being an obstacle"
"Maar voor sommigen onder de duizenden, een paar, is de rivier geen obstakel meer"
"they have heard its voice and they have listened to it"
"Ze hebben zijn stem gehoord en ernaar geluisterd"
"and the river has become sacred to them"
"en de rivier is voor hen heilig geworden"
"it become sacred to them as it has become sacred to me"
"het is voor hen heilig geworden, zoals het voor mij heilig is geworden"
"for now, let us rest, Siddhartha"
"Laten we nu rusten, Siddhartha"

Siddhartha stayed with the ferryman and learned to operate the boat
Siddhartha bleef bij de veerman en leerde de boot te bedienen
when there was nothing to do at the ferry, he worked with Vasudeva in the rice-field
toen er niets te doen was bij de veerboot, werkte hij met Vasudeva in de rijstvelden
he gathered wood and plucked the fruit off the banana-trees
hij verzamelde hout en plukte het fruit van de bananenbomen
He learned to build an oar and how to mend the boat
Hij leerde hoe hij een roeispaan moest bouwen en hoe hij de boot moest repareren
he learned how to weave baskets and repaid the hut
hij leerde manden vlechten en betaalde de hut terug
and he was joyful because of everything he learned
en hij was blij vanwege alles wat hij leerde
the days and months passed quickly
de dagen en maanden gingen snel voorbij
But more than Vasudeva could teach him, he was taught by the river

Maar meer dan Vasudeva hem kon leren, werd hij door de rivier onderwezen
Incessantly, he learned from the river
Hij leerde voortdurend van de rivier
Most of all, he learned to listen
Bovenal leerde hij luisteren
he learned to pay close attention with a quiet heart
hij leerde om met een stil hart goed op te letten
he learned to keep a waiting, open soul
hij leerde een wachtende, open ziel te hebben
he learned to listen without passion
hij leerde luisteren zonder passie
he learned to listen without a wish
hij leerde luisteren zonder wens
he learned to listen without judgement
hij leerde luisteren zonder oordeel
he learned to listen without an opinion
hij leerde luisteren zonder mening

In a friendly manner, he lived side by side with Vasudeva
Op een vriendelijke manier leefde hij zij aan zij met Vasudeva
occasionally they exchanged some words
af en toe wisselden ze wat woorden uit
then, at length, they thought about the words
toen dachten ze eindelijk na over de woorden
Vasudeva was no friend of words
Vasudeva was geen vriend van woorden
Siddhartha rarely succeeded in persuading him to speak
Siddhartha slaagde er zelden in hem te overtuigen om te spreken
"did you too learn that secret from the river?"
"Heb jij dat geheim ook van de rivier geleerd?"
"the secret that there is no time?"
"het geheim dat er geen tijd is?"
Vasudeva's face was filled with a bright smile
Vasudeva's gezicht was gevuld met een brede glimlach

"Yes, Siddhartha," he spoke
"Ja, Siddhartha," sprak hij
"I learned that the river is everywhere at once"
"Ik leerde dat de rivier overal tegelijk is"
"it is at the source and at the mouth of the river"
"het is bij de bron en bij de monding van de rivier"
"it is at the waterfall and at the ferry"
"het is bij de waterval en bij de veerboot"
"it is at the rapids and in the sea"
"het is bij de stroomversnellingen en in de zee"
"it is in the mountains and everywhere at once"
"het is in de bergen en overal tegelijk"
"and I learned that there is only the present time for the river"
"en ik leerde dat er voor de rivier alleen de huidige tijd is"
"it does not have the shadow of the past"
"het heeft niet de schaduw van het verleden"
"and it does not have the shadow of the future"
"en het heeft niet de schaduw van de toekomst"
"is this what you mean?" he asked
"Is dit wat je bedoelt?" vroeg hij
"This is what I meant," said Siddhartha
"Dit is wat ik bedoelde," zei Siddhartha
"And when I had learned it, I looked at my life"
"En toen ik het geleerd had, keek ik naar mijn leven"
"and my life was also a river"
"en mijn leven was ook een rivier"
"the boy Siddhartha was only separated from the man Siddhartha by a shadow"
"de jongen Siddhartha werd van de man Siddhartha slechts gescheiden door een schaduw"
"and a shadow separated the man Siddhartha from the old man Siddhartha"
"en een schaduw scheidde de man Siddhartha van de oude man Siddhartha"
"things are separated by a shadow, not by something real"

"dingen worden gescheiden door een schaduw, niet door iets reëels"
"Also, Siddhartha's previous births were not in the past"
"Bovendien lagen Siddhartha's vorige geboorten niet in het verleden"
"and his death and his return to Brahma is not in the future"
"en zijn dood en zijn terugkeer naar Brahma liggen niet in de toekomst"
"nothing was, nothing will be, but everything is"
"niets was, niets zal zijn, maar alles is"
"everything has existence and is present"
"alles heeft bestaan en is aanwezig"
Siddhartha spoke with ecstasy
Siddhartha sprak met extase
this enlightenment had delighted him deeply
Deze verlichting had hem diep verheugd
"was not all suffering time?"
"was niet alles lijden tijd?"
"were not all forms of tormenting oneself a form of time?"
"Zijn niet alle vormen van zelfkwelling een vorm van tijd?"
"was not everything hard and hostile because of time?"
"Was niet alles hard en vijandig vanwege de tijd?"
"is not everything evil overcome when one overcomes time?"
"Wordt niet al het kwaad overwonnen als men de tijd overwint?"
"as soon as time leaves the mind, does suffering leave too?"
"Zodra de tijd de geest verlaat, verdwijnt dan ook het lijden?"
Siddhartha had spoken in ecstatic delight
Siddhartha had in extatische vreugde gesproken
but Vasudeva smiled at him brightly and nodded in confirmation
maar Vasudeva glimlachte hem breed toe en knikte bevestigend
silently he nodded and brushed his hand over Siddhartha's shoulder

Hij knikte zwijgend en streek met zijn hand over Siddhartha's schouder
and then he turned back to his work
en toen keerde hij terug naar zijn werk

And Siddhartha asked Vasudeva again another time
En Siddhartha vroeg Vasudeva nog een keer
the river had just increased its flow in the rainy season
de rivier had net zijn stroomsnelheid vergroot in het regenseizoen
and it made a powerful noise
en het maakte een krachtig geluid
"Isn't it so, oh friend, the river has many voices?"
"Is het niet zo, vriend, dat de rivier vele stemmen heeft?"
"Hasn't it the voice of a king and of a warrior?"
"Is het niet de stem van een koning en van een krijger?"
"Hasn't it the voice of of a bull and of a bird of the night?"
"Is het niet de stem van een stier en een vogel van de nacht?"
"Hasn't it the voice of a woman giving birth and of a sighing man?"
"Is het niet de stem van een barende vrouw en van een zuchtende man?"
"and does it not also have a thousand other voices?"
"En heeft het niet ook nog duizend andere stemmen?"
"it is as you say it is," Vasudeva nodded
"Het is zoals je zegt dat het is," knikte Vasudeva
"all voices of the creatures are in its voice"
"alle stemmen van de wezens zijn in zijn stem"
"And do you know..." Siddhartha continued
"En weet je..." vervolgde Siddhartha
"what word does it speak when you succeed in hearing all of voices at once?"
"welk woord spreekt het als het je lukt om alle stemmen tegelijk te horen?"
Happily, Vasudeva's face was smiling
Gelukkig lachte Vasudeva's gezicht

he bent over to Siddhartha and spoke the holy Om into his ear
Hij boog zich naar Siddhartha en sprak de heilige Om in zijn oor
And this had been the very thing which Siddhartha had also been hearing
En dit was precies wat Siddhartha ook had gehoord

time after time, his smile became more similar to the ferryman's
keer op keer werd zijn glimlach meer vergelijkbaar met die van de veerman
his smile became almost just as bright as the ferryman's
zijn glimlach werd bijna net zo stralend als die van de veerman
it was almost just as thoroughly glowing with bliss
het was bijna net zo gloeiend van gelukzaligheid
shining out of thousand small wrinkles
stralend uit duizenden kleine rimpels
just like the smile of a child
net als de glimlach van een kind
just like the smile of an old man
net als de glimlach van een oude man
Many travellers, seeing the two ferrymen, thought they were brothers
Veel reizigers dachten, toen ze de twee veermannen zagen, dat het broers waren
Often, they sat in the evening together by the bank
Vaak zaten ze 's avonds samen aan de bank
they said nothing and both listened to the water
ze zeiden niets en luisterden beiden naar het water
the water, which was not water to them
het water, dat voor hen geen water was
it wasn't water, but the voice of life
het was geen water, maar de stem van het leven
the voice of what exists and what is eternally taking shape

de stem van wat bestaat en wat eeuwig vorm krijgt
it happened from time to time that both thought of the same thing
het gebeurde van tijd tot tijd dat beiden aan hetzelfde dachten
they thought of a conversation from the day before
ze dachten aan een gesprek van de dag ervoor
they thought of one of their travellers
ze dachten aan een van hun reizigers
they thought of death and their childhood
ze dachten aan de dood en aan hun kindertijd
they heard the river tell them the same thing
ze hoorden de rivier hen hetzelfde vertellen
both delighted about the same answer to the same question
beiden verheugd over hetzelfde antwoord op dezelfde vraag
There was something about the two ferrymen which was transmitted to others
Er was iets met de twee veermannen dat aan anderen werd doorgegeven
it was something which many of the travellers felt
het was iets wat veel reizigers voelden
travellers would occasionally look at the faces of the ferrymen
reizigers keken af en toe naar de gezichten van de veermannen
and then they told the story of their life
en toen vertelden ze het verhaal van hun leven
they confessed all sorts of evil things
ze bekenden allerlei slechte dingen
and they asked for comfort and advice
en ze vroegen om troost en advies
occasionally someone asked for permission to stay for a night
af en toe vroeg iemand toestemming om een nachtje te blijven
they also wanted to listen to the river
ze wilden ook naar de rivier luisteren
It also happened that curious people came
Het gebeurde ook dat er nieuwsgierige mensen kwamen

they had been told that there were two wise men
hen was verteld dat er twee wijze mannen waren
or they had been told there were two sorcerers
of hen was verteld dat er twee tovenaars waren
The curious people asked many questions
De nieuwsgierigen stelden veel vragen
but they got no answers to their questions
maar ze kregen geen antwoorden op hun vragen
they found neither sorcerers nor wise men
ze vonden noch tovenaars noch wijzen
they only found two friendly little old men, who seemed to be mute
ze vonden alleen twee vriendelijke oude mannetjes, die stom leken te zijn
they seemed to have become a bit strange in the forest by themselves
ze leken een beetje vreemd te zijn geworden in het bos, alleen
And the curious people laughed about what they had heard
En de nieuwsgierigen lachten om wat ze hadden gehoord
they said common people were foolishly spreading empty rumours
Ze zeiden dat gewone mensen op dwaze wijze lege geruchten verspreidden

The years passed by, and nobody counted them
De jaren gingen voorbij en niemand telde ze
Then, at one time, monks came by on a pilgrimage
Toen kwamen er eens monniken op bedevaart
they were followers of Gotama, the Buddha
zij waren volgelingen van Gotama, de Boeddha
they asked to be ferried across the river
ze vroegen om over de rivier te worden gebracht
they told them they were in a hurry to get back to their wise teacher
Ze vertelden hen dat ze haast hadden om terug te keren naar hun wijze leraar

news had spread the exalted one was deadly sick
het nieuws verspreidde zich dat de verhevene dodelijk ziek was
he would soon die his last human death
hij zou binnenkort zijn laatste menselijke dood sterven
in order to become one with the salvation
om één te worden met de verlossing
It was not long until a new flock of monks came
Het duurde niet lang voordat er een nieuwe kudde monniken kwam
they were also on their pilgrimage
zij waren ook op pelgrimstocht
most of the travellers spoke of nothing other than Gotama
de meeste reizigers spraken over niets anders dan Gotama
his impending death was all they thought about
zijn naderende dood was het enige waar ze aan dachten
if there had been war, just as many would travel
als er oorlog was geweest, zouden net zovelen op reis gaan
just as many would come to the coronation of a king
net zoals velen naar de kroning van een koning zouden komen
they gathered like ants in droves
ze verzamelden zich als mieren in drommen
they flocked, like being drawn onwards by a magic spell
ze stroomden samen, alsof ze door een magische spreuk werden voortgetrokken
they went to where the great Buddha was awaiting his death
ze gingen naar de plek waar de grote Boeddha op zijn dood wachtte
the perfected one of an era was to become one with the glory
de volmaakte van een tijdperk zou één worden met de glorie
Often, Siddhartha thought in those days of the dying wise man
Vaak dacht Siddhartha in die dagen aan de stervende wijze man
the great teacher whose voice had admonished nations

de grote leraar wiens stem de naties had vermaand
the one who had awoken hundreds of thousands
degene die honderdduizenden had gewekt
a man whose voice he had also once heard
een man wiens stem hij ook ooit had gehoord
a teacher whose holy face he had also once seen with respect
een leraar wiens heilige gezicht hij ook ooit met respect had gezien
Kindly, he thought of him
Vriendelijk dacht hij aan hem
he saw his path to perfection before his eyes
hij zag zijn pad naar perfectie voor zijn ogen
and he remembered with a smile those words he had said to him
en hij herinnerde zich met een glimlach de woorden die hij tegen hem had gezegd
when he was a young man and spoke to the exalted one
toen hij een jonge man was en tot de verhevene sprak
They had been, so it seemed to him, proud and precious words
Het waren, zo leek het hem, trotse en kostbare woorden geweest
with a smile, he remembered the the words
met een glimlach herinnerde hij zich de woorden
he knew that there was nothing standing between Gotama and him any more
hij wist dat er niets meer tussen Gotama en hem stond
he had known this for a long time already
hij wist dit al lang
though he was still unable to accept his teachings
hoewel hij nog steeds niet in staat was zijn leringen te accepteren
there was no teaching a truly searching person
er was geen onderwijs voor een werkelijk zoekende persoon
someone who truly wanted to find, could accept
iemand die echt wilde vinden, kon accepteren

But he who had found the answer could approve of any teaching
Maar hij die het antwoord had gevonden, kon elke leer goedkeuren
every path, every goal, they were all the same
elk pad, elk doel, ze waren allemaal hetzelfde
there was nothing standing between him and all the other thousands any more
er stond niets meer tussen hem en al die andere duizenden
the thousands who lived in that what is eternal
de duizenden die leefden in dat wat eeuwig is
the thousands who breathed what is divine
de duizenden die het goddelijke inademden

On one of these days, Kamala also went to him
Op een van deze dagen ging Kamala ook naar hem toe
she used to be the most beautiful of the courtesans
ze was vroeger de mooiste van de courtisanes
A long time ago, she had retired from her previous life
Ze had zich al lang geleden teruggetrokken uit haar vorige leven
she had given her garden to the monks of Gotama as a gift
ze had haar tuin als geschenk aan de monniken van Gotama gegeven
she had taken her refuge in the teachings
ze had haar toevlucht genomen tot de leringen
she was among the friends and benefactors of the pilgrims
zij behoorde tot de vrienden en weldoeners van de pelgrims
she was together with Siddhartha, the boy
ze was samen met Siddhartha, de jongen
Siddhartha the boy was her son
Siddhartha de jongen was haar zoon
she had gone on her way due to the news of the near death of Gotama
ze was op weg gegaan vanwege het nieuws over de naderende dood van Gotama

she was in simple clothes and on foot
ze droeg eenvoudige kleding en was te voet
and she was With her little son
en ze was met haar zoontje
she was travelling by the river
ze reisde langs de rivier
but the boy had soon grown tired
maar de jongen was al snel moe geworden
he desired to go back home
hij wilde terug naar huis
he desired to rest and eat
hij wilde rusten en eten
he became disobedient and started whining
hij werd ongehoorzaam en begon te zeuren
Kamala often had to take a rest with him
Kamala moest vaak met hem uitrusten
he was accustomed to getting what he wanted
hij was gewend te krijgen wat hij wilde
she had to feed him and comfort him
ze moest hem voeden en troosten
she had to scold him for his behaviour
ze moest hem uitschelden voor zijn gedrag
He did not comprehend why he had to go on this exhausting pilgrimage
Hij begreep niet waarom hij deze uitputtende pelgrimstocht moest maken
he did not know why he had to go to an unknown place
hij wist niet waarom hij naar een onbekende plaats moest gaan
he did know why he had to see a holy dying stranger
hij wist wel waarom hij een heilige stervende vreemdeling moest zien
"So what if he died?" he complained
"En wat als hij doodgaat?" klaagde hij
why should this concern him?
Waarom zou hem dit iets kunnen schelen?
The pilgrims were getting close to Vasudeva's ferry

De pelgrims naderden de veerboot van Vasudeva
little Siddhartha once again forced his mother to rest
de kleine Siddhartha dwong zijn moeder opnieuw om te rusten
Kamala had also become tired
Kamala was ook moe geworden
while the boy was chewing a banana, she crouched down on the ground
terwijl de jongen een banaan kauwde, hurkte ze op de grond
she closed her eyes a bit and rested
Ze sloot haar ogen een beetje en rustte uit
But suddenly, she uttered a wailing scream
Maar plotseling slaakte ze een jammerende schreeuw
the boy looked at her in fear
de jongen keek haar angstig aan
he saw her face had grown pale from horror
hij zag dat haar gezicht bleek was geworden van afschuw
and from under her dress, a small, black snake fled
en onder haar jurk vluchtte een kleine, zwarte slang
a snake by which Kamala had been bitten
een slang waardoor Kamala gebeten was
Hurriedly, they both ran along the path, to reach people
Ze renden beiden haastig langs het pad om mensen te bereiken
they got near to the ferry and Kamala collapsed
ze kwamen dicht bij de veerboot en Kamala stortte in elkaar
she was not able to go any further
ze kon niet verder
the boy started crying miserably
de jongen begon ellendig te huilen
his cries were only interrupted when he kissed his mother
zijn gehuil werd pas onderbroken toen hij zijn moeder kuste
she also joined his loud screams for help
ze sloot zich ook aan bij zijn luide geschreeuw om hulp
she screamed until the sound reached Vasudeva's ears
ze schreeuwde tot het geluid Vasudeva's oren bereikte

Vasudeva quickly came and took the woman on his arms
Vasudeva kwam snel en nam de vrouw in zijn armen
he carried her into the boat and the boy ran along
hij droeg haar in de boot en de jongen rende mee
soon they reached the hut, where Siddhartha stood by the stove
al snel bereikten ze de hut, waar Siddhartha bij de kachel stond
he was just lighting the fire
hij was net het vuur aan het aansteken
He looked up and first saw the boy's face
Hij keek op en zag voor het eerst het gezicht van de jongen
it wondrously reminded him of something
het deed hem op wonderbaarlijke wijze aan iets denken
like a warning to remember something he had forgotten
als een waarschuwing om iets te onthouden wat hij vergeten was
Then he saw Kamala, whom he instantly recognised
Toen zag hij Kamala, die hij onmiddellijk herkende
she lay unconscious in the ferryman's arms
ze lag bewusteloos in de armen van de veerman
now he knew that it was his own son
nu wist hij dat het zijn eigen zoon was
his son whose face had been such a warning reminder to him
zijn zoon wiens gezicht zo'n waarschuwende herinnering voor hem was geweest
and the heart stirred in his chest
en het hart roerde zich in zijn borst
Kamala's wound was washed, but had already turned black
Kamala's wond was gewassen, maar was al zwart geworden
and her body was swollen
en haar lichaam was opgezwollen
she was made to drink a healing potion
ze moest een genezende drank drinken
Her consciousness returned and she lay on Siddhartha's bed

Haar bewustzijn keerde terug en ze ging op Siddhartha's bed liggen

Siddhartha stood over Kamala, who he used to love so much
Siddhartha stond boven Kamala, van wie hij vroeger zoveel hield

It seemed like a dream to her
Het leek voor haar een droom

with a smile, she looked at her friend's face
met een glimlach keek ze naar het gezicht van haar vriendin

slowly she realized her situation
langzaam realiseerde ze zich haar situatie

she remembered she had been bitten
ze herinnerde zich dat ze gebeten was

and she timidly called for her son
en ze riep verlegen om haar zoon

"He's with you, don't worry," said Siddhartha
"Hij is bij je, maak je geen zorgen," zei Siddhartha

Kamala looked into his eyes
Kamala keek hem in de ogen

She spoke with a heavy tongue, paralysed by the poison
Ze sprak met een zware tong, verlamd door het gif

"You've become old, my dear," she said
"Je bent oud geworden, mijn liefste," zei ze

"you've become gray," she added
"Je bent grijs geworden", voegde ze toe

"But you are like the young Samana, who came without clothes"
"Maar jij bent als de jonge Samana, die zonder kleren kwam"

"you're like the Samana who came into my garden with dusty feet"
"Je bent als de Samana die met stoffige voeten mijn tuin binnenkwam"

"You are much more like him than you were when you left me"
"Je lijkt veel meer op hem dan toen je mij verliet"

"In the eyes, you're like him, Siddhartha"

"In de ogen lijk je op hem, Siddhartha"
"Alas, I have also grown old"
"Helaas, ik ben ook oud geworden"
"could you still recognise me?"
"Kun je mij nog herkennen?"
Siddhartha smiled, "Instantly, I recognised you, Kamala, my dear"
Siddhartha glimlachte: "Ik herkende je meteen, Kamala, mijn liefste."
Kamala pointed to her boy
Kamala wees naar haar jongen
"Did you recognise him as well?"
"Heb jij hem ook herkend?"
"He is your son," she confirmed
"Hij is je zoon", bevestigde ze
Her eyes became confused and fell shut
Haar ogen raakten in de war en vielen dicht
The boy wept and Siddhartha took him on his knees
De jongen huilde en Siddhartha nam hem op zijn knieën
he let him weep and petted his hair
hij liet hem huilen en aaide hem over zijn haar
at the sight of the child's face, a Brahman prayer came to his mind
bij het zien van het gezicht van het kind kwam er een Brahman-gebed in hem op
a prayer which he had learned a long time ago
een gebed dat hij al lang geleden had geleerd
a time when he had been a little boy himself
een tijd waarin hij zelf nog een kleine jongen was
Slowly, with a singing voice, he started to speak
Langzaam, met een zingende stem, begon hij te spreken
from his past and childhood, the words came flowing to him
vanuit zijn verleden en jeugd kwamen de woorden naar hem toe
And with that song, the boy became calm
En met dat liedje werd de jongen kalm

he was only now and then uttering a sob
hij liet slechts af en toe een snik horen
and finally he fell asleep
en uiteindelijk viel hij in slaap
Siddhartha placed him on Vasudeva's bed
Siddhartha legde hem op het bed van Vasudeva
Vasudeva stood by the stove and cooked rice
Vasudeva stond bij het fornuis en kookte rijst
Siddhartha gave him a look, which he returned with a smile
Siddhartha keek hem aan, die hij met een glimlach beantwoordde
"She'll die," Siddhartha said quietly
"Ze zal sterven," zei Siddhartha zachtjes
Vasudeva knew it was true, and nodded
Vasudeva wist dat het waar was en knikte
over his friendly face ran the light of the stove's fire
over zijn vriendelijke gezicht liep het licht van het vuur van de kachel
once again, Kamala returned to consciousness
Kamala kwam weer bij bewustzijn
the pain of the poison distorted her face
de pijn van het gif vervormde haar gezicht
Siddhartha's eyes read the suffering on her mouth
Siddhartha's ogen lazen het lijden op haar mond
from her pale cheeks he could see that she was suffering
aan haar bleke wangen kon hij zien dat ze leed
Quietly, he read the pain in her eyes
Stilletjes las hij de pijn in haar ogen
attentively, waiting, his mind become one with her suffering
aandachtig, wachtend, zijn geest werd één met haar lijden
Kamala felt it and her gaze sought his eyes
Kamala voelde het en haar blik zocht zijn ogen
Looking at him, she spoke
Ze keek hem aan en sprak
"Now I see that your eyes have changed as well"
"Nu zie ik dat jouw ogen ook veranderd zijn"

"They've become completely different"
"Ze zijn totaal anders geworden"
"what do I still recognise in you that is Siddhartha?
"Wat herken ik nog in jou als Siddhartha?
"It's you, and it's not you"
"Het is jij, en het is niet jij"
Siddhartha said nothing, quietly his eyes looked at hers
Siddhartha zei niets, zijn ogen keken haar rustig aan
"You have achieved it?" she asked
"Heb je het bereikt?" vroeg ze
"You have found peace?"
"Heb je vrede gevonden?"
He smiled and placed his hand on hers
Hij glimlachte en legde zijn hand op de hare
"I'm seeing it" she said
"Ik zie het", zei ze
"I too will find peace"
"Ook ik zal vrede vinden"
"You have found it," Siddhartha spoke in a whisper
"Je hebt het gevonden," sprak Siddhartha fluisterend
Kamala never stopped looking into his eyes
Kamala bleef hem voortdurend in de ogen kijken
She thought about her pilgrimage to Gotama
Ze dacht aan haar pelgrimstocht naar Gotama
the pilgrimage which she wanted to take
de pelgrimstocht die ze wilde maken
in order to see the face of the perfected one
om het gezicht van de volmaakte te zien
in order to breathe his peace
om zijn vrede te ademen
but she had now found it in another place
maar ze had het nu op een andere plek gevonden
and this she thought that was good too
en dat vond ze ook wel goed
it was just as good as if she had seen the other one
het was net zo goed alsof ze de andere had gezien

She wanted to tell this to him
Ze wilde dit aan hem vertellen
but her tongue no longer obeyed her will
maar haar tong gehoorzaamde niet langer aan haar wil
Without speaking, she looked at him
Zonder te spreken keek ze hem aan
he saw the life fading from her eyes
hij zag het leven uit haar ogen verdwijnen
the final pain filled her eyes and made them grow dim
de laatste pijn vulde haar ogen en maakte ze dof
the final shiver ran through her limbs
de laatste rilling liep door haar ledematen
his finger closed her eyelids
zijn vinger sloot haar oogleden

For a long time, he sat and looked at her peacefully dead face
Hij zat lange tijd naar haar vredig dode gezicht te kijken
For a long time, he observed her mouth
Hij observeerde haar mond lange tijd
her old, tired mouth, with those lips, which had become thin
haar oude, vermoeide mond, met die lippen, die dun waren geworden
he remembered he used to compare this mouth with a freshly cracked fig
hij herinnerde zich dat hij deze mond vergeleek met een vers gebarsten vijg
this was in the spring of his years
dit was in het voorjaar van zijn jaren
For a long time, he sat and read the pale face
Hij zat lange tijd te lezen in het bleke gezicht
he read the tired wrinkles
hij las de vermoeide rimpels
he filled himself with this sight
hij vulde zichzelf met dit zicht
he saw his own face in the same manner

hij zag zijn eigen gezicht op dezelfde manier
he saw his face was just as white
hij zag dat zijn gezicht net zo wit was
he saw his face was just as quenched out
hij zag dat zijn gezicht net zo uitgeblust was
at the same time he saw his face and hers being young
tegelijkertijd zag hij zijn gezicht en het hare jong zijn
their faces with red lips and fiery eyes
hun gezichten met rode lippen en vurige ogen
the feeling of both being real at the same time
het gevoel dat beide tegelijkertijd echt zijn
the feeling of eternity completely filled every aspect of his being
het gevoel van eeuwigheid vulde elk aspect van zijn wezen volledig
in this hour he felt more deeply than than he had ever felt before
in dit uur voelde hij dieper dan hij ooit eerder had gevoeld
he felt the indestructibility of every life
hij voelde de onverwoestbaarheid van elk leven
he felt the eternity of every moment
hij voelde de eeuwigheid van elk moment
When he rose, Vasudeva had prepared rice for him
Toen hij opstond, had Vasudeva rijst voor hem klaargemaakt
But Siddhartha did not eat that night
Maar Siddhartha at die nacht niet
In the stable their goat stood
In de stal stond hun geit
the two old men prepared beds of straw for themselves
de twee oude mannen maakten bedden van stro voor zichzelf klaar
Vasudeva laid himself down to sleep
Vasudeva legde zich neer om te slapen
But Siddhartha went outside and sat before the hut
Maar Siddhartha ging naar buiten en ging voor de hut zitten
he listened to the river, surrounded by the past

hij luisterde naar de rivier, omringd door het verleden
he was touched and encircled by all times of his life at the same time
hij werd geraakt en omringd door alle tijden van zijn leven tegelijk
occasionally he rose and he stepped to the door of the hut
af en toe stond hij op en stapte naar de deur van de hut
he listened whether the boy was sleeping
hij luisterde of de jongen sliep

before the sun could be seen, Vasudeva came out of the stable
voordat de zon te zien was, kwam Vasudeva uit de stal
he walked over to his friend
hij liep naar zijn vriend
"You haven't slept," he said
"Je hebt niet geslapen," zei hij
"No, Vasudeva. I sat here"
"Nee, Vasudeva. Ik zat hier"
"I was listening to the river"
"Ik luisterde naar de rivier"
"the river has told me a lot"
"de rivier heeft mij veel verteld"
"it has deeply filled me with the healing thought of oneness"
"het heeft mij diep vervuld met de helende gedachte van eenheid"
"You've experienced suffering, Siddhartha"
"Je hebt lijden ervaren, Siddhartha"
"but I see no sadness has entered your heart"
"maar ik zie dat er geen droefheid in je hart is gekomen"
"No, my dear, how should I be sad?"
"Nee, lieverd, hoe kan ik verdrietig zijn?"
"I, who have been rich and happy"
"Ik, die rijk en gelukkig ben geweest"
"I have become even richer and happier now"
"Ik ben nu nog rijker en gelukkiger geworden"

"My son has been given to me"
"Mijn zoon is mij gegeven"
"Your son shall be welcome to me as well"
"Uw zoon is ook bij mij welkom"
"But now, Siddhartha, let's get to work"
"Maar nu, Siddhartha, laten we aan de slag gaan"
"there is much to be done"
"er is nog veel te doen"
"Kamala has died on the same bed on which my wife had died"
"Kamala is gestorven op hetzelfde bed als waarop mijn vrouw stierf"
"Let us build Kamala's funeral pile on the hill"
"Laten we Kamala's rouwstapel op de heuvel bouwen"
"the hill on which I my wife's funeral pile is"
"de heuvel waarop de rouwstapel van mijn vrouw ligt"
While the boy was still asleep, they built the funeral pile
Terwijl de jongen nog sliep, bouwden ze de brandstapel

The Son
De Zoon

Timid and weeping, the boy had attended his mother's funeral
De jongen was verlegen en wenend aanwezig bij de begrafenis van zijn moeder
gloomy and shy, he had listened to Siddhartha
somber en verlegen, hij had naar Siddhartha geluisterd
Siddhartha greeted him as his son
Siddhartha begroette hem als zijn zoon
he welcomed him at his place in Vasudeva's hut
hij verwelkomde hem op zijn plaats in de hut van Vasudeva
Pale, he sat for many days by the hill of the dead
Bleek zat hij vele dagen bij de heuvel van de doden
he did not want to eat
hij wilde niet eten
he did not look at anyone
hij keek niemand aan
he did not open his heart
hij opende zijn hart niet
he met his fate with resistance and denial
hij ontmoette zijn lot met verzet en ontkenning
Siddhartha spared giving him lessons
Siddhartha spaarde hem de lessen
and he let him do as he pleased
en hij liet hem doen wat hij wilde
Siddhartha honoured his son's mourning
Siddhartha eerde de rouw van zijn zoon
he understood that his son did not know him
hij begreep dat zijn zoon hem niet kende
he understood that he could not love him like a father
hij begreep dat hij hem niet kon liefhebben als een vader
Slowly, he also understood that the eleven-year-old was a pampered boy

Langzaam begreep hij ook dat de elfjarige een verwende
jongen was
he saw that he was a mother's boy
hij zag dat hij een moederskindje was
he saw that he had grown up in the habits of rich people
hij zag dat hij was opgegroeid in de gewoonten van rijke
mensen
he was accustomed to finer food and a soft bed
hij was gewend aan fijner eten en een zacht bed
he was accustomed to giving orders to servants
hij was gewend om bevelen te geven aan dienaren
the mourning child could not suddenly be content with a life among strangers
het rouwende kind kon zich niet plotseling tevreden stellen met een leven onder vreemden
Siddhartha understood the pampered child would not willingly be in poverty
Siddhartha begreep dat het verwende kind niet vrijwillig in armoede zou leven
He did not force him to do these these things
Hij heeft hem niet gedwongen om deze dingen te doen
Siddhartha did many chores for the boy
Siddhartha deed veel klusjes voor de jongen
he always saved the best piece of the meal for him
hij bewaarde altijd het beste stuk van de maaltijd voor zichzelf
Slowly, he hoped to win him over, by friendly patience
Langzaam hoopte hij hem te winnen door vriendelijk geduld
Rich and happy, he had called himself, when the boy had come to him
Rijk en gelukkig, had hij zichzelf genoemd, toen de jongen bij hem was gekomen
Since then some time had passed
Sindsdien is er enige tijd verstreken
but the boy remained a stranger and in a gloomy disposition
maar de jongen bleef een vreemdeling en in een sombere stemming

he displayed a proud and stubbornly disobedient heart
hij toonde een trots en koppig ongehoorzaam hart
he did not want to do any work
hij wilde geen werk doen
he did not pay his respect to the old men
hij betoonde zijn respect niet aan de oude mannen
he stole from Vasudeva's fruit-trees
hij stal van Vasudeva's fruitbomen
his son had not brought him happiness and peace
zijn zoon had hem geen geluk en vrede gebracht
the boy had brought him suffering and worry
de jongen had hem lijden en zorgen bezorgd
slowly Siddhartha began to understand this
Langzaam begon Siddhartha dit te begrijpen
But he loved him regardless of the suffering he brought him
Maar hij hield van hem, ongeacht het lijden dat hij hem bracht
he preferred the suffering and worries of love over happiness and joy without the boy
hij gaf de voorkeur aan het lijden en de zorgen van de liefde boven geluk en vreugde zonder de jongen
from when young Siddhartha was in the hut the old men had split the work
vanaf het moment dat de jonge Siddhartha in de hut was, hadden de oude mannen het werk verdeeld
Vasudeva had again taken on the job of the ferryman
Vasudeva had opnieuw de taak van veerman op zich genomen
and Siddhartha, in order to be with his son, did the work in the hut and the field
en Siddhartha deed, om bij zijn zoon te zijn, het werk in de hut en op het veld

for long months Siddhartha waited for his son to understand him
maandenlang wachtte Siddhartha erop dat zijn zoon hem zou begrijpen

he waited for him to accept his love
hij wachtte tot hij zijn liefde zou accepteren
and he waited for his son to perhaps reciprocate his love
en hij wachtte tot zijn zoon misschien zijn liefde zou beantwoorden
For long months Vasudeva waited, watching
Maandenlang wachtte Vasudeva en keek toe
he waited and said nothing
hij wachtte en zei niets
One day, young Siddhartha tormented his father very much
Op een dag kwelde de jonge Siddhartha zijn vader heel erg
he had broken both of his rice-bowls
hij had beide rijstkommen gebroken
Vasudeva took his friend aside and talked to him
Vasudeva nam zijn vriend apart en sprak met hem
"Pardon me," he said to Siddhartha
"Pardon mij," zei hij tegen Siddhartha
"from a friendly heart, I'm talking to you"
"Vanuit een vriendelijk hart, spreek ik tot jou"
"I'm seeing that you are tormenting yourself"
"Ik zie dat je jezelf kwelt"
"I'm seeing that you're in grief"
"Ik zie dat je verdriet hebt"
"Your son, my dear, is worrying you"
"Je zoon, mijn liefste, maakt je zorgen"
"and he is also worrying me"
"en hij maakt mij ook zorgen"
"That young bird is accustomed to a different life"
"Die jonge vogel is gewend aan een ander leven"
"he is used to living in a different nest"
"hij is gewend om in een ander nest te leven"
"he has not, like you, run away from riches and the city"
"Hij is niet, zoals jij, weggelopen van rijkdom en de stad"
"he was not disgusted and fed up with the life in Sansara"
"hij was niet walgend en zat niet op het leven in Sansara"
"he had to do all these things against his will"

"hij moest al deze dingen tegen zijn wil doen"
"he had to leave all this behind"
"hij moest dit allemaal achterlaten"
"I asked the river, oh friend"
"Ik vroeg de rivier, oh vriend"
"many times I have asked the river"
"vele malen heb ik de rivier gevraagd"
"But the river laughs at all of this"
"Maar de rivier lacht om dit alles"
"it laughs at me and it laughs at you"
"het lacht om mij en het lacht om jou"
"the river is shaking with laughter at our foolishness"
"de rivier schudt van het lachen om onze dwaasheid"
"Water wants to join water as youth wants to join youth"
"Water wil zich bij water voegen, zoals de jeugd zich bij de jeugd wil voegen"
"your son is not in the place where he can prosper"
"Uw zoon is niet op de plaats waar hij kan gedijen"
"you too should ask the river"
"jij moet het ook aan de rivier vragen"
"you too should listen to it!"
"Jij moet er ook naar luisteren!"
Troubled, Siddhartha looked into his friendly face
Bezorgd keek Siddhartha in zijn vriendelijke gezicht
he looked at the many wrinkles in which there was incessant cheerfulness
hij keek naar de vele rimpels waarin onophoudelijke vrolijkheid heerste
"How could I part with him?" he said quietly, ashamed
"Hoe kon ik van hem scheiden?" zei hij zachtjes, beschaamd
"Give me some more time, my dear"
"Geef me nog wat tijd, mijn liefste"
"See, I'm fighting for him"
"Kijk, ik vecht voor hem"
"I'm seeking to win his heart"
"Ik probeer zijn hart te winnen"

"with love and with friendly patience I intend to capture it"
"met liefde en met vriendelijk geduld wil ik het vastleggen"
"One day, the river shall also talk to him"
"Op een dag zal de rivier ook met hem praten"
"he also is called upon"
"hij wordt ook geroepen"
Vasudeva's smile flourished more warmly
Vasudeva's glimlach bloeide warmer
"Oh yes, he too is called upon"
"Oh ja, ook hij wordt opgeroepen"
"he too is of the eternal life"
"ook hij is van het eeuwige leven"
"But do we, you and me, know what he is called upon to do?"
"Maar weten wij, jij en ik, wat hij moet doen?"
"we know what path to take and what actions to perform"
"we weten welk pad we moeten bewandelen en welke acties we moeten ondernemen"
"we know what pain we have to endure"
"We weten welke pijn we moeten doorstaan"
"but does he know these things?"
"Maar weet hij deze dingen?"
"Not a small one, his pain will be"
"Niet een kleintje, zijn pijn zal zijn"
"after all, his heart is proud and hard"
"uiteindelijk is zijn hart trots en hard"
"people like this have to suffer and err a lot"
"Mensen als deze moeten veel lijden en fouten maken"
"they have to do much injustice"
"Ze moeten veel onrecht doen"
"and they have burden themselves with much sin"
"en zij hebben zichzelf met veel zonde belast"
"Tell me, my dear," he asked of Siddhartha
"Vertel me, mijn liefste," vroeg hij aan Siddhartha
"you're not taking control of your son's upbringing?"
"Je neemt geen controle over de opvoeding van je zoon?"

"You don't force him, beat him, or punish him?"
"Je dwingt hem niet, slaat hem niet en straft hem niet?"
"No, Vasudeva, I don't do any of these things"
"Nee, Vasudeva, ik doe geen van deze dingen"
"I knew it. You don't force him"
"Ik wist het. Je dwingt hem niet"
"you don't beat him and you don't give him orders"
"Je slaat hem niet en je geeft hem geen bevelen"
"because you know softness is stronger than hard"
"omdat je weet dat zachtheid sterker is dan hardheid"
"you know water is stronger than rocks"
"Je weet dat water sterker is dan rotsen"
"and you know love is stronger than force"
"en je weet dat liefde sterker is dan geweld"
"Very good, I praise you for this"
"Heel goed, ik prijs u hiervoor"
"But aren't you mistaken in some way?"
"Maar vergis je je dan niet?"
"don't you think that you are forcing him?"
"Denk je niet dat je hem dwingt?"
"don't you perhaps punish him a different way?"
"Straf je hem misschien niet op een andere manier?"
"Don't you shackle him with your love?"
"Bandeer je hem niet met je liefde?"
"Don't you make him feel inferior every day?"
"Laat jij hem niet elke dag minderwaardig voelen?"
"doesn't your kindness and patience make it even harder for him?"
"Maakt jouw vriendelijkheid en geduld het niet nog moeilijker voor hem?"
"aren't you forcing him to live in a hut with two old banana-eaters?"
"Dwing je hem niet om in een hut te wonen met twee oude bananeneters?"
"old men to whom even rice is a delicacy"
"oude mannen voor wie zelfs rijst een delicatesse is"

"old men whose thoughts can't be his"
"oude mannen wiens gedachten niet de zijne kunnen zijn"
"old men whose hearts are old and quiet"
"oude mannen wier harten oud en stil zijn"
"old men whose hearts beat in a different pace than his"
"oude mannen wiens harten in een ander tempo kloppen dan de zijne"
"Isn't he forced and punished by all this?""
"Wordt hij door dit alles niet gedwongen en gestraft?"
Troubled, Siddhartha looked to the ground
Bezorgd keek Siddhartha naar de grond
Quietly, he asked, "What do you think should I do?"
Zachtjes vroeg hij: "Wat denk je dat ik moet doen?"
Vasudeva spoke, "Bring him into the city"
Vasudeva sprak: "Breng hem naar de stad"
"bring him into his mother's house"
"breng hem naar het huis van zijn moeder"
"there'll still be servants around, give him to them"
"Er zullen nog steeds dienaren zijn, geef hem aan hen"
"And if there aren't any servants, bring him to a teacher"
"En als er geen bedienden zijn, breng hem dan naar een leraar"
"but don't bring him to a teacher for teachings' sake"
"maar breng hem niet naar een leraar omwille van de leer"
"bring him to a teacher so that he is among other children"
"breng hem naar een leraar, zodat hij onder andere kinderen is"
"and bring him to the world which is his own"
"en hem naar de wereld brengen die van hem is"
"have you never thought of this?"
"Heb je hier nog nooit aan gedacht?"
"you're seeing into my heart," Siddhartha spoke sadly
"Je kijkt in mijn hart," sprak Siddhartha verdrietig
"Often, I have thought of this"
"Ik heb hier vaak aan gedacht"
"but how can I put him into this world?"
"Maar hoe kan ik hem op de wereld zetten?"

"Won't he become exuberant?"
"Wordt hij niet uitbundig?"
"won't he lose himself to pleasure and power?"
"Zal hij zichzelf niet verliezen aan genot en macht?"
"won't he repeat all of his father's mistakes?"
"Zal hij niet alle fouten van zijn vader herhalen?"
"won't he perhaps get entirely lost in Sansara?"
"Zal hij in Sansara niet helemaal verdwalen?"
Brightly, the ferryman's smile lit up
De glimlach van de veerman lichtte helder op
softly, he touched Siddhartha's arm
Zachtjes raakte hij Siddhartha's arm aan
"Ask the river about it, my friend!"
"Vraag het maar aan de rivier, mijn vriend!"
"Hear the river laugh about it!"
"Hoor de rivier erom lachen!"
"Would you actually believe that you had committed your foolish acts?
"Zou je werkelijk geloven dat je jouw dwaze daden hebt begaan?
"in order to spare your son from committing them too"
"om te voorkomen dat uw zoon ze ook begaat"
"And could you in any way protect your son from Sansara?"
"En zou jij je zoon op enigerlei wijze kunnen beschermen tegen Sansara?"
"How could you protect him from Sansara?"
"Hoe kon je hem beschermen tegen Sansara?"
"By means of teachings, prayer, admonition?"
"Door middel van leringen, gebeden en vermaningen?"
"My dear, have you entirely forgotten that story?"
"Mijn liefste, ben je dat verhaal helemaal vergeten?"
"the story containing so many lessons"
"het verhaal met zoveel lessen"
"the story about Siddhartha, a Brahman's son"
"het verhaal over Siddhartha, de zoon van een brahmaan"
"the story which you once told me here on this very spot?"

"Het verhaal dat je me ooit hier op deze plek vertelde?"
"Who has kept the Samana Siddhartha safe from Sansara?"
"Wie heeft de Samana Siddhartha beschermd tegen Sansara?"
"who has kept him from sin, greed, and foolishness?"
"Wie heeft hem bewaard voor zonde, hebzucht en dwaasheid?"
"Were his father's religious devotion able to keep him safe?
"Kon de religieuze toewijding van zijn vader hem beschermen?
"were his teacher's warnings able to keep him safe?"
"waren de waarschuwingen van zijn leraar in staat hem veilig te houden?"
"could his own knowledge keep him safe?"
"Kan zijn eigen kennis hem veilig houden?"
"was his own search able to keep him safe?"
"Kon hij zichzelf door zijn eigen zoektocht beschermen?"
"What father has been able to protect his son?"
"Welke vader heeft zijn zoon kunnen beschermen?"
"what father could keep his son from living his life for himself?"
"Welke vader zou zijn zoon ervan weerhouden zijn eigen leven te leiden?"
"what teacher has been able to protect his student?"
"Welke leraar is erin geslaagd zijn leerling te beschermen?"
"what teacher can stop his student from soiling himself with life?"
"Welke leraar kan zijn leerling ervan weerhouden zichzelf met het leven te bezoedelen?"
"who could stop him from burdening himself with guilt?"
"Wie zou hem ervan kunnen weerhouden zichzelf met schuldgevoelens te belasten?"
"who could stop him from drinking the bitter drink for himself?"
"Wie zou hem ervan kunnen weerhouden om zelf van de bittere drank te drinken?"
"who could stop him from finding his path for himself?"

"Wie zou hem ervan kunnen weerhouden zijn eigen pad te vinden?"
"did you think anybody could be spared from taking this path?"
"Dacht je dat iemand dit pad niet hoefde te bewandelen?"
"did you think that perhaps your little son would be spared?"
"Dacht u dat uw zoontje misschien gespaard zou blijven?"
"did you think your love could do all that?"
"Dacht je dat jouw liefde dat allemaal kon?"
"did you think your love could keep him from suffering"
"Dacht je dat jouw liefde hem van lijden kon behoeden"
"did you think your love could protect him from pain and disappointment?
"Dacht je dat jouw liefde hem kon beschermen tegen pijn en teleurstelling?
"you could die ten times for him"
"Je zou tien keer voor hem kunnen sterven"
"but you could take no part of his destiny upon yourself"
"maar je kon geen deel van zijn lot op je nemen"
Never before, Vasudeva had spoken so many words
Nooit eerder had Vasudeva zoveel woorden gesproken
Kindly, Siddhartha thanked him
Vriendelijk bedankte Siddhartha hem
he went troubled into the hut
hij ging onrustig de hut binnen

he could not sleep for a long time
hij kon lange tijd niet slapen
Vasudeva had told him nothing he had not already thought and known
Vasudeva had hem niets verteld wat hij niet al had gedacht en geweten
But this was a knowledge he could not act upon
Maar dit was een kennis waar hij niet naar kon handelen
stronger than knowledge was his love for the boy

sterker dan kennis was zijn liefde voor de jongen
stronger than knowledge was his tenderness
sterker dan kennis was zijn tederheid
stronger than knowledge was his fear to lose him
sterker dan kennis was zijn angst om hem te verliezen
had he ever lost his heart so much to something?
had hij ooit zijn hart zozeer aan iets verloren?
had he ever loved any person so blindly?
had hij ooit zo blind van iemand gehouden?
had he ever suffered for someone so unsuccessfully?
had hij ooit zo onsuccesvol voor iemand geleden?
had he ever made such sacrifices for anyone and yet been so unhappy?
had hij ooit zulke offers gebracht voor iemand en was hij toch zo ongelukkig?
Siddhartha could not heed his friend's advice
Siddhartha kon het advies van zijn vriend niet opvolgen
he could not give up the boy
hij kon de jongen niet opgeven
He let the boy give him orders
Hij liet de jongen hem bevelen geven
he let him disregard him
hij liet hem hem negeren
He said nothing and waited
Hij zei niets en wachtte
daily, he attempted the struggle of friendliness
dagelijks probeerde hij de strijd van vriendelijkheid
he initiated the silent war of patience
hij begon de stille oorlog van geduld
Vasudeva also said nothing and waited
Vasudeva zei ook niets en wachtte
They were both masters of patience
Ze waren beiden meesters in geduld

one time the boy's face reminded him very much of Kamala

op een gegeven moment deed het gezicht van de jongen hem heel erg denken aan Kamala
Siddhartha suddenly had to think of something Kamala had once said
Siddhartha moest plotseling denken aan iets dat Kamala ooit had gezegd
"You cannot love" she had said to him
"Je kunt niet liefhebben", had ze tegen hem gezegd
and he had agreed with her
en hij was het met haar eens
and he had compared himself with a star
en hij had zichzelf vergeleken met een ster
and he had compared the childlike people with falling leaves
en hij had de kinderlijke mensen vergeleken met vallende bladeren
but nevertheless, he had also sensed an accusation in that line
maar toch had hij in die zin ook een beschuldiging gevoeld
Indeed, he had never been able to love
Hij had inderdaad nooit kunnen liefhebben
he had never been able to devote himself completely to another person
hij had zich nooit volledig aan een ander kunnen wijden
he had never been able to to forget himself
hij was er nooit in geslaagd zichzelf te vergeten
he had never been able to commit foolish acts for the love of another person
hij was nooit in staat geweest om dwaze daden te begaan uit liefde voor een ander persoon
at that time it seemed to set him apart from the childlike people
op dat moment leek het hem te onderscheiden van de kinderlijke mensen
But ever since his son was here, Siddhartha also become a childlike person

Maar sinds zijn zoon er was, werd Siddhartha ook een kinderlijk persoon
he was suffering for the sake of another person
hij leed omwille van een ander persoon
he was loving another person
hij was verliefd op een ander persoon
he was lost to a love for someone else
hij was verloren aan een liefde voor iemand anders
he had become a fool on account of love
hij was een dwaas geworden vanwege de liefde
Now he too felt the strongest and strangest of all passions
Nu voelde ook hij de sterkste en vreemdste van alle passies
he suffered from this passion miserably
hij leed ellendig onder deze passie
and he was nevertheless in bliss
en hij was desondanks in gelukzaligheid
he was nevertheless renewed in one respect
hij werd niettemin in één opzicht vernieuwd
he was enriched by this one thing
hij werd verrijkt door dit ene ding
He sensed very well that this blind love for his son was a passion
Hij voelde heel goed aan dat deze blinde liefde voor zijn zoon een passie was
he knew that it was something very human
hij wist dat het iets heel menselijks was
he knew that it was Sansara
hij wist dat het Sansara was
he knew that it was a murky source, dark waters
hij wist dat het een troebele bron was, donkere wateren
but he felt it was not worthless, but necessary
maar hij vond het niet waardeloos, maar noodzakelijk
it came from the essence of his own being
het kwam voort uit de essentie van zijn eigen wezen
This pleasure also had to be atoned for
Dit genoegen moest ook worden goedgemaakt

this pain also had to be endured
deze pijn moest ook worden doorstaan
these foolish acts also had to be committed
Deze dwaze daden moesten ook worden begaan
Through all this, the son let him commit his foolish acts
Gedurende dit alles liet de zoon hem zijn dwaze daden begaan
he let him court for his affection
hij liet hem het hof maken om zijn genegenheid
he let him humiliate himself every day
hij liet hem zichzelf elke dag vernederen
he gave in to the moods of his son
hij gaf toe aan de stemmingen van zijn zoon
his father had nothing which could have delighted him
zijn vader had niets wat hem kon bekoren
and he nothing that the boy feared
en hij had niets waar de jongen bang voor was
He was a good man, this father
Hij was een goed mens, deze vader
he was a good, kind, soft man
hij was een goede, vriendelijke, zachte man
perhaps he was a very devout man
misschien was hij een zeer vroom man
perhaps he was a saint, the boy thought
misschien was hij een heilige, dacht de jongen
but all these attributes could not win the boy over
maar al deze eigenschappen konden de jongen niet overtuigen
He was bored by this father, who kept him imprisoned
Hij verveelde zich bij deze vader, die hem gevangen hield
a prisoner in this miserable hut of his
een gevangene in deze ellendige hut van hem
he was bored of him answering every naughtiness with a smile
hij verveelde zich dat hij elke ondeugende opmerking met een glimlach beantwoordde

he didn't appreciate insults being responded to by friendliness
Hij vond het niet prettig als beledigingen met vriendelijkheid werden beantwoord
he didn't like viciousness returned in kindness
hij hield niet van gemeenheid beantwoord met vriendelijkheid
this very thing was the hated trick of this old sneak
dit was precies de gehate truc van deze oude sluwheid
Much more the boy would have liked it if he had been threatened by him
Veel liever had de jongen het gewild als hij door hem bedreigd was
he wanted to be abused by him
hij wilde door hem misbruikt worden

A day came when young Siddhartha had had enough
Er kwam een dag dat de jonge Siddhartha er genoeg van had
what was on his mind came bursting forth
wat er in zijn gedachten omging, kwam naar buiten
and he openly turned against his father
en hij keerde zich openlijk tegen zijn vader
Siddhartha had given him a task
Siddhartha had hem een taak gegeven
he had told him to gather brushwood
hij had hem gezegd dat hij kreupelhout moest verzamelen
But the boy did not leave the hut
Maar de jongen verliet de hut niet
in stubborn disobedience and rage, he stayed where he was
in koppige ongehoorzaamheid en woede bleef hij waar hij was
he thumped on the ground with his feet
hij stampte met zijn voeten op de grond
he clenched his fists and screamed in a powerful outburst
hij balde zijn vuisten en schreeuwde in een krachtige uitbarsting
he screamed his hatred and contempt into his father's face

hij schreeuwde zijn haat en minachting in het gezicht van zijn vader

"Get the brushwood for yourself!" he shouted, foaming at the mouth

"Haal het kreupelhout maar voor jezelf!" schreeuwde hij, schuimbekkend

"I'm not your servant"

"Ik ben niet jouw dienaar"

"I know that you won't hit me, you wouldn't dare"

"Ik weet dat je me niet zult slaan, dat zou je niet durven"

"I know that you constantly want to punish me"

"Ik weet dat je mij voortdurend wilt straffen"

"you want to put me down with your religious devotion and your indulgence"

"Je wilt mij kleineren met je religieuze toewijding en je toegeeflijkheid"

"You want me to become like you"

"Je wilt dat ik word zoals jij"

"you want me to be just as devout, soft, and wise as you"

"Je wilt dat ik net zo vroom, zacht en wijs ben als jij"

"but I won't do it, just to make you suffer"

"maar ik zal het niet doen, alleen om jou te laten lijden"

"I would rather become a highway-robber than be as soft as you"

"Ik zou liever een overvaller worden dan zo zacht te zijn als jij"

"I would rather be a murderer than be as wise as you"

"Ik zou liever een moordenaar zijn dan zo wijs als jij"

"I would rather go to hell, than to become like you!"

"Ik ga liever naar de hel, dan dat ik word zoals jij!"

"I hate you, you're not my father

"Ik haat je, je bent niet mijn vader

"even if you've slept with my mother ten times, you are not my father!"

"Ook al heb je tien keer met mijn moeder geslapen, je bent mijn vader niet!"

Rage and grief boiled over in him

Woede en verdriet kookten in hem over
he foamed at his father in a hundred savage and evil words
hij schuimde tegen zijn vader in honderd woeste en kwaadaardige woorden
Then the boy ran away into the forest
Toen rende de jongen weg in het bos
it was late at night when the boy returned
het was laat in de avond toen de jongen terugkwam
But the next morning, he had disappeared
Maar de volgende ochtend was hij verdwenen
What had also disappeared was a small basket
Wat ook verdwenen was, was een klein mandje
the basket in which the ferrymen kept those copper and silver coins
de mand waarin de veermannen die koperen en zilveren munten bewaarden
the coins which they received as a fare
de munten die ze als vervoermiddel ontvingen
The boat had also disappeared
De boot was ook verdwenen
Siddhartha saw the boat lying by the opposite bank
Siddhartha zag de boot aan de overkant liggen
Siddhartha had been shivering with grief
Siddhartha beefde van verdriet
the ranting speeches the boy had made touched him
de tirades die de jongen had gehouden, raakten hem
"I must follow him," said Siddhartha
"Ik moet hem volgen," zei Siddhartha
"A child can't go through the forest all alone, he'll perish"
"Een kind kan niet alleen door het bos lopen, hij zal sterven"
"We must build a raft, Vasudeva, to get over the water"
"We moeten een vlot bouwen, Vasudeva, om over het water te komen"
"We will build a raft" said Vasudeva
"We gaan een vlot bouwen", zei Vasudeva
"we will build it to get our boat back"

"We gaan het bouwen om onze boot terug te krijgen"
"But you shall not run after your child, my friend"
"Maar je zult niet achter je kind aan rennen, mijn vriend"
"he is no child anymore"
"hij is geen kind meer"
"he knows how to get around"
"hij weet hoe hij zich moet verplaatsen"
"He's looking for the path to the city"
"Hij zoekt het pad naar de stad"
"and he is right, don't forget that"
"en hij heeft gelijk, vergeet dat niet"
"he's doing what you've failed to do yourself"
"hij doet wat jij zelf niet hebt gedaan"
"he's taking care of himself"
"hij zorgt voor zichzelf"
"he's taking his course for himself"
"hij volgt zijn eigen koers"
"Alas, Siddhartha, I see you suffering"
"Helaas, Siddhartha, ik zie je lijden"
"but you're suffering a pain at which one would like to laugh"
"maar je lijdt een pijn waar je om zou willen lachen"
"you're suffering a pain at which you'll soon laugh yourself"
"Je lijdt een pijn waar je zelf binnenkort om zult lachen"
Siddhartha did not answer his friend
Siddhartha antwoordde zijn vriend niet
He already held the axe in his hands
Hij hield de bijl al in zijn handen
and he began to make a raft of bamboo
en hij begon een vlot van bamboe te maken
Vasudeva helped him to tie the canes together with ropes of grass
Vasudeva hielp hem de stokken met touwen van gras aan elkaar te binden
When they crossed the river they drifted far off their course
Toen ze de rivier overstaken, raakten ze ver van hun koers af

they pulled the raft upriver on the opposite bank
ze trokken het vlot stroomopwaarts aan de overkant
"Why did you take the axe along?" asked Siddhartha
"Waarom heb je de bijl meegenomen?" vroeg Siddhartha
"It might have been possible that the oar of our boat got lost"
"Het zou kunnen dat de roeispaan van onze boot verloren is gegaan"
But Siddhartha knew what his friend was thinking
Maar Siddhartha wist wat zijn vriend dacht
He thought, the boy would have thrown away the oar
Hij dacht dat de jongen de roeispaan zou hebben weggegooid
in order to get some kind of revenge
om een soort wraak te nemen
and in order to keep them from following him
en om te voorkomen dat ze hem zouden volgen
And in fact, there was no oar left in the boat
En inderdaad, er zat geen roeispaan meer in de boot
Vasudeva pointed to the bottom of the boat
Vasudeva wees naar de bodem van de boot
and he looked at his friend with a smile
en hij keek zijn vriend met een glimlach aan
he smiled as if he wanted to say something
hij glimlachte alsof hij iets wilde zeggen
"Don't you see what your son is trying to tell you?"
"Zie je niet wat je zoon je probeert te vertellen?"
"Don't you see that he doesn't want to be followed?"
"Zie je dan niet dat hij niet gevolgd wil worden?"
But he did not say this in words
Maar hij zei dit niet met woorden
He started making a new oar
Hij begon met het maken van een nieuwe roeispaan
But Siddhartha bid his farewell, to look for the run-away
Maar Siddhartha nam afscheid en ging op zoek naar de weggelopen
Vasudeva did not stop him from looking for his child
Vasudeva hield hem niet tegen om naar zijn kind te zoeken

Siddhartha had been walking through the forest for a long time
Siddhartha liep al een hele tijd door het bos
the thought occurred to him that his search was useless
het kwam bij hem op dat zijn zoektocht zinloos was
Either the boy was far ahead and had already reached the city
Ofwel was de jongen ver vooruit en had hij de stad al bereikt
or he would conceal himself from him
of hij zou zich voor hem verbergen
he continued thinking about his son
hij bleef aan zijn zoon denken
he found that he was not worried for his son
hij ontdekte dat hij zich geen zorgen maakte om zijn zoon
he knew deep inside that he had not perished
hij wist diep van binnen dat hij niet was omgekomen
nor was he in any danger in the forest
ook liep hij geen enkel gevaar in het bos
Nevertheless, he ran without stopping
Niettemin rende hij zonder te stoppen
he was not running to save him
hij rende niet om hem te redden
he was running to satisfy his desire
hij rende om zijn verlangen te bevredigen
he wanted to perhaps see him one more time
hij wilde hem misschien nog een keer zien
And he ran up to just outside of the city
En hij rende naar net buiten de stad
When, near the city, he reached a wide road
Toen hij, vlak bij de stad, een brede weg bereikte
he stopped, by the entrance of the beautiful pleasure-garden
hij bleef staan bij de ingang van de prachtige lusttuin
the garden which used to belong to Kamala
de tuin die vroeger toebehoorde aan Kamala
the garden where he had seen her for the first time

de tuin waar hij haar voor het eerst had gezien
when she was sitting in her sedan-chair
toen ze in haar draagstoel zat
The past rose up in his soul
Het verleden rees op in zijn ziel
again, he saw himself standing there
opnieuw zag hij zichzelf daar staan
a young, bearded, naked Samana
een jonge, bebaarde, naakte Samana
his hair hair was full of dust
zijn haar haar zat vol stof
For a long time, Siddhartha stood there
Siddhartha stond daar lange tijd
he looked through the open gate into the garden
hij keek door de open poort de tuin in
he saw monks in yellow robes walking among the beautiful trees
hij zag monniken in gele gewaden lopen tussen de prachtige bomen
For a long time, he stood there, pondering
Hij bleef daar een hele tijd staan, peinzend
he saw images and listened to the story of his life
hij zag beelden en luisterde naar het verhaal van zijn leven
For a long time, he stood there looking at the monks
Hij bleef daar een hele tijd staan en keek naar de monniken
he saw young Siddhartha in their place
hij zag de jonge Siddhartha in hun plaats
he saw young Kamala walking among the high trees
hij zag de jonge Kamala tussen de hoge bomen lopen
Clearly, he saw himself being served food and drink by Kamala
Het was duidelijk dat hij zichzelf zag eten en drinken geserveerd krijgen door Kamala
he saw himself receiving his first kiss from her
hij zag zichzelf zijn eerste kus van haar ontvangen

he saw himself looking proudly and disdainfully back on his life as a Brahman
hij zag zichzelf met trots en minachting terugkijken op zijn leven als brahmaan
he saw himself beginning his worldly life, proudly and full of desire
hij zag zichzelf zijn wereldse leven beginnen, trots en vol verlangen
He saw Kamaswami, the servants, the orgies
Hij zag Kamaswami, de dienaren, de orgieën
he saw the gamblers with the dice
hij zag de gokkers met de dobbelstenen
he saw Kamala's song-bird in the cage
hij zag Kamala's zangvogel in de kooi
he lived through all this again
hij heeft dit allemaal opnieuw meegemaakt
he breathed Sansara and was once again old and tired
hij ademde Sansara en was weer oud en moe
he felt the disgust and the wish to annihilate himself again
hij voelde de afkeer en de wens om zichzelf opnieuw te vernietigen
and he was healed again by the holy Om
en hij werd opnieuw genezen door de heilige Om
for a long time Siddhartha had stood by the gate
Siddhartha stond lange tijd bij de poort
he realised his desire was foolish
hij besefte dat zijn verlangen dwaas was
he realized it was foolishness which had made him go up to this place
hij besefte dat het dwaasheid was die hem naar deze plek had gebracht
he realized he could not help his son
hij realiseerde zich dat hij zijn zoon niet kon helpen
and he realized that he was not allowed to cling to him
en hij besefte dat hij zich niet aan hem mocht vastklampen
he felt the love for the run-away deeply in his heart

hij voelde de liefde voor de weggelopene diep in zijn hart
the love for his son felt like a wound
de liefde voor zijn zoon voelde als een wond
but this wound had not been given to him in order to turn the knife in it
maar deze wond was hem niet gegeven om er het mes in te steken
the wound had to become a blossom
de wond moest een bloesem worden
and his wound had to shine
en zijn wond moest glanzen
That this wound did not blossom or shine yet made him sad
Dat deze wond niet bloeide of schitterde, maakte hem toch verdrietig
Instead of the desired goal, there was emptiness
In plaats van het gewenste doel was er leegte
emptiness had drawn him here, and sadly he sat down
leegte had hem hierheen getrokken, en treurig ging hij zitten
he felt something dying in his heart
hij voelde iets sterven in zijn hart
he experienced emptiness and saw no joy any more
hij ervoer leegte en zag geen vreugde meer
there was no goal for which to aim for
er was geen doel om naar te streven
He sat lost in thought and waited
Hij zat in gedachten verzonken en wachtte
This he had learned by the river
Dit had hij geleerd bij de rivier
waiting, having patience, listening attentively
wachten, geduld hebben, aandachtig luisteren
And he sat and listened, in the dust of the road
En hij zat en luisterde, in het stof van de weg
he listened to his heart, beating tiredly and sadly
hij luisterde naar zijn hart, dat moe en verdrietig klopte
and he waited for a voice
en hij wachtte op een stem

Many an hour he crouched, listening
Vele uren lang zat hij gehurkt te luisteren
he saw no images any more
hij zag geen beelden meer
he fell into emptiness and let himself fall
hij viel in de leegte en liet zichzelf vallen
he could see no path in front of him
hij kon geen pad voor zich zien
And when he felt the wound burning, he silently spoke the Om
En toen hij de wond voelde branden, sprak hij in stilte de Om uit
he filled himself with Om
hij vulde zichzelf met Om
The monks in the garden saw him
De monniken in de tuin zagen hem
dust was gathering on his gray hair
stof verzamelde zich op zijn grijze haar
since he crouched for many hours, one of monks placed two bananas in front of him
omdat hij vele uren gehurkt had, legde een van de monniken twee bananen voor hem neer
The old man did not see him
De oude man zag hem niet

From this petrified state, he was awoken by a hand touching his shoulder
Uit deze versteende toestand werd hij gewekt door een hand die zijn schouder aanraakte
Instantly, he recognised this tender bashful touch
Hij herkende deze tedere, verlegen aanraking onmiddellijk
Vasudeva had followed him and waited
Vasudeva was hem gevolgd en had gewacht
he regained his senses and rose to greet Vasudeva
Hij herwon zijn zinnen en stond op om Vasudeva te begroeten
he looked into Vasudeva's friendly face

hij keek in het vriendelijke gezicht van Vasudeva
he looked into the small wrinkles
hij keek in de kleine rimpels
his wrinkles were as if they were filled with nothing but his smile
zijn rimpels waren alsof ze alleen maar met zijn glimlach waren gevuld
he looked into the happy eyes, and then he smiled too
hij keek in de gelukkige ogen, en toen glimlachte hij ook
Now he saw the bananas lying in front of him
Nu zag hij de bananen voor zich liggen
he picked the bananas up and gave one to the ferryman
hij pakte de bananen op en gaf er een aan de veerman
After eating the bananas, they silently went back into the forest
Nadat ze de bananen hadden opgegeten, gingen ze in stilte terug naar het bos
they returned home to the ferry
ze keerden terug naar huis naar de veerboot
Neither one talked about what had happened that day
Geen van beiden sprak over wat er die dag was gebeurd
neither one mentioned the boy's name
geen van beiden noemde de naam van de jongen
neither one spoke about him running away
geen van beiden sprak over zijn vlucht
neither one spoke about the wound
geen van beiden sprak over de wond
In the hut, Siddhartha lay down on his bed
In de hut ging Siddhartha op zijn bed liggen
after a while Vasudeva came to him
na een tijdje kwam Vasudeva naar hem toe
he offered him a bowl of coconut-milk
hij bood hem een kom kokosmelk aan
but he was already asleep
maar hij sliep al

Om

For a long time the wound continued to burn
De wond bleef nog lang branden
Siddhartha had to ferry many travellers across the river
Siddhartha moest veel reizigers over de rivier vervoeren
many of the travellers were accompanied by a son or a daughter
veel van de reizigers werden vergezeld door een zoon of een dochter
and he saw none of them without envying them
en hij zag geen van hen zonder hen te benijden
he couldn't see them without thinking about his lost son
hij kon ze niet zien zonder te denken aan zijn verloren zoon
"So many thousands possess the sweetest of good fortunes"
"Zoveel duizenden bezitten het zoetste geluk"
"why don't I also possess this good fortune?"
"waarom heb ik dit geluk niet?"
"even thieves and robbers have children and love them"
"zelfs dieven en rovers hebben kinderen en houden van hen"
"and they are being loved by their children"
"en ze worden geliefd door hun kinderen"
"all are loved by their children except for me"
"allen worden door hun kinderen bemind, behalve ik"
he now thought like the childlike people, without reason
hij dacht nu zoals de kinderlijke mensen, zonder reden
he had become one of the childlike people
hij was een van de kinderlijke mensen geworden
he looked upon people differently than before
hij keek anders naar mensen dan voorheen
he was less smart and less proud of himself
hij was minder slim en minder trots op zichzelf
but instead, he was warmer and more curious
maar in plaats daarvan was hij warmer en nieuwsgieriger
when he ferried travellers, he was more involved than before

toen hij reizigers vervoerde, was hij meer betrokken dan voorheen
childlike people, businessmen, warriors, women
kinderlijke mensen, zakenlieden, krijgers, vrouwen
these people did not seem alien to him, as they used to
Deze mensen leken hem niet vreemd, zoals ze vroeger waren
he understood them and shared their life
hij begreep ze en deelde hun leven
a life which was not guided by thoughts and insight
een leven dat niet geleid werd door gedachten en inzicht
but a life guided solely by urges and wishes
maar een leven dat uitsluitend geleid wordt door aandriften en wensen
he felt like the the childlike people
hij voelde zich als de kinderlijke mensen
he was bearing his final wound
hij droeg zijn laatste wond
he was nearing perfection
hij naderde perfectie
but the childlike people still seemed like his brothers
maar de kinderlijke mensen leken nog steeds op zijn broers
their vanities, desires for possession were no longer ridiculous to him
hun ijdelheden, verlangens naar bezit waren voor hem niet langer belachelijk
they became understandable and lovable
ze werden begrijpelijk en beminnelijk
they even became worthy of veneration to him
ze werden zelfs waardig om door hem vereerd te worden
The blind love of a mother for her child
De blinde liefde van een moeder voor haar kind
the stupid, blind pride of a conceited father for his only son
de domme, blinde trots van een verwaande vader voor zijn enige zoon
the blind, wild desire of a young, vain woman for jewellery

het blinde, wilde verlangen van een jonge, ijdele vrouw naar sieraden
her wish for admiring glances from men
haar wens voor bewonderende blikken van mannen
all of these simple urges were not childish notions
al deze simpele verlangens waren geen kinderlijke ideeën
but they were immensely strong, living, and prevailing urges
maar het waren immens sterke, levende en overheersende impulsen
he saw people living for the sake of their urges
hij zag mensen leven omwille van hun driften
he saw people achieving rare things for their urges
hij zag mensen zeldzame dingen bereiken voor hun aandrang
travelling, conducting wars, suffering
reizen, oorlogen voeren, lijden
they bore an infinite amount of suffering
ze hebben oneindig veel lijden doorstaan
and he could love them for it, because he saw life
en hij kon hen daarom liefhebben, omdat hij het leven zag
that what is alive was in each of their passions
dat wat leeft in ieder van hun passies zit
that what is is indestructible was in their urges, the Brahman
dat wat onvernietigbaar is, in hun aandrang lag, de Brahman
these people were worthy of love and admiration
Deze mensen waren liefde en bewondering waard
they deserved it for their blind loyalty and blind strength
ze verdienden het vanwege hun blinde loyaliteit en blinde kracht
there was nothing that they lacked
er was niets dat hen ontbrak
Siddhartha had nothing which would put him above the rest, except one thing
Siddhartha had niets dat hem boven de rest zou plaatsen, behalve één ding
there still was a small thing he had which they didn't

er was nog een klein dingetje dat hij had wat zij niet hadden
he had the conscious thought of the oneness of all life
hij had de bewuste gedachte van de eenheid van al het leven
but Siddhartha even doubted whether this knowledge should be valued so highly
maar Siddhartha twijfelde er zelfs aan of deze kennis wel zo hoog gewaardeerd moest worden
it might also be a childish idea of the thinking people
het zou ook een kinderachtig idee kunnen zijn van de denkende mensen
the worldly people were of equal rank to the wise men
de wereldse mensen waren van gelijke rang als de wijze mannen
animals too can in some moments seem to be superior to humans
Ook dieren kunnen soms superieur lijken aan mensen
they are superior in their tough, unrelenting performance of what is necessary
ze zijn superieur in hun harde, onvermoeibare uitvoering van wat nodig is
an idea slowly blossomed in Siddhartha
een idee bloeide langzaam op in Siddhartha
and the idea slowly ripened in him
en het idee rijpte langzaam in hem
he began to see what wisdom actually was
hij begon te zien wat wijsheid eigenlijk was
he saw what the goal of his long search was
hij zag wat het doel van zijn lange zoektocht was
his search was nothing but a readiness of the soul
zijn zoektocht was niets anders dan een bereidheid van de ziel
a secret art to think every moment, while living his life
een geheime kunst om elk moment te denken, terwijl je je leven leeft
it was the thought of oneness
het was de gedachte van eenheid
to be able to feel and inhale the oneness

om de eenheid te kunnen voelen en inademen
Slowly this awareness blossomed in him
Langzaam bloeide dit besef in hem op
it was shining back at him from Vasudeva's old, childlike face
het scheen terug naar hem vanuit Vasudeva's oude, kinderlijke gezicht
harmony and knowledge of the eternal perfection of the world
harmonie en kennis van de eeuwige perfectie van de wereld
smiling and to be part of the oneness
lachend en deel uitmakend van de eenheid
But the wound still burned
Maar de wond brandde nog steeds
longingly and bitterly Siddhartha thought of his son
Siddhartha dacht verlangend en bitter aan zijn zoon
he nurtured his love and tenderness in his heart
hij koesterde zijn liefde en tederheid in zijn hart
he allowed the pain to gnaw at him
hij liet de pijn aan hem knagen
he committed all foolish acts of love
hij beging alle dwaze liefdesdaden
this flame would not go out by itself
deze vlam zou niet vanzelf uitgaan

one day the wound burned violently
op een dag brandde de wond hevig
driven by a yearning, Siddhartha crossed the river
gedreven door een verlangen stak Siddhartha de rivier over
he got off the boat and was willing to go to the city
hij stapte uit de boot en was bereid om naar de stad te gaan
he wanted to look for his son again
hij wilde zijn zoon opnieuw zoeken
The river flowed softly and quietly
De rivier stroomde zacht en rustig
it was the dry season, but its voice sounded strange

het was het droge seizoen, maar zijn stem klonk vreemd
it was clear to hear that the river laughed
het was duidelijk te horen dat de rivier lachte
it laughed brightly and clearly at the old ferryman
het lachte vrolijk en duidelijk naar de oude veerman
he bent over the water, in order to hear even better
hij boog zich over het water, om nog beter te kunnen horen
and he saw his face reflected in the quietly moving waters
en hij zag zijn gezicht weerspiegeld in het rustig bewegende water
in this reflected face there was something
in dit weerspiegelde gezicht was er iets
something which reminded him, but he had forgotten
iets wat hem eraan herinnerde, maar hij was het vergeten
as he thought about it, he found it
terwijl hij erover nadacht, vond hij het
this face resembled another face which he used to know and love
dit gezicht leek op een ander gezicht dat hij vroeger kende en liefhad
but he also used to fear this face
maar hij was ook bang voor dit gezicht
It resembled his father's face, the Brahman
Het leek op het gezicht van zijn vader, de Brahman
he remembered how he had forced his father to let him go
hij herinnerde zich hoe hij zijn vader had gedwongen hem te laten gaan
he remembered how he had bid his farewell to him
hij herinnerde zich hoe hij hem had gedag gezegd
he remembered how he had gone and had never come back
hij herinnerde zich hoe hij was weggegaan en nooit meer was teruggekomen
Had his father not also suffered the same pain for him?
Had zijn vader niet ook dezelfde pijn om hem geleden?
was his father's pain not the pain Siddhartha is suffering now?

Was de pijn van zijn vader niet dezelfde pijn die Siddhartha nu lijdt?
Had his father not long since died?
Was zijn vader nog niet lang geleden overleden?
had he died without having seen his son again?
was hij gestorven zonder zijn zoon ooit nog gezien te hebben?
Did he not have to expect the same fate for himself?
Moest hij niet verwachten dat hem hetzelfde lot zou treffen?
Was it not a comedy in a fateful circle?
Was het niet een komedie in een noodlottige cirkel?
The river laughed about all of this
De rivier lachte om dit alles
everything came back which had not been suffered
alles kwam terug wat niet geleden was
everything came back which had not been solved
alles kwam terug wat niet opgelost was
the same pain was suffered over and over again
dezelfde pijn werd steeds opnieuw geleden
Siddhartha went back into the boat
Siddhartha ging terug in de boot
and he returned back to the hut
en hij keerde terug naar de hut
he was thinking of his father and of his son
hij dacht aan zijn vader en aan zijn zoon
he thought of having been laughed at by the river
hij dacht dat hij door de rivier was uitgelachen
he was at odds with himself and tending towards despair
hij was in onmin met zichzelf en neigde naar wanhoop
but he was also tempted to laugh
maar hij was ook geneigd om te lachen
he could laugh at himself and the entire world
hij kon om zichzelf en de hele wereld lachen
Alas, the wound was not blossoming yet
Helaas, de wond was nog niet aan het bloeien
his heart was still fighting his fate
zijn hart vocht nog steeds tegen zijn lot

cheerfulness and victory were not yet shining from his suffering
vrolijkheid en overwinning straalden nog niet uit zijn lijden
Nevertheless, he felt hope along with the despair
Niettemin voelde hij hoop, maar ook wanhoop
once he returned to the hut he felt an undefeatable desire to open up to Vasudeva
Toen hij terugkeerde naar de hut voelde hij een onoverwinnelijke behoefte om zich open te stellen voor Vasudeva
he wanted to show him everything
hij wilde hem alles laten zien
he wanted to say everything to the master of listening
hij wilde alles zeggen tegen de meester van het luisteren

Vasudeva was sitting in the hut, weaving a basket
Vasudeva zat in de hut en weefde een mand
He no longer used the ferry-boat
Hij gebruikte de veerboot niet meer
his eyes were starting to get weak
zijn ogen begonnen zwak te worden
his arms and hands were getting weak as well
zijn armen en handen werden ook zwak
only the joy and cheerful benevolence of his face was unchanging
alleen de vreugde en vrolijke welwillendheid van zijn gezicht waren onveranderlijk
Siddhartha sat down next to the old man
Siddhartha ging naast de oude man zitten
slowly, he started talking about what they had never spoke about
langzaam begon hij te praten over waar ze nooit over hadden gesproken
he told him of his walk to the city
hij vertelde hem over zijn wandeling naar de stad
he told at him of the burning wound

hij vertelde hem over de brandende wond
he told him about the envy of seeing happy fathers
hij vertelde hem over de afgunst die het zien van gelukkige vaders met zich meebrengt
his knowledge of the foolishness of such wishes
zijn kennis van de dwaasheid van zulke wensen
his futile fight against his wishes
zijn zinloze strijd tegen zijn wensen
he was able to say everything, even the most embarrassing parts
hij kon alles zeggen, zelfs de meest gênante delen
he told him everything he could tell him
hij vertelde hem alles wat hij hem kon vertellen
he showed him everything he could show him
hij liet hem alles zien wat hij hem kon laten zien
He presented his wound to him
Hij toonde hem zijn wond
he also told him how he had fled today
hij vertelde hem ook hoe hij vandaag was gevlucht
he told him how he ferried across the water
hij vertelde hem hoe hij over het water was gevaren
a childish run-away, willing to walk to the city
een kinderlijke wegloper, bereid om naar de stad te lopen
and he told him how the river had laughed
en hij vertelde hem hoe de rivier had gelachen
he spoke for a long time
hij sprak lang
Vasudeva was listening with a quiet face
Vasudeva luisterde met een rustig gezicht
Vasudeva's listening gave Siddhartha a stronger sensation than ever before
Het luisteren van Vasudeva gaf Siddhartha een sterker gevoel dan ooit tevoren
he sensed how his pain and fears flowed over to him
hij voelde hoe zijn pijn en angsten naar hem toe stroomden
he sensed how his secret hope flowed over him

hij voelde hoe zijn geheime hoop over hem heen stroomde
To show his wound to this listener was the same as bathing it in the river
Zijn wond aan deze luisteraar laten zien was hetzelfde als hem in de rivier te wassen
the river would have cooled Siddhartha's wound
de rivier zou Siddhartha's wond hebben gekoeld
the quiet listening cooled Siddhartha's wound
het rustige luisteren verkoelde Siddhartha's wond
it cooled him until he become one with the river
het koelde hem af totdat hij één werd met de rivier
While he was still speaking, still admitting and confessing
Terwijl hij nog steeds sprak, nog steeds toegaf en bekende
Siddhartha felt more and more that this was no longer Vasudeva
Siddhartha voelde steeds meer dat dit niet langer Vasudeva was
it was no longer a human being who was listening to him
het was niet langer een mens die naar hem luisterde
this motionless listener was absorbing his confession into himself
Deze roerloze luisteraar absorbeerde zijn bekentenis in zichzelf
this motionless listener was like a tree the rain
deze roerloze luisteraar was als een boom de regen
this motionless man was the river itself
deze roerloze man was de rivier zelf
this motionless man was God himself
deze roerloze man was God zelf
the motionless man was the eternal itself
de roerloze man was het eeuwige zelf
Siddhartha stopped thinking of himself and his wound
Siddhartha stopte met denken aan zichzelf en zijn wond
this realisation of Vasudeva's changed character took possession of him

Dit besef van Vasudeva's veranderde karakter nam bezit van hem
and the more he entered into it, the less wondrous it became
en hoe meer hij erin doordrong, hoe minder wonderbaarlijk het werd
the more he realised that everything was in order and natural
hoe meer hij besefte dat alles in orde en natuurlijk was
he realised that Vasudeva had already been like this for a long time
hij realiseerde zich dat Vasudeva al een hele tijd zo was
he had just not quite recognised it yet
hij had het nog niet helemaal herkend
yes, he himself had almost reached the same state
ja, hijzelf had bijna dezelfde staat bereikt
He felt, that he was now seeing old Vasudeva as the people see the gods
Hij voelde dat hij nu de oude Vasudeva zag zoals de mensen de goden zien
and he felt that this could not last
en hij voelde dat dit niet kon duren
in his heart, he started bidding his farewell to Vasudeva
in zijn hart begon hij afscheid te nemen van Vasudeva
Throughout all this, he talked incessantly
Gedurende dit alles sprak hij onophoudelijk
When he had finished talking, Vasudeva turned his friendly eyes at him
Toen hij klaar was met praten, keek Vasudeva hem vriendelijk aan
the eyes which had grown slightly weak
de ogen die lichtjes zwakker waren geworden
he said nothing, but let his silent love and cheerfulness shine
hij zei niets, maar liet zijn stille liefde en vrolijkheid schijnen
his understanding and knowledge shone from him
zijn begrip en kennis straalden van hem af

He took Siddhartha's hand and led him to the seat by the bank
Hij nam Siddhartha's hand en leidde hem naar de stoel bij de bank
he sat down with him and smiled at the river
hij ging bij hem zitten en glimlachte naar de rivier
"You've heard it laugh," he said
"Je hebt het horen lachen," zei hij
"But you haven't heard everything"
"Maar je hebt nog niet alles gehoord"
"Let's listen, you'll hear more"
"Laten we luisteren, je hoort meer"
Softly sounded the river, singing in many voices
Zacht klonk de rivier, zingend in vele stemmen
Siddhartha looked into the water
Siddhartha keek in het water
images appeared to him in the moving water
beelden verschenen aan hem in het bewegende water
his father appeared, lonely and mourning for his son
zijn vader verscheen, eenzaam en rouwend om zijn zoon
he himself appeared in the moving water
hijzelf verscheen in het bewegende water
he was also being tied with the bondage of yearning to his distant son
hij werd ook vastgebonden met de slavernij van het verlangen naar zijn verre zoon
his son appeared, lonely as well
zijn zoon verscheen, ook eenzaam
the boy, greedily rushing along the burning course of his young wishes
de jongen, die gretig langs de brandende loop van zijn jonge wensen snelt
each one was heading for his goal
ieder was op weg naar zijn doel
each one was obsessed by the goal
ieder was geobsedeerd door het doel

each one was suffering from the pursuit
ieder leed onder de achtervolging
The river sang with a voice of suffering
De rivier zong met een stem van lijden
longingly it sang and flowed towards its goal
verlangend zong het en stroomde het naar zijn doel
"Do you hear?" Vasudeva asked with a mute gaze
"Hoor je?" vroeg Vasudeva met een stomme blik
Siddhartha nodded in reply
Siddhartha knikte als antwoord
"Listen better!" Vasudeva whispered
"Luister beter!" fluisterde Vasudeva
Siddhartha made an effort to listen better
Siddhartha deed zijn best om beter te luisteren
The image of his father appeared
Het beeld van zijn vader verscheen
his own image merged with his father's
zijn eigen beeld versmolt met dat van zijn vader
the image of his son merged with his image
het beeld van zijn zoon versmolt met zijn beeld
Kamala's image also appeared and was dispersed
Ook het beeld van Kamala verscheen en werd verspreid
and the image of Govinda, and other images
en het beeld van Govinda, en andere beelden
and all the imaged merged with each other
en alle afbeeldingen versmolten met elkaar
all the imaged turned into the river
alle afgebeelde dingen veranderden in de rivier
being the river, they all headed for the goal
omdat het de rivier was, gingen ze allemaal op weg naar het doel
longing, desiring, suffering flowed together
verlangen, begeerte, lijden vloeiden samen
and the river's voice sounded full of yearning
en de stem van de rivier klonk vol verlangen
the river's voice was full of burning woe

de stem van de rivier was vol brandend verdriet
the river's voice was full of unsatisfiable desire
de stem van de rivier was vol van onbevredigbaar verlangen
For the goal, the river was heading
Voor het doel was de rivier op weg
Siddhartha saw the river hurrying towards its goal
Siddhartha zag de rivier naar zijn doel snellen
the river of him and his loved ones and of all people he had ever seen
de rivier van hem en zijn geliefden en van alle mensen die hij ooit had gezien
all of these waves and waters were hurrying
al deze golven en wateren haastten zich
they were all suffering towards many goals
ze leden allemaal aan vele doelen
the waterfall, the lake, the rapids, the sea
de waterval, het meer, de stroomversnellingen, de zee
and all goals were reached
en alle doelen zijn bereikt
and every goal was followed by a new one
en elk doelpunt werd gevolgd door een nieuw doelpunt
and the water turned into vapour and rose to the sky
en het water veranderde in damp en steeg op naar de hemel
the water turned into rain and poured down from the sky
het water veranderde in regen en stroomde uit de lucht
the water turned into a source
het water veranderde in een bron
then the source turned into a stream
toen veranderde de bron in een stroom
the stream turned into a river
de beek veranderde in een rivier
and the river headed forwards again
en de rivier stroomde weer vooruit
But the longing voice had changed
Maar de verlangende stem was veranderd
It still resounded, full of suffering, searching

Het klonk nog steeds, vol lijden, zoeken
but other voices joined the river
maar andere stemmen voegden zich bij de rivier
there were voices of joy and of suffering
er waren stemmen van vreugde en van lijden
good and bad voices, laughing and sad ones
goede en slechte stemmen, lachende en verdrietige
a hundred voices, a thousand voices
honderd stemmen, duizend stemmen
Siddhartha listened to all these voices
Siddhartha luisterde naar al deze stemmen
He was now nothing but a listener
Hij was nu niets meer dan een luisteraar
he was completely concentrated on listening
hij was volledig geconcentreerd op het luisteren
he was completely empty now
hij was nu helemaal leeg
he felt that he had now finished learning to listen
hij voelde dat hij nu klaar was met leren luisteren
Often before, he had heard all this
Vaak had hij dit al eerder gehoord
he had heard these many voices in the river
hij had deze vele stemmen in de rivier gehoord
today the voices in the river sounded new
vandaag klonken de stemmen in de rivier nieuw
Already, he could no longer tell the many voices apart
Hij kon de vele stemmen al niet meer uit elkaar houden
there was no difference between the happy voices and the weeping ones
er was geen verschil tussen de vrolijke stemmen en de huilende stemmen
the voices of children and the voices of men were one
de stemmen van kinderen en de stemmen van mannen waren één
all these voices belonged together
al deze stemmen hoorden bij elkaar

the lamentation of yearning and the laughter of the knowledgeable one
het geklaag van het verlangen en het lachen van de deskundige
the scream of rage and the moaning of the dying ones
de schreeuw van woede en het gekreun van de stervenden
everything was one and everything was intertwined
alles was één en alles was met elkaar verweven
everything was connected and entangled a thousand times
alles was duizend keer met elkaar verbonden en verstrengeld
everything together, all voices, all goals
alles samen, alle stemmen, alle doelen
all yearning, all suffering, all pleasure
alle verlangen, alle lijden, alle plezier
all that was good and evil
alles wat goed en kwaad was
all of this together was the world
dit alles samen was de wereld
All of it together was the flow of events
Het geheel was de stroom van gebeurtenissen
all of it was the music of life
het was allemaal de muziek van het leven
when Siddhartha was listening attentively to this river
toen Siddhartha aandachtig naar deze rivier luisterde
the song of a thousand voices
het lied van duizend stemmen
when he neither listened to the suffering nor the laughter
toen hij noch naar het lijden noch naar het lachen luisterde
when he did not tie his soul to any particular voice
toen hij zijn ziel niet aan een bepaalde stem bond
when he submerged his self into the river
toen hij zichzelf onderdompelde in de rivier
but when he heard them all he perceived the whole, the oneness
maar toen hij ze allemaal hoorde, zag hij het geheel, de eenheid

then the great song of the thousand voices consisted of a single word
toen bestond het grote lied van de duizend stemmen uit één enkel woord
this word was Om; the perfection
dit woord was Om; de perfectie

"Do you hear" Vasudeva's gaze asked again
"Hoor je?" vroeg Vasudeva's blik opnieuw
Brightly, Vasudeva's smile was shining
De glimlach van Vasudeva straalde helder
it was floating radiantly over all the wrinkles of his old face
het zweefde stralend over alle rimpels van zijn oude gezicht
the same way the Om was floating in the air over all the voices of the river
op dezelfde manier als de Om in de lucht zweefde boven alle stemmen van de rivier
Brightly his smile was shining, when he looked at his friend
Zijn glimlach straalde toen hij naar zijn vriend keek
and brightly the same smile was now starting to shine on Siddhartha's face
en dezelfde glimlach begon nu op Siddhartha's gezicht te schijnen
His wound had blossomed and his suffering was shining
Zijn wond was opengebloeid en zijn lijden straalde
his self had flown into the oneness
zijn zelf was in de eenheid gevlogen
In this hour, Siddhartha stopped fighting his fate
In dit uur stopte Siddhartha met vechten tegen zijn lot
at the same time he stopped suffering
tegelijkertijd stopte hij met lijden
On his face flourished the cheerfulness of a knowledge
Op zijn gezicht bloeide de vrolijkheid van een kennis
a knowledge which was no longer opposed by any will
een kennis die niet langer door enige wil werd tegengewerkt
a knowledge which knows perfection

een kennis die perfectie kent
a knowledge which is in agreement with the flow of events
een kennis die in overeenstemming is met de stroom van gebeurtenissen
a knowledge which is with the current of life
een kennis die met de stroom van het leven meegaat
full of sympathy for the pain of others
vol medeleven met de pijn van anderen
full of sympathy for the pleasure of others
vol sympathie voor het plezier van anderen
devoted to the flow, belonging to the oneness
toegewijd aan de stroom, behorend tot de eenheid
Vasudeva rose from the seat by the bank
Vasudeva stond op van de stoel bij de bank
he looked into Siddhartha's eyes
hij keek in de ogen van Siddhartha
and he saw the cheerfulness of the knowledge shining in his eyes
en hij zag de vrolijkheid van de kennis in zijn ogen schijnen
he softly touched his shoulder with his hand
hij raakte zachtjes zijn schouder aan met zijn hand
"I've been waiting for this hour, my dear"
"Ik heb op dit uur gewacht, mijn liefste"
"Now that it has come, let me leave"
"Nu het zover is, laat mij gaan"
"For a long time, I've been waiting for this hour"
"Ik heb lang op dit uur gewacht"
"for a long time, I've been Vasudeva the ferryman"
"Ik ben al heel lang Vasudeva de veerman"
"Now it's enough. Farewell"
"Nu is het genoeg. Vaarwel"
"farewell river, farewell Siddhartha!"
"vaarwel rivier, vaarwel Siddhartha!"
Siddhartha made a deep bow before him who bid his farewell

Siddhartha maakte een diepe buiging voor hem die hem afscheid nam
"I've known it," he said quietly
"Ik heb het geweten," zei hij zachtjes
"You'll go into the forests?"
"Ga je de bossen in?"
"I'm going into the forests"
"Ik ga de bossen in"
"I'm going into the oneness" spoke Vasudeva with a bright smile
"Ik ga de eenheid in", sprak Vasudeva met een stralende glimlach
With a bright smile, he left
Met een brede glimlach vertrok hij
Siddhartha watched him leaving
Siddhartha zag hem vertrekken
With deep joy, with deep solemnity he watched him leave
Met diepe vreugde, met diepe plechtigheid keek hij hem na toen hij vertrok
he saw his steps were full of peace
hij zag dat zijn stappen vol vrede waren
he saw his head was full of lustre
hij zag dat zijn hoofd vol glans was
he saw his body was full of light
hij zag dat zijn lichaam vol licht was

Govinda

Govinda had been with the monks for a long time
Govinda was al lange tijd bij de monniken
when not on pilgrimages, he spent his time in the pleasure-garden
als hij niet op bedevaart was, bracht hij zijn tijd door in de lusttuin
the garden which the courtesan Kamala had given the followers of Gotama
de tuin die de courtisane Kamala aan de volgelingen van Gotama had gegeven
he heard talk of an old ferryman, who lived a day's journey away
hij hoorde over een oude veerman, die een dagreis verderop woonde
he heard many regarded him as a wise man
hij hoorde dat velen hem als een wijs man beschouwden
When Govinda went back, he chose the path to the ferry
Toen Govinda terugging, koos hij het pad naar de veerboot
he was eager to see the ferryman
hij was er gretig op uit om de veerman te zien
he had lived his entire life by the rules
hij had zijn hele leven volgens de regels geleefd
he was looked upon with veneration by the younger monks
hij werd met eerbied bekeken door de jongere monniken
they respected his age and modesty
ze respecteerden zijn leeftijd en bescheidenheid
but his restlessness had not perished from his heart
maar zijn rusteloosheid was niet uit zijn hart verdwenen
he was searching for what he had not found
hij zocht naar wat hij niet had gevonden
He came to the river and asked the old man to ferry him over
Hij kwam bij de rivier en vroeg de oude man om hem over te zetten

when they got off the boat on the other side, he spoke with the old man
toen ze aan de andere kant van de boot stapten, sprak hij met de oude man

"You're very good to us monks and pilgrims"
"Jullie zijn heel goed voor ons monniken en pelgrims"
"you have ferried many of us across the river"
"Je hebt velen van ons over de rivier gebracht"
"Aren't you too, ferryman, a searcher for the right path?"
"Ben jij niet ook een zoeker naar het juiste pad, veerman?"
smiling from his old eyes, Siddhartha spoke
Siddhartha sprak glimlachend vanuit zijn oude ogen
"oh venerable one, do you call yourself a searcher?"
"Oh eerwaarde, noem jij jezelf een zoeker?"
"are you still a searcher, although already well in years?"
"Ben je nog steeds een zoeker, ook al ben je al op leeftijd?"
"do you search while wearing the robe of Gotama's monks?"
"Zoek je terwijl je het gewaad van Gotama's monniken draagt?"
"It's true, I'm old," spoke Govinda
"Het is waar, ik ben oud," sprak Govinda
"but I haven't stopped searching"
"maar ik ben niet gestopt met zoeken"
"I will never stop searching"
"Ik zal nooit stoppen met zoeken"
"this seems to be my destiny"
"dit lijkt mijn lot te zijn"
"You too, so it seems to me, have been searching"
"Jij bent ook, zo lijkt het mij, op zoek geweest"
"Would you like to tell me something, oh honourable one?"
"Zou u mij iets willen vertellen, o eervolle persoon?"
"What might I have that I could tell you, oh venerable one?"
"Wat zou ik u kunnen vertellen, o eerwaarde?"
"Perhaps I could tell you that you're searching far too much?"

"Mag ik je misschien vertellen dat je veel te veel zoekt?"
"Could I tell you that you don't make time for finding?"
"Mag ik u vertellen dat u geen tijd maakt om te zoeken?"
"How come?" asked Govinda
"Hoe komt dat?" vroeg Govinda
"When someone is searching they might only see what they search for"
"Wanneer iemand zoekt, ziet hij of zij mogelijk alleen datgene waarnaar hij of zij zoekt"
"he might not be able to let anything else enter his mind"
"hij kan misschien niets anders in zijn gedachten laten komen"
"he doesn't see what he is not searching for"
"hij ziet niet wat hij niet zoekt"
"because he always thinks of nothing but the object of his search"
"omdat hij altijd aan niets anders denkt dan aan het object van zijn zoektocht"
"he has a goal, which he is obsessed with"
"hij heeft een doel, waar hij geobsedeerd door is"
"Searching means having a goal"
"Zoeken betekent een doel hebben"
"But finding means being free, open, and having no goal"
"Maar vinden betekent vrij zijn, open staan en geen doel hebben"
"You, oh venerable one, are perhaps indeed a searcher"
"Jij, o eerbiedwaardige, bent misschien wel een zoeker"
"because, when striving for your goal, there are many things you don't see"
"omdat er, wanneer je naar je doel streeft, veel dingen zijn die je niet ziet"
"you might not see things which are directly in front of your eyes"
"Je ziet misschien dingen niet die zich recht voor je ogen bevinden"
"I don't quite understand yet," said Govinda, "what do you mean by this?"

"Ik begrijp het nog niet helemaal," zei Govinda, "wat bedoel je hiermee?"

"oh venerable one, you've been at this river before, a long time ago"

"Oh eerwaarde, je bent al eens eerder bij deze rivier geweest, lang geleden"

"and you have found a sleeping man by the river"

"en je hebt een slapende man gevonden bij de rivier"

"you have sat down with him to guard his sleep"

"jij bent bij hem gaan zitten om zijn slaap te bewaken"

"but, oh Govinda, you did not recognise the sleeping man"

"maar, oh Govinda, je hebt de slapende man niet herkend"

Govinda was astonished, as if he had been the object of a magic spell

Govinda was verbijsterd, alsof hij het voorwerp was geweest van een magische spreuk

the monk looked into the ferryman's eyes

de monnik keek in de ogen van de veerman

"Are you Siddhartha?" he asked with a timid voice

"Ben jij Siddhartha?" vroeg hij met een verlegen stem

"I wouldn't have recognised you this time either!"

"Ik zou je deze keer ook niet herkend hebben!"

"from my heart, I'm greeting you, Siddhartha"

"Vanuit mijn hart groet ik u, Siddhartha"

"from my heart, I'm happy to see you once again!"

"Ik ben oprecht blij je weer te zien!"

"You've changed a lot, my friend"

"Je bent erg veranderd, mijn vriend"

"and you've now become a ferryman?"

"En nu ben je veerman geworden?"

In a friendly manner, Siddhartha laughed

Op een vriendelijke manier lachte Siddhartha

"yes, I am a ferryman"

"ja, ik ben een veerman"

"Many people, Govinda, have to change a lot"

"Veel mensen, Govinda, moeten veel veranderen"

"they have to wear many robes"
"ze moeten veel gewaden dragen"
"I am one of those who had to change a lot"
"Ik ben een van degenen die veel moest veranderen"
"Be welcome, Govinda, and spend the night in my hut"
"Wees welkom, Govinda, en breng de nacht door in mijn hut"
Govinda stayed the night in the hut
Govinda overnachtte in de hut
he slept on the bed which used to be Vasudeva's bed
hij sliep op het bed dat vroeger het bed van Vasudeva was
he posed many questions to the friend of his youth
hij stelde veel vragen aan de vriend van zijn jeugd
Siddhartha had to tell him many things from his life
Siddhartha moest hem veel dingen uit zijn leven vertellen

then the next morning came
toen kwam de volgende ochtend
the time had come to start the day's journey
het was tijd om de reis van de dag te beginnen
without hesitation, Govinda asked one more question
zonder aarzelen stelde Govinda nog een vraag
"Before I continue on my path, Siddhartha, permit me to ask one more question"
"Voordat ik verder ga op mijn pad, Siddhartha, wil ik nog één vraag stellen"
"Do you have a teaching that guides you?"
"Heb je een leer die je leidt?"
"Do you have a faith or a knowledge you follow"
"Heb je een geloof of een kennis die je volgt"
"is there a knowledge which helps you to live and do right?"
"Bestaat er kennis die je helpt om goed te leven en te handelen?"
"You know well, my dear, I have always been distrustful of teachers"
"Je weet wel, mijn liefste, dat ik altijd wantrouwend ben geweest tegenover leraren"

"as a young man I already started to doubt teachers"
"als jongeman begon ik al te twijfelen aan leraren"
"when we lived with the penitents in the forest, I distrusted their teachings"
"toen wij met de boetelingen in het bos leefden, wantrouwde ik hun leringen"
"and I turned my back to them"
"en ik keerde hen de rug toe"
"I have remained distrustful of teachers"
"Ik ben wantrouwend gebleven tegenover leraren"
"Nevertheless, I have had many teachers since then"
"Toch heb ik sindsdien veel leraren gehad"
"A beautiful courtesan has been my teacher for a long time"
"Een mooie courtisane is al lange tijd mijn leraar"
"a rich merchant was my teacher"
"een rijke koopman was mijn leraar"
"and some gamblers with dice taught me"
"en sommige gokkers met dobbelstenen leerden mij"
"Once, even a follower of Buddha has been my teacher"
"Ooit was zelfs een volgeling van Boeddha mijn leraar"
"he was travelling on foot, pilgering"
"hij reisde te voet, pelgrimerend"
"and he sat with me when I had fallen asleep in the forest"
"en hij zat bij mij toen ik in slaap was gevallen in het bos"
"I've also learned from him, for which I'm very grateful"
"Ik heb ook van hem geleerd, waarvoor ik hem heel dankbaar ben"
"But most of all, I have learned from this river"
"Maar het allerbelangrijkste is dat ik van deze rivier heb geleerd"
"and I have learned most from my predecessor, the ferryman Vasudeva"
"en ik heb het meeste geleerd van mijn voorganger, de veerman Vasudeva"
"He was a very simple person, Vasudeva, he was no thinker"

"Hij was een heel eenvoudig persoon, Vasudeva, hij was geen denker"
"but he knew what is necessary just as well as Gotama"
"maar hij wist net zo goed wat nodig was als Gotama"
"he was a perfect man, a saint"
"hij was een perfect mens, een heilige"
"Siddhartha still loves to mock people, it seems to me"
"Siddhartha houdt er nog steeds van om mensen te bespotten, zo lijkt het mij"
"I believe in you and I know that you haven't followed a teacher"
"Ik geloof in je en ik weet dat je geen leraar hebt gevolgd"
"But haven't you found something by yourself?"
"Maar heb je dan niet zelf iets gevonden?"
"though you've found no teachings, you still found certain thoughts"
"Hoewel je geen leringen hebt gevonden, heb je toch bepaalde gedachten gevonden"
"certain insights, which are your own"
"bepaalde inzichten, die van uzelf zijn"
"insights which help you to live"
"inzichten die je helpen te leven"
"Haven't you found something like this?"
"Heb je zoiets niet gevonden?"
"If you would like to tell me, you would delight my heart"
"Als je het me zou willen vertellen, zou je mijn hart verrukken"
"you are right, I have had thoughts and gained many insights"
"je hebt gelijk, ik heb erover nagedacht en veel inzichten gekregen"
"Sometimes I have felt knowledge in me for an hour"
"Soms heb ik een uur lang kennis in mij gevoeld"
"at other times I have felt knowledge in me for an entire day"
"andere keren heb ik een hele dag lang kennis in mij gevoeld"

"the same knowledge one feels when one feels life in one's heart"
"dezelfde kennis die je voelt als je leven in je hart voelt"
"There have been many thoughts"
"Er zijn veel gedachten geweest"
"but it would be hard for me to convey these thoughts to you"
"maar het zou moeilijk voor mij zijn om deze gedachten aan u over te brengen"
"my dear Govinda, this is one of my thoughts which I have found"
"Mijn lieve Govinda, dit is een van mijn gedachten die ik heb gevonden"
"wisdom cannot be passed on"
"wijsheid kan niet worden doorgegeven"
"Wisdom which a wise man tries to pass on always sounds like foolishness"
"Wijsheid die een wijze man probeert door te geven, klinkt altijd als dwaasheid"
"Are you kidding?" asked Govinda
"Maak je een grapje?" vroeg Govinda
"I'm not kidding, I'm telling you what I have found"
"Ik maak geen grapje, ik vertel je wat ik heb gevonden"
"Knowledge can be conveyed, but wisdom can't"
"Kennis kan worden overgedragen, maar wijsheid niet"
"wisdom can be found, it can be lived"
"wijsheid kan gevonden worden, het kan geleefd worden"
"it is possible to be carried by wisdom"
"het is mogelijk om gedragen te worden door wijsheid"
"miracles can be performed with wisdom"
"wonderen kunnen met wijsheid worden verricht"
"but wisdom cannot be expressed in words or taught"
"maar wijsheid kan niet in woorden worden uitgedrukt of geleerd"
"This was what I sometimes suspected, even as a young man"

"Dit was wat ik soms vermoedde, zelfs als jongeman"
"this is what has driven me away from the teachers"
"dit is wat mij van de leraren heeft weggedreven"
"I have found a thought which you'll regard as foolishness"
"Ik heb een gedachte gevonden die jij als dwaasheid zult beschouwen"
"but this thought has been my best"
"maar deze gedachte is mijn beste geweest"
"The opposite of every truth is just as true!"
"Het tegenovergestelde van elke waarheid is even waar!"
"any truth can only be expressed when it is one-sided"
"elke waarheid kan alleen worden uitgedrukt als deze eenzijdig is"
"only one sided things can be put into words"
"Alleen eenzijdige dingen kunnen in woorden worden uitgedrukt"
"Everything which can be thought is one-sided"
"Alles wat gedacht kan worden is eenzijdig"
"it's all one-sided, so it's just one half"
"het is allemaal eenzijdig, dus het is maar de helft"
"it all lacks completeness, roundness, and oneness"
"het mist allemaal volledigheid, rondheid en eenheid"
"the exalted Gotama spoke in his teachings of the world"
"de verheven Gotama sprak in zijn leringen over de wereld"
"but he had to divide the world into Sansara and Nirvana"
"maar hij moest de wereld verdelen in Sansara en Nirvana"
"he had divided the world into deception and truth"
"Hij had de wereld verdeeld in bedrog en waarheid"
"he had divided the world into suffering and salvation"
"Hij had de wereld verdeeld in lijden en verlossing"
"the world cannot be explained any other way"
"de wereld kan op geen enkele andere manier worden verklaard"
"there is no other way to explain it, for those who want to teach"

"er is geen andere manier om het uit te leggen, voor degenen die willen onderwijzen"
"But the world itself is never one-sided"
"Maar de wereld zelf is nooit eenzijdig"
"the world exists around us and inside of us"
"de wereld bestaat om ons heen en in ons"
"A person or an act is never entirely Sansara or entirely Nirvana"
"Een persoon of een daad is nooit geheel Sansara of geheel Nirvana"
"a person is never entirely holy or entirely sinful"
"een mens is nooit geheel heilig of geheel zondig"
"It seems like the world can be divided into these opposites"
"Het lijkt erop dat de wereld in deze tegenstellingen kan worden verdeeld"
"but that's because we are subject to deception"
"maar dat komt omdat we vatbaar zijn voor bedrog"
"it's as if the deception was something real"
"het is alsof het bedrog echt is"
"Time is not real, Govinda"
"Tijd bestaat niet, Govinda"
"I have experienced this often and often again"
"Ik heb dit al vaker meegemaakt"
"when time is not real, the gap between the world and the eternity is also a deception"
"Als de tijd niet echt is, is de kloof tussen de wereld en de eeuwigheid ook een bedrog"
"the gap between suffering and blissfulness is not real"
"de kloof tussen lijden en gelukzaligheid is niet echt"
"there is no gap between evil and good"
"er is geen kloof tussen kwaad en goed"
"all of these gaps are deceptions"
"al deze gaten zijn bedrog"
"but these gaps appear to us nonetheless"
"maar deze gaten verschijnen ons toch"
"How come?" asked Govinda timidly

"Hoe komt dat?" vroeg Govinda verlegen
"Listen well, my dear," answered Siddhartha
"Luister goed, mijn liefste," antwoordde Siddhartha
"The sinner, which I am and which you are, is a sinner"
"De zondaar die ik ben en die jij bent, is een zondaar"
"but in times to come the sinner will be Brahma again"
"maar in de toekomst zal de zondaar weer Brahma zijn"
"he will reach the Nirvana and be Buddha"
"hij zal het Nirvana bereiken en Boeddha worden"
"the times to come are a deception"
"de komende tijden zijn een bedrog"
"the times to come are only a parable!"
"De toekomstige tijden zijn slechts een gelijkenis!"
"The sinner is not on his way to become a Buddha"
"De zondaar is niet op weg om een Boeddha te worden"
"he is not in the process of developing"
"hij is niet bezig met ontwikkelen"
"our capacity for thinking does not know how else to picture these things"
"ons denkvermogen weet niet hoe we ons deze dingen anders moeten voorstellen"
"No, within the sinner there already is the future Buddha"
"Nee, in de zondaar is de toekomstige Boeddha al aanwezig"
"his future is already all there"
"zijn toekomst is er al helemaal"
"you have to worship the Buddha in the sinner"
"Je moet de Boeddha in de zondaar aanbidden"
"you have to worship the Buddha hidden in everyone"
"Je moet de Boeddha die in iedereen verborgen zit, aanbidden"
"the hidden Buddha which is coming into being the possible"
"de verborgen Boeddha die het mogelijke tot stand brengt"
"The world, my friend Govinda, is not imperfect"
"De wereld, mijn vriend Govinda, is niet onvolmaakt"
"the world is on no slow path towards perfection"
"de wereld is niet op weg naar perfectie"

"no, the world is perfect in every moment"
"Nee, de wereld is in elk moment perfect"
"all sin already carries the divine forgiveness in itself"
"Alle zonden dragen reeds de goddelijke vergeving in zich"
"all small children already have the old person in themselves"
"alle kleine kinderen hebben de oude mens al in zich"
"all infants already have death in them"
"alle baby's hebben de dood al in zich"
"all dying people have the eternal life"
"alle stervenden hebben het eeuwige leven"
"we can't see how far another one has already progressed on his path"
"we kunnen niet zien hoe ver een ander al op zijn pad is gevorderd"
"in the robber and dice-gambler, the Buddha is waiting"
"in de rover en de dobbelsteenspeler wacht de Boeddha"
"in the Brahman, the robber is waiting"
"in de Brahman wacht de rover"
"in deep meditation, there is the possibility to put time out of existence"
"In diepe meditatie is er de mogelijkheid om de tijd uit het bestaan te halen"
"there is the possibility to see all life simultaneously"
"er is de mogelijkheid om al het leven tegelijkertijd te zien"
"it is possible to see all life which was, is, and will be"
"het is mogelijk om al het leven te zien dat was, is en zal zijn"
"and there everything is good, perfect, and Brahman"
"en daar is alles goed, perfect en Brahman"
"Therefore, I see whatever exists as good"
"Daarom zie ik alles wat bestaat als goed"
"death is to me like life"
"de dood is voor mij als het leven"
"to me sin is like holiness"
"Voor mij is zonde als heiligheid"
"wisdom can be like foolishness"

"Wijsheid kan als dwaasheid zijn"
"everything has to be as it is"
"Alles moet zijn zoals het is"
"everything only requires my consent and willingness"
"Alles vereist alleen mijn toestemming en bereidwilligheid"
"all that my view requires is my loving agreement to be good for me"
"Alles wat mijn visie nodig heeft is mijn liefdevolle instemming om goed voor mij te zijn"
"my view has to do nothing but work for my benefit"
"mijn visie hoeft niets anders te doen dan in mijn voordeel te werken"
"and then my perception is unable to ever harm me"
"en dan kan mijn waarneming mij nooit meer schaden"
"I have experienced that I needed sin very much"
"Ik heb ervaren dat ik de zonde heel erg nodig had"
"I have experienced this in my body and in my soul"
"Ik heb dit in mijn lichaam en in mijn ziel ervaren"
"I needed lust, the desire for possessions, and vanity"
"Ik had behoefte aan lust, het verlangen naar bezittingen en ijdelheid"
"and I needed the most shameful despair"
"en ik had de meest schandelijke wanhoop nodig"
"in order to learn how to give up all resistance"
"om te leren hoe je alle weerstand kunt opgeven"
"in order to learn how to love the world"
"om te leren hoe je van de wereld kunt houden"
"in order to stop comparing things to some world I wished for"
"om te stoppen met het vergelijken van dingen met een wereld die ik wenste"
"I imagined some kind of perfection I had made up"
"Ik stelde me een soort perfectie voor die ik zelf had bedacht"
"but I have learned to leave the world as it is"
"maar ik heb geleerd de wereld te laten zoals hij is"
"I have learned to love the world as it is"

"Ik heb geleerd de wereld lief te hebben zoals die is"
"and I learned to enjoy being a part of it"
"en ik leerde ervan te genieten om er deel van uit te maken"
"These, oh Govinda, are some of the thoughts which have come into my mind"
"Dit, oh Govinda, zijn enkele van de gedachten die in mijn hoofd zijn opgekomen"

Siddhartha bent down and picked up a stone from the ground
Siddhartha boog zich voorover en raapte een steen van de grond op
he weighed the stone in his hand
hij woog de steen in zijn hand
"This here," he said playing with the rock, "is a stone"
"Dit hier," zei hij terwijl hij met de steen speelde, "is een steen"
"this stone will, after a certain time, perhaps turn into soil"
"Deze steen zal na een bepaalde tijd misschien in aarde veranderen"
"it will turn from soil into a plant or animal or human being"
"het zal van aarde veranderen in een plant of dier of mens"
"In the past, I would have said this stone is just a stone"
"Vroeger zou ik hebben gezegd dat deze steen slechts een steen is"
"I might have said it is worthless"
"Ik had kunnen zeggen dat het waardeloos is"
"I would have told you this stone belongs to the world of the Maya"
"Ik zou je hebben verteld dat deze steen tot de wereld van de Maya's behoort"
"but I wouldn't have seen that it has importance"
"maar ik zou niet hebben gezien dat het belangrijk is"
"it might be able to become a spirit in the cycle of transformations"
"het zou een geest kunnen worden in de cyclus van transformaties"

"therefore I also grant it importance"
"daarom hecht ik er ook belang aan"
"Thus, I would perhaps have thought in the past"
"Dat zou ik vroeger misschien ook gedacht hebben"
"But today I think differently about the stone"
"Maar vandaag de dag denk ik anders over de steen"
"this stone is a stone, and it is also animal, god, and Buddha"
"Deze steen is een steen, en het is ook een dier, een god en een Boeddha"
"I do not venerate and love it because it could turn into this or that"
"Ik vereer en hou er niet van omdat het in dit of dat zou kunnen veranderen"
"I love it because it is those things"
"Ik hou ervan omdat het die dingen zijn"
"this stone is already everything"
"deze steen is al alles"
"it appears to me now and today as a stone"
"het verschijnt mij nu en vandaag als een steen"
"that is why I love this"
"daarom hou ik hiervan"
"that is why I see worth and purpose in each of its veins and cavities"
"daarom zie ik waarde en doel in elk van zijn aderen en holtes"
"I see value in its yellow, gray, and hardness"
"Ik zie waarde in het geel, grijs en de hardheid ervan"
"I appreciated the sound it makes when I knock at it"
"Ik waardeerde het geluid dat het maakt als ik erop klop"
"I love the dryness or wetness of its surface"
"Ik hou van de droogte of nattigheid van het oppervlak"
"There are stones which feel like oil or soap"
"Er zijn stenen die aanvoelen als olie of zeep"
"and other stones feel like leaves or sand"
"en andere stenen voelen aan als bladeren of zand"
"and every stone is special and prays the Om in its own way"

"en elke steen is speciaal en bidt het Om op zijn eigen manier"
"each stone is Brahman"
"elke steen is Brahman"
"but simultaneously, and just as much, it is a stone"
"maar tegelijkertijd, en net zo goed, is het een steen"
"it is a stone regardless of whether it's oily or juicy"
"het is een steen, ongeacht of het olieachtig of sappig is"
"and this why I like and regard this stone"
"en daarom houd ik van deze steen en waardeer ik hem"
"it is wonderful and worthy of worship"
"het is wonderbaarlijk en aanbidding waardig"
"But let me speak no more of this"
"Maar laat mij hier niet meer over spreken"
"words are not good for transmitting the secret meaning"
"woorden zijn niet goed om de geheime betekenis over te brengen"
"everything always becomes a bit different, as soon as it is put into words"
"alles wordt altijd een beetje anders, zodra het in woorden wordt uitgedrukt"
"everything gets distorted a little by words"
"alles wordt een beetje vervormd door woorden"
"and then the explanation becomes a bit silly"
"en dan wordt de uitleg een beetje dwaas"
"yes, and this is also very good, and I like it a lot"
"ja, en dit is ook heel goed, en ik vind het heel leuk"
"I also very much agree with this"
"Ik ben het hier ook helemaal mee eens"
"one man's treasure and wisdom always sounds like foolishness to another person"
"de schat en wijsheid van de een klinkt voor de ander altijd als dwaasheid"
Govinda listened silently to what Siddhartha was saying
Govinda luisterde in stilte naar wat Siddhartha zei
there was a pause and Govinda hesitantly asked a question
er viel een stilte en Govinda stelde aarzelend een vraag

"Why have you told me this about the stone?"
"Waarom heb je mij dit over de steen verteld?"
"I did it without any specific intention"
"Ik deed het zonder enige specifieke intentie"
"perhaps what I meant was, that I love this stone and the river"
"Misschien bedoelde ik dat ik van deze steen en de rivier houd"
"and I love all these things we are looking at"
"en ik hou van al deze dingen waar we naar kijken"
"and we can learn from all these things"
"en we kunnen van al deze dingen leren"
"I can love a stone, Govinda"
"Ik kan van een steen houden, Govinda"
"and I can also love a tree or a piece of bark"
"en ik kan ook van een boom of een stuk schors houden"
"These are things, and things can be loved"
"Dit zijn dingen, en dingen kunnen geliefd worden"
"but I cannot love words"
"maar ik kan geen woorden liefhebben"
"therefore, teachings are no good for me"
"daarom zijn leringen niet goed voor mij"
"teachings have no hardness, softness, colours, edges, smell, or taste"
"leringen hebben geen hardheid, zachtheid, kleuren, randen, geur of smaak"
"teachings have nothing but words"
"leringen hebben niets anders dan woorden"
"perhaps it is words which keep you from finding peace"
"Misschien zijn het woorden die je ervan weerhouden vrede te vinden"
"because salvation and virtue are mere words"
"omdat verlossing en deugd slechts woorden zijn"
"Sansara and Nirvana are also just mere words, Govinda"
"Sansara en Nirvana zijn ook maar woorden, Govinda"
"there is no thing which would be Nirvana"

"Er is niets dat Nirvana zou zijn"
"therefore Nirvana is just the word"
" daarom is Nirvana gewoon het woord"
Govinda objected, "Nirvana is not just a word, my friend"
Govinda wierp tegen: "Nirvana is niet zomaar een woord, mijn vriend"
"Nirvana is a word, but also it is a thought"
"Nirvana is een woord, maar ook een gedachte"
Siddhartha continued, "it might be a thought"
Siddhartha vervolgde: "Het zou een gedachte kunnen zijn"
"I must confess, I don't differentiate much between thoughts and words"
"Ik moet bekennen dat ik niet veel onderscheid maak tussen gedachten en woorden"
"to be honest, I also have no high opinion of thoughts"
"eerlijk gezegd heb ik ook geen hoge dunk van gedachten"
"I have a better opinion of things than thoughts"
"Ik heb een betere mening over dingen dan over gedachten"
"Here on this ferry-boat, for instance, a man has been my predecessor"
"Hier op deze veerboot bijvoorbeeld, is een man mijn voorganger geweest"
"he was also one of my teachers"
"hij was ook een van mijn leraren"
"a holy man, who has for many years simply believed in the river"
"een heilige man, die al vele jaren eenvoudigweg in de rivier gelooft"
"and he believed in nothing else"
"en hij geloofde in niets anders"
"He had noticed that the river spoke to him"
"Hij had gemerkt dat de rivier tot hem sprak"
"he learned from the river"
"hij leerde van de rivier"
"the river educated and taught him"
"de rivier heeft hem opgeleid en onderwezen"

"the river seemed to be a god to him"
"de rivier leek voor hem een god"
"for many years he did not know that everything was as divine as the river"
"Jarenlang wist hij niet dat alles zo goddelijk was als de rivier"
"the wind, every cloud, every bird, every beetle"
"de wind, elke wolk, elke vogel, elke kever"
"they can teach just as much as the river"
"ze kunnen net zoveel leren als de rivier"
"But when this holy man went into the forests, he knew everything"
"Maar toen deze heilige man de bossen inging, wist hij alles"
"he knew more than you and me, without teachers or books"
"Hij wist meer dan jij en ik, zonder leraren of boeken"
"he knew more than us only because he had believed in the river"
"Hij wist meer dan wij alleen omdat hij in de rivier geloofde"

Govinda still had doubts and questions
Govinda had nog steeds twijfels en vragen
"But is that what you call things actually something real?"
"Maar is dat wat jij dingen noemt ook echt iets?"
"do these things have existence?"
"bestaan deze dingen?"
"Isn't it just a deception of the Maya"
"Is het niet gewoon een misleiding van de Maya's"
"aren't all these things an image and illusion?"
"Zijn al deze dingen niet een beeld en een illusie?"
"Your stone, your tree, your river"
"Jouw steen, jouw boom, jouw rivier"
"are they actually a reality?"
"Zijn ze daadwerkelijk werkelijkheid?"
"This too," spoke Siddhartha, "I do not care very much about"
"Ook dit," zei Siddhartha, "maakt mij niet zoveel uit"
"Let the things be illusions or not"

"Laat de dingen illusies zijn of niet"
"after all, I would then also be an illusion"
"dan zou ik immers ook een illusie zijn"
"and if these things are illusions then they are like me"
"en als deze dingen illusies zijn, dan zijn ze net als ik"
"This is what makes them so dear and worthy of veneration for me"
"Dat is wat ze voor mij zo dierbaar en vererend maakt"
"these things are like me and that is how I can love them"
"Deze dingen zijn zoals ik en daarom kan ik van ze houden"
"this is a teaching you will laugh about"
"dit is een les waar je om zult lachen"
"love, oh Govinda, seems to me to be the most important thing of all"
"Liefde, oh Govinda, lijkt mij het allerbelangrijkste"
"to thoroughly understand the world may be what great thinkers do"
"de wereld grondig begrijpen is misschien wat grote denkers doen"
"they explain the world and despise it"
"Ze verklaren de wereld en verachten hem"
"But I'm only interested in being able to love the world"
"Maar ik ben alleen geïnteresseerd in het kunnen liefhebben van de wereld"
"I am not interested in despising the world"
"Ik ben niet geïnteresseerd in het minachten van de wereld"
"I don't want to hate the world"
"Ik wil de wereld niet haten"
"and I don't want the world to hate me"
"en ik wil niet dat de wereld mij haat"
"I want to be able to look upon the world and myself with love"
"Ik wil de wereld en mezelf met liefde kunnen bekijken"
"I want to look upon all beings with admiration"
"Ik wil alle wezens met bewondering bekijken"
"I want to have a great respect for everything"

"Ik wil voor alles groot respect hebben"
"This I understand," spoke Govinda
"Dit begrijp ik," sprak Govinda
"But this very thing was discovered by the exalted one to be a deception"
"Maar juist dit werd door de verhevene ontdekt als een bedrog"
"He commands benevolence, clemency, sympathy, tolerance"
"Hij beveelt welwillendheid, clementie, sympathie en tolerantie"
"but he does not command love"
"maar hij gebiedt de liefde niet"
"he forbade us to tie our heart in love to earthly things"
"Hij heeft ons verboden ons hart in liefde te binden aan aardse dingen"
"I know it, Govinda," said Siddhartha, and his smile shone golden
"Ik weet het, Govinda," zei Siddhartha, en zijn glimlach straalde goudkleurig
"And behold, with this we are right in the thicket of opinions"
"En zie, hiermee zitten we midden in het woud van meningen"
"now we are in the dispute about words"
"nu zijn we in een dispuut over woorden"
"For I cannot deny, my words of love are a contradiction"
"Want ik kan niet ontkennen dat mijn woorden van liefde een tegenstrijdigheid zijn"
"they seem to be in contradiction with Gotama's words"
"ze lijken in tegenspraak te zijn met Gotama's woorden"
"For this very reason, I distrust words so much"
"Juist daarom wantrouw ik woorden zo"
"because I know this contradiction is a deception"
"omdat ik weet dat deze tegenstrijdigheid een bedrog is"
"I know that I am in agreement with Gotama"
"Ik weet dat ik het met Gotama eens ben"

"How could he not know love when he has discovered all elements of human existence"
"Hoe zou hij de liefde niet kunnen kennen als hij alle elementen van het menselijk bestaan heeft ontdekt"
"he has discovered their transitoriness and their meaninglessness"
"hij heeft hun vergankelijkheid en hun zinloosheid ontdekt"
"and yet he loved people very much"
"en toch hield hij heel veel van mensen"
"he used a long, laborious life only to help and teach them!"
"Hij heeft een lang en hard leven geleid, alleen om hen te helpen en te onderwijzen!"
"Even with your great teacher, I prefer things over the words"
"Zelfs met je geweldige leraar, geef ik de voorkeur aan dingen boven woorden"
"I place more importance on his acts and life than on his speeches"
"Ik hecht meer waarde aan zijn daden en leven dan aan zijn toespraken"
"I value the gestures of his hand more than his opinions"
"Ik waardeer de gebaren van zijn hand meer dan zijn meningen"
"for me there was nothing in his speech and thoughts"
"voor mij was er niets in zijn spraak en gedachten"
"I see his greatness only in his actions and in his life"
"Ik zie zijn grootsheid alleen in zijn daden en in zijn leven"

For a long time, the two old men said nothing
Lange tijd zeiden de twee oude mannen niets
Then Govinda spoke, while bowing for a farewell
Toen sprak Govinda, terwijl hij boog voor een afscheid
"I thank you, Siddhartha, for telling me some of your thoughts"
"Ik dank je, Siddhartha, dat je mij een aantal van je gedachten hebt verteld"

"These thoughts are partially strange to me"
"Deze gedachten zijn gedeeltelijk vreemd voor mij"
"not all of these thoughts have been instantly understandable to me"
"niet al deze gedachten waren voor mij direct begrijpelijk"
"This being as it may, I thank you"
"Zoals het kan, dank ik u"
"and I wish you to have calm days"
"en ik wens je rustige dagen"
But secretly he thought something else to himself
Maar heimelijk dacht hij iets anders bij zichzelf
"This Siddhartha is a bizarre person"
"Deze Siddhartha is een bizar persoon"
"he expresses bizarre thoughts"
"hij uit bizarre gedachten"
"his teachings sound foolish"
"Zijn leringen klinken dwaas"
"the exalted one's pure teachings sound very different"
"de zuivere leringen van de verhevene klinken heel anders"
"those teachings are clearer, purer, more comprehensible"
"die leringen zijn duidelijker, zuiverder en begrijpelijker"
"there is nothing strange, foolish, or silly in those teachings"
"Er is niets vreemds, dwaas of onnozels in die leringen"
"But Siddhartha's hands seemed different from his thoughts"
"Maar Siddhartha's handen leken anders dan zijn gedachten"
"his feet, his eyes, his forehead, his breath"
"zijn voeten, zijn ogen, zijn voorhoofd, zijn adem"
"his smile, his greeting, his walk"
"zijn glimlach, zijn begroeting, zijn manier van lopen"
"I haven't met another man like him since Gotama became one with the Nirvana"
"Ik heb geen andere man als hij ontmoet sinds Gotama één werd met het Nirvana"
"since then I haven't felt the presence of a holy man"

"sindsdien heb ik de aanwezigheid van een heilige man niet meer gevoeld"
"I have only found Siddhartha, who is like this"
"Ik heb alleen Siddhartha gevonden, die zo is"
"his teachings may be strange and his words may sound foolish"
"Zijn leringen kunnen vreemd zijn en zijn woorden kunnen dwaas klinken"
"but purity shines out of his gaze and hand"
"maar zuiverheid straalt uit zijn blik en hand"
"his skin and his hair radiates purity"
"Zijn huid en haar stralen puurheid uit"
"purity shines out of every part of him"
"zuiverheid straalt uit elk deel van hem"
"a calmness, cheerfulness, mildness and holiness shines from him"
"een kalmte, vrolijkheid, zachtaardigheid en heiligheid straalt van hem af"
"something which I have seen in no other person"
"iets wat ik bij geen enkel ander persoon heb gezien"
"I have not seen it since the final death of our exalted teacher"
"Ik heb het niet meer gezien sinds de definitieve dood van onze verheven leraar"
While Govinda thought like this, there was a conflict in his heart
Terwijl Govinda zo dacht, was er een conflict in zijn hart
he once again bowed to Siddhartha
hij boog opnieuw voor Siddhartha
he felt he was drawn forward by love
hij voelde dat hij door de liefde werd aangetrokken
he bowed deeply to him who was calmly sitting
hij boog diep voor hem die rustig zat
"Siddhartha," he spoke, "we have become old men"
"Siddhartha," sprak hij, "wij zijn oude mannen geworden"

"It is unlikely for one of us to see the other again in this incarnation"
"Het is onwaarschijnlijk dat een van ons de ander in deze incarnatie nog zal zien"
"I see, beloved, that you have found peace"
"Ik zie, geliefde, dat je vrede hebt gevonden"
"I confess that I haven't found it"
"Ik moet bekennen dat ik het niet heb gevonden"
"Tell me, oh honourable one, one more word"
"Vertel mij, o eervolle, nog één woord"
"give me something on my way which I can grasp"
"Geef mij iets op mijn weg wat ik kan begrijpen"
"give me something which I can understand!"
"Geef mij iets wat ik kan begrijpen!"
"give me something I can take with me on my path"
"Geef mij iets dat ik mee kan nemen op mijn pad"
"my path is often hard and dark, Siddhartha"
"Mijn pad is vaak hard en donker, Siddhartha"
Siddhartha said nothing and looked at him
Siddhartha zei niets en keek hem aan
he looked at him with his ever unchanged, quiet smile
hij keek hem aan met zijn altijd onveranderlijke, stille glimlach
Govinda stared at his face with fear
Govinda staarde met angst naar zijn gezicht
there was yearning and suffering in his eyes
er was verlangen en lijden in zijn ogen
the eternal search was visible in his look
de eeuwige zoektocht was zichtbaar in zijn blik
you could see his eternal inability to find
je kon zijn eeuwige onvermogen zien om
Siddhartha saw it and smiled
Siddhartha zag het en glimlachte
"Bend down to me!" he whispered quietly in Govinda's ear
"Buig naar mij toe!" fluisterde hij zachtjes in Govinda's oor
"Like this, and come even closer!"
"Zo, en kom nog dichterbij!"

"Kiss my forehead, Govinda!"
"Kus mijn voorhoofd, Govinda!"
Govinda was astonished, but drawn on by great love and expectation
Govinda was verbaasd, maar aangetrokken door grote liefde en verwachting
he obeyed his words and bent down closely to him
Hij gehoorzaamde zijn woorden en boog zich dicht naar hem toe
and he touched his forehead with his lips
en hij raakte zijn voorhoofd aan met zijn lippen
when he did this, something miraculous happened to him
toen hij dit deed, gebeurde er iets wonderbaarlijks met hem
his thoughts were still dwelling on Siddhartha's wondrous words
zijn gedachten bleven hangen bij de wonderbaarlijke woorden van Siddhartha
he was still reluctantly struggling to think away time
hij worstelde nog steeds met tegenzin om de tijd weg te denken
he was still trying to imagine Nirvana and Sansara as one
hij probeerde zich nog steeds Nirvana en Sansara als één geheel voor te stellen
there was still a certain contempt for the words of his friend
er was nog steeds een zekere minachting voor de woorden van zijn vriend
those words were still fighting in him
die woorden vochten nog steeds in hem
those words were still fighting against an immense love and veneration
die woorden vochten nog steeds tegen een immense liefde en verering
and during all these thoughts, something else happened to him
en tijdens al deze gedachten gebeurde er nog iets anders met hem

He no longer saw the face of his friend Siddhartha
Hij zag het gezicht van zijn vriend Siddhartha niet meer
instead of Siddhartha's face, he saw other faces
in plaats van het gezicht van Siddhartha zag hij andere gezichten
he saw a long sequence of faces
hij zag een lange reeks gezichten
he saw a flowing river of faces
hij zag een stromende rivier van gezichten
hundreds and thousands of faces, which all came and disappeared
honderden en duizenden gezichten, die allemaal kwamen en verdwenen
and yet they all seemed to be there simultaneously
en toch leken ze er allemaal tegelijk te zijn
they constantly changed and renewed themselves
ze veranderden en vernieuwden zichzelf voortdurend
they were themselves and they were still all Siddhartha's face
ze waren zichzelf en ze waren nog steeds allemaal het gezicht van Siddhartha
he saw the face of a fish with an infinitely painfully opened mouth
hij zag het gezicht van een vis met een oneindig pijnlijk geopende mond
the face of a dying fish, with fading eyes
het gezicht van een stervende vis, met vervagende ogen
he saw the face of a new-born child, red and full of wrinkles
hij zag het gezicht van een pasgeboren kind, rood en vol rimpels
it was distorted from crying
het was vervormd door het huilen
he saw the face of a murderer
hij zag het gezicht van een moordenaar
he saw him plunging a knife into the body of another person

hij zag hem een mes in het lichaam van een ander persoon steken
he saw, in the same moment, this criminal in bondage
hij zag op hetzelfde moment deze crimineel in slavernij
he saw him kneeling before a crowd
hij zag hem knielen voor een menigte
and he saw his head being chopped off by the executioner
en hij zag hoe zijn hoofd door de beul werd afgehakt
he saw the bodies of men and women
hij zag de lichamen van mannen en vrouwen
they were naked in positions and cramps of frenzied love
ze waren naakt in posities en krampen van waanzinnige liefde
he saw corpses stretched out, motionless, cold, void
hij zag lijken uitgestrekt, roerloos, koud, leeg
he saw the heads of animals
hij zag de hoofden van dieren
heads of boars, of crocodiles, and of elephants
hoofden van everzwijnen, krokodillen en olifanten
he saw the heads of bulls and of birds
hij zag de hoofden van stieren en vogels
he saw gods; Krishna and Agni
hij zag goden; Krishna en Agni
he saw all of these figures and faces in a thousand relationships with one another
hij zag al deze figuren en gezichten in duizend relaties met elkaar
each figure was helping the other
elke figuur hielp de ander
each figure was loving their relationship
elk figuur hield van hun relatie
each figure was hating their relationship, destroying it
elke figuur haatte hun relatie en vernietigde deze
and each figure was giving re-birth to their relationship
en elke figuur gaf nieuw leven aan hun relatie
each figure was a will to die
elk figuur was een wil om te sterven

they were passionately painful confessions of transitoriness
het waren hartstochtelijk pijnlijke bekentenissen van vergankelijkheid
and yet none of them died, each one only transformed
en toch stierf niemand van hen, ieder van hen transformeerde slechts
they were always reborn and received more and more new faces
ze werden steeds herboren en kregen steeds meer nieuwe gezichten
no time passed between the one face and the other
er verliep geen tijd tussen het ene gezicht en het andere
all of these figures and faces rested
al deze figuren en gezichten rustten
they flowed and generated themselves
ze stroomden en genereerden zichzelf
they floated along and merged with each other
ze dreven voort en smolten samen met elkaar
and they were all constantly covered by something thin
en ze waren allemaal constant bedekt door iets duns
they had no individuality of their own
ze hadden geen eigen individualiteit
but yet they were existing
maar toch bestonden ze
they were like a thin glass or ice
ze waren als een dun glas of ijs
they were like a transparent skin
ze waren als een transparante huid
they were like a shell or mould or mask of water
ze waren als een schelp of mal of masker van water
and this mask was smiling
en dit masker lachte
and this mask was Siddhartha's smiling face
en dit masker was het glimlachende gezicht van Siddhartha
the mask which Govinda was touching with his lips
het masker dat Govinda met zijn lippen aanraakte

And, Govinda saw it like this
En Govinda zag het zo
the smile of the mask
de glimlach van het masker
the smile of oneness above the flowing forms
de glimlach van eenheid boven de vloeiende vormen
the smile of simultaneousness above the thousand births and deaths
de glimlach van gelijktijdigheid boven de duizend geboorten en sterfgevallen
the smile of Siddhartha's was precisely the same
de glimlach van Siddhartha was precies hetzelfde
Siddhartha's smile was the same as the quiet smile of Gotama, the Buddha
De glimlach van Siddhartha was dezelfde als de stille glimlach van Gotama, de Boeddha
it was delicate and impenetrable smile
het was een delicate en ondoordringbare glimlach
perhaps it was benevolent and mocking, and wise
misschien was het welwillend en spottend, en wijs
the thousand-fold smile of Gotama, the Buddha
de duizendvoudige glimlach van Gotama, de Boeddha
as he had seen it himself with great respect a hundred times
zoals hij het zelf met groot respect honderd keer had gezien
Like this, Govinda knew, the perfected ones are smiling
Zo wist Govinda dat de volmaakten glimlachen
he did not know anymore whether time existed
hij wist niet meer of tijd bestond
he did not know whether the vision had lasted a second or a hundred years
hij wist niet of het visioen een seconde of honderd jaar had geduurd
he did not know whether a Siddhartha or a Gotama existed
hij wist niet of er een Siddhartha of een Gotama bestond
he did not know if a me or a you existed
hij wist niet of er een ik of een jij bestond

he felt in his as if he had been wounded by a divine arrow
hij voelde zich alsof hij door een goddelijke pijl was verwond
the arrow pierced his innermost self
de pijl doorboorde zijn diepste zelf
the injury of the divine arrow tasted sweet
de verwonding van de goddelijke pijl smaakte zoet
Govinda was enchanted and dissolved in his innermost self
Govinda was betoverd en loste op in zijn diepste zelf
he stood still for a little while
hij bleef even stilstaan
he bent over Siddhartha's quiet face, which he had just kissed
hij boog zich over het rustige gezicht van Siddhartha, dat hij net had gekust
the face in which he had just seen the scene of all manifestations
het gezicht waarin hij zojuist de scène van alle manifestaties had gezien
the face of all transformations and all existence
het gezicht van alle transformaties en alle bestaan
the face he was looking at was unchanged
het gezicht waar hij naar keek was onveranderd
under its surface, the depth of the thousand folds had closed up again
onder het oppervlak was de diepte van de duizend plooien weer gesloten
he smiled silently, quietly, and softly
hij glimlachte stilletjes, rustig en zacht
perhaps he smiled very benevolently and mockingly
misschien glimlachte hij heel welwillend en spottend
precisely this was how the exalted one smiled
precies zo lachte de verhevene
Deeply, Govinda bowed to Siddhartha
Diep boog Govinda voor Siddhartha
tears he knew nothing of ran down his old face
tranen waarvan hij niets wist liepen over zijn oude gezicht

his tears burned like a fire of the most intimate love
zijn tranen brandden als een vuur van de meest intieme liefde
he felt the humblest veneration in his heart
hij voelde de nederigste verering in zijn hart
Deeply, he bowed, touching the ground
Diep boog hij en raakte de grond aan
he bowed before him who was sitting motionlessly
hij boog voor hem die roerloos zat
his smile reminded him of everything he had ever loved in his life
zijn glimlach herinnerde hem aan alles wat hij ooit in zijn leven had liefgehad
his smile reminded him of everything in his life that he found valuable and holy
Zijn glimlach herinnerde hem aan alles in zijn leven dat hij waardevol en heilig vond

www.ingramcontent.com/pod-product-compliance
Lightning Source LLC
Chambersburg PA
CBHW010019130526
44590CB00048B/3826